国家社科基金后期资助项目"绿色发展视域下自然灾害的经济影响及其应对——理论解释与中国的经验证据"（18FJL018）

陕西省高层次人才特殊支持计划领军人才项目

西北大学"双一流"建设项目

西北大学中国特色社会主义政治经济学研究中心项目

绿色发展视域下自然灾害的经济影响及其应对

—— 理论解释与中国的经验证据

The Economic Impact and Countermeasures of
Natural Disasters in the Perspective of Green Development:
Theoretical Explanation and Empirical Evidences from China

何爱平 等 著

人民出版社

策划编辑:郑海燕
封面设计:毛 淳 徐 晖
版式设计:姚 菲
责任校对:周晓东

图书在版编目(CIP)数据

绿色发展视域下自然灾害的经济影响及其应对:理论解释与中国的经验
　证据/何爱平 等 著. —北京:人民出版社,2023.6
ISBN 978－7－01－025666－5

Ⅰ.①绿⋯　Ⅱ.①何⋯　Ⅲ.①自然灾害-影响-中国经济-研究　Ⅳ.①F12

中国国家版本馆 CIP 数据核字(2023)第 079243 号

绿色发展视域下自然灾害的经济影响及其应对

LÜSE FAZHAN SHIYU XIA ZIRAN ZAIHAI DE JINGJI YINGXIANG JIQI YINGDUI
——理论解释与中国的经验证据

何爱平 等 著

人民出版社 出版发行
(100706 北京市东城区隆福寺街 99 号)

中煤(北京)印务有限公司印刷 新华书店经销

2023 年 6 月第 1 版 2023 年 6 月北京第 1 次印刷
开本:710 毫米×1000 毫米 1/16 印张:18
字数:320 千字

ISBN 978－7－01－025666－5 定价:92.00 元

邮购地址 100706 北京市东城区隆福寺街 99 号
人民东方图书销售中心 电话 (010)65250042 65289539

国家社科基金后期资助项目
出版说明

后期资助项目是国家社科基金设立的一类重要项目，旨在鼓励广大社科研究者潜心治学，支持基础研究多出优秀成果。它是经过严格评审，从接近完成的科研成果中遴选立项的。为扩大后期资助项目的影响，更好地推动学术发展，促进成果转化，全国哲学社会科学工作办公室按照"统一设计、统一标识、统一版式、形成系列"的总体要求，组织出版国家社科基金后期资助项目成果。

全国哲学社会科学工作办公室

目　　录

上　篇
自然灾害的社会经济影响

下　篇
自然灾害的应对

导　　论

第一节　选题背景与研究意义

一、选题背景

（一）现实背景

灾害冲击是全世界面临的重大持久性问题,如何最大限度地减轻灾害造成的损失和威胁,已成为当今世界各国发展中面临的重大考验。根据全球灾害数据平台最新发布的《2021 年全球自然灾害评估报告》①(2021 Global Natural Disaster Assessment Report)、《2020 年全球自然灾害评估报告》②(2020 Global Natural Disaster Assessment Report)以及联合国发布报告《灾害给人类造成的代价:过去 20 年的概况(2000—2019)》[The Human Cost of Disasters:An Overview of the Last 20 Years(2000—2019)]③,1991 年至 2021 年,全球共发生 8028 起自然灾害事件,造成 126 万人死亡,带来3. 39 万亿美元的经济损失,受灾人口高达 42 亿。而 1980—1999 年发生了4212 起自然灾害事件,造成 119 万人死亡,经济损失 1. 63 万亿美元,受灾人口 32 亿。相比之下,21 世纪以来,自然灾害事件在发生次数和带来的影响力上明显提升。联合国的研究报告显示,在当前全球平均温度比工业革命前的水平高出 1. 03 度至 1. 57 度的背景下,热浪、干旱、洪水、冬季风暴、飓风和野火等极端天气事件只会越来越频繁,由此引发的自然灾害对人类社会经济发展的影响也会越发明显。因此,研究自然灾害的经济影响以及其应对策略,对于实现自然灾害冲击下人类社会的可持续发展至关重要。

从全球范围来看,发展中国家是自然灾害多发地区,灾害对社会经济发展的危害要远比发达国家严重,各种自然灾害造成的受灾人口绝大部分也都集中在发展中国家。其中,亚洲遭受的自然灾害最多,2000—2021 年共

---

① 数据来源于全球灾害数据平台,见 https://www.gddat.cn/newGlobalWeb/#/riskAssessment。
② 数据来源于全球灾害数据平台,见 https://www.gddat.cn/newGlobalWeb/#/riskAssessment。
③ 数据来源于联合国防灾减灾署官网,见 https://www.undrr.org/。

发生 3353 起,其次是美洲(1941 起)和非洲(1317 起)。就全球受灾害影响的国家而言,如图 1 所示,中国(611 起)和美国(533 起)报告的灾害事件数量最多,其次是印度尼西亚(355 起)、印度(351 起)和菲律宾(327 起),自然灾害在当前仍然是影响社会经济可持续发展的重要不确定性因素。

(单位:起)

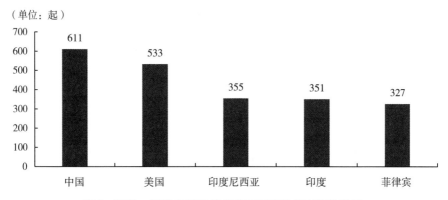

图 1　2000—2021 年受灾排名前五国家的灾害事件数量

中国作为世界上灾害最为严重的国家之一,灾害类型多,且发生频次高、强度大、影响范围广。并且随着经济的快速发展,各种灾害所造成的后果呈现出不断恶化的趋势,已成为影响经济发展和社会安定的重要因素。据中华人民共和国减灾规划(1998—2010 年)和民政部以及应急管理部的统计,1950—2021 年自然灾害造成的直接经济损失逐年增加(见图 2),灾害造成的年均直接经济损失占国家财政收入的比例由 1/6 增至 1/4,在自然灾害严重年份甚至达到 1/3。同时,自然灾害造成的年均直接经济损失占国内生产总值的比重高达 3%—6%。特别是近年来受极端气候影响,频繁发生的气象灾害事件对人民群众生命财产安全和社会经济发展造成的影响越发明显。在中华人民共和国应急管理部发布的 2021 年全国十大自然灾害中,气象灾害共计 8 起,其中包括河南、山西、陕西、湖北等省份遭受的暴雨洪涝灾害以及黄河中下游严重秋汛、东北华北局地雪灾、江苏南通等地风雹灾害、台风"烟花"灾害等,均造成了严重的灾害损失。① 因此,厘清自然灾害的社会经济影响及其应对策略,已经成为当前我国社会经济发展面临的重要问题。

灾害事件的形成是自然界与人类社会经济发展中多种因素相互作用、

---

① 数据来源于中华人民共和国应急管理部,见 https://www.mem.gov.cn/xw/yjglbgzdt/202201/t20220123_407199.shtml。

（单位：亿元）

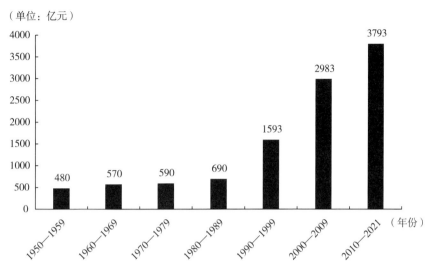

图 2　1950—2021 年中国自然灾害年均直接经济损失

相互影响的共同结果。人类科学合理的生产生活行为有助于维持自然生态系统的稳定性：一方面，能够有效降低灾害事件的诱发因子，减少灾害的发生频率；另一方面，人类适度的经济活动和生态友好型的经济开发模式能够缩小自然灾害的影响范围，有效减轻灾害带来的社会经济损失。相反地，不利于生态环境稳定的生产与生活方式则会加剧自然灾害发生风险，并加重自然灾害造成的社会经济损失。党的十八大以来，习近平总书记高度重视防灾减灾抗灾救灾工作，多次在不同场合就防汛抢险、防震抗灾等减灾救灾工作发表重要讲话，指出同自然灾害抗争是人类生存发展的永恒课题，要更加自觉地处理好人和自然的关系，正确处理防灾减灾救灾与经济社会发展的关系，不断从抵御各种自然灾害的实践中总结经验，全面提高国家综合防灾减灾救灾能力。党的十八届五中全会提出绿色发展理念，党的十九大全面阐述了推进绿色发展、建设美丽中国的战略部署，强调要坚持人与自然和谐共生。2018 年 10 月，习近平总书记主持召开中央财经委员会第三次会议，专门研究提高我国自然灾害防治能力问题。党的二十大报告指出，尊重自然、顺应自然、保护自然，是全面建设社会主义现代化国家的内在要求，要推动绿色发展，促进人与自然和谐共生，并明确提出要"提高防灾减灾救灾和重大突发公共事件处置保障能力，加强国家区域应急力量建设。"①从绿

---

①　习近平：《高举中国特色社会主义伟大旗帜　为全面建设社会主义现代化国家而团结奋斗——在中国共产党第二十次全国代表大会上的报告》，人民出版社 2022 年版，第 54 页。

色发展理念和 2035 年完成美丽中国建设的目标要求出发,迫切需要从经济学的视角对社会经济发展中的自然灾害应对问题进行深入系统研究,揭示绿色发展视域下自然灾害的社会经济影响及其防灾减灾应对策略。

(二) 理论背景

自然灾害的诱发因素及其影响体现着人类社会经济活动与自然生态系统的互动,这种互动关系随着社会经济发展的目标导向转变而不断发生着变化,对这一互动关系及其变化规律的研究是灾害理论以及灾害经济学关注的重点。直观来看,自然灾害作为人类难以控制的不确定性因素,会给人类赖以生存的自然和社会环境造成突发性破坏,导致生态和经济系统运行在短期内发生较大变化。关于灾害问题的经济论述早在古典经济学时期就已存在,现代灾害经济问题的研究始于 20 世纪 50 年代,1954 年布莱恩(Brannen)的"Economic Aspects of the Waco, Texas Disaster of May 11, 1953"是最早研究自然灾害经济影响的文献。昆罗伊瑟和菲奥雷(Kunreuther 和 Fiore,1966) 发表了题为 "The Alaskan Earthquake: A Case Study in the Economics of Disaster"的文章研究灾害对经济发展的影响,并提出了灾害经济学的概念。经过学者们半个多世纪的研究,国外灾害经济研究积累了大量成果。我国灾害经济问题的研究是在著名经济学家于光远先生的倡导下于 80 年代开始的,经过不断发展,逐渐成为我国灾害问题研究的重要领域。灾害经济方面的研究成果不断涌现,如《灾害生态经济研究》《灾害经济学》《中国自然灾害与经济发展》《中国水旱灾害的经济学分析》《农业灾害经济学原理》《水灾害经济学》《区域灾害经济研究》《中国灾害经济研究报告》等。同时,在一些领域如灾害损失的评估、防灾政策的制度分析、环境灾害的转移机制等方面都取得了重要的理论成果。

但是,从学术界关于灾害问题的研究现状来看,对灾害这一引起财富减值的现象尚缺乏深入系统的分析,灾害的经济研究不仅是灾害问题研究中的薄弱环节,也是当代经济学发展需要进一步完善的领域。当前,灾害问题已经引起了社会各界的广泛关注,但现阶段自然科学界对灾害问题的成因机理和防控技术方面的研究成果较多,而对灾害经济问题的研究成果还相对较少。并且,现有关于自然灾害经济问题的分析,大多将研究视角集中在自然灾害造成的直接经济损失方面,关于自然灾害对社会经济绿色可持续发展的影响以及人类活动如何通过影响生态系统对自然灾害的发生及其后果的关注相对不足。同时,对自然灾害冲击下人类应对行为的分析较少,这使既有研究的分析视角被局限在经济影响上,缺乏从社会经济与生态环境互动的角度来系统讨论自然灾害社会经济影响及其应对问题。

随着近年来生态环境和自然灾害问题加剧,全球范围内都越发重视绿色发展问题。在绿色发展视域下研究自然灾害的经济影响及其应对问题具有重要理论与实践价值。一方面,绿色发展理念从转变经济发展方式的要求出发,强调降低人类生产行为对生态环境系统稳定性的不利影响。自然灾害事件的发生与生态环境系统的波动具有重要关系,坚持绿色发展理念有助于从降低自然灾害发生风险的角度降低灾害造成的社会经济影响;另一方面,自然灾害造成的社会经济损失与自然灾害波及范围内的人类社会经济活动密度直接相关,绿色发展视域下要坚持"绿水青山就是金山银山"的经济发展理念,缩小人类不合理的经济活动半径,使自然生态脆弱区以及自然灾害风险多发地的人类社会经济活动密度降低,可以直接降低自然灾害带来的社会经济损失。因此,从绿色发展视域出发研究自然灾害的经济影响及其应对问题,是在当前生态环境和自然灾害日益严重的背景下,提升人类社会自然灾害应对能力的内在要求,也为从转变经济社会发展方式和形成人与自然命运共同体的角度理解自然灾害影响社会经济发展的内在机理以及自然灾害的应对策略提供了理论支撑。

二、研究意义

(一) 现实意义

从世界范围来看,尽管灾害问题在局部地区、局部领域已经得到较好解决,但全球灾害问题恶化的势头还难以遏制,并在总体上表现为日趋严重,特别是在全球气候变暖的背景下,极端天气现象诱发的自然灾害更是有增无减。2021年2月中旬美国遭遇极寒天气,直接引发美国得克萨斯州电网瘫痪;西班牙也在1月记录到有史以来最低气温零下35.8摄氏度;澳大利亚的新南威尔士州在3月遭遇60年以来最严重洪灾;这些自然灾害事件严重影响民生和经济。具体到中国,2021年7月河南省遭遇特大洪涝灾害,造成河南省16市150个县(市、区)1478.6万人受灾,因灾死亡失踪398人,紧急转移安置149万人;倒塌房屋3.9万间,严重损坏17.1万间,一般损坏61.6万间;农作物受灾面积873.5千公顷;直接经济损失1200.6亿元[①]。可见,在社会发展经济的进程中,如何最大限度地减轻灾害造成的损失以及经济活动对生态环境和灾害风险产生的负面效应,已成为当今世界共同面临的一个极为紧迫和严峻的现实问题。特别是,面对愈演愈烈的自

[①] 数据来源于中华人民共和国应急管理部,见 https://www.mem.gov.cn/xw/yjglbgzdt/202201/t20220123_407199.shtml。

然灾害,提升自然灾害的应对能力不仅具有减少自然灾害经济损失的作用,通过积极有效的应对措施还能够带来经济产出的灾后增长效应。

近年来全球范围内不断加剧的自然灾害事件与全球日趋严重的生态环境问题密切相关,迫切需要从转变经济发展方式和加强生态环境治理角度来降低自然灾害风险。在绿色发展理念下,环境资源是社会经济发展的内在要素,实现经济、社会和环境的可持续发展是绿色发展的目标,经济活动过程和结果的"绿色化""生态化"是绿色发展的主要内容和途径。自然灾害恶化了人的生存环境以及经济发展的基本条件,是实现绿色发展的重大障碍。我国是一个自然灾害频发的国家,从中国近代灾害史来看,我国灾害情况愈演愈烈,主要原因之一就是生态资源环境严重失衡,自然灾害与生态破坏相互交织,互为因果。一方面,人类不合理的经济活动加剧了生态问题,生态环境破坏缩短了自然灾害发生的周期,强化了灾害的发生频率,并会诱发新的灾害;另一方面,不断发生的自然灾害又导致生态环境进一步恶化,灾后的生态恢复和环境建设困难加大。我国现有的防灾减灾体系在应对灾害中发挥了非常重要的作用,但主要目标集中在灾前防御技术和灾后经济恢复,自然灾害、生态环境和人类经济发展方式之间的互动关系对防灾减灾的重要性在灾害应对过程中还没有得到足够重视。特别是随着灾害所导致的经济损失规模不断扩大,形成有助于降低致灾因子和灾害损失的绿色可持续发展模式对于当前提升防灾减灾能力具有重要的现实意义。

因此,本书主要在绿色发展视域下研究自然灾害的社会经济影响和应对机制具有重要的现实意义。具体来讲,一是通过自然灾害对经济增长影响路径和应对机制的研究,强调通过选择合理的经济增长或发展模式,使人们在适度获取生态、社会、经济效益的同时,更有效地保护已有劳动成果和改善生态环境条件;二是探索合理有效的防灾救灾机制,增强政府和居民的灾害应急能力,降低人类经济活动诱发自然灾害的风险和突发灾害对经济社会系统的威胁,通过灾后及时有效的应对措施降低灾害带来的直接和间接经济损失;三是研究自然灾害与经济发展的相互关系,尽可能降低人类经济活动对环境资源的负面效应,减少人为因素造成的灾害,将减灾与整个经济绿色发展目标协调起来,提高经济主体对风险的认知能力和应对能力,促进经济社会整体的绿色转型,为绿色发展的实现提供重要保障。

(二) 理论意义

灾害经济学作为灾害学和经济学的交叉领域,其发展程度与灾害学、经济学各自的发展速度不相匹配。但是,自然灾害问题对于人类社会的重要性就恰恰体现在其社会经济影响上,通过有效的社会经济干预降低灾害风险也是人类社会面临自然灾害时最主要的行为选择。因此,开展自然灾害问题的经济学研究,对于完善灾害学关于自然灾害和经济学关于社会经济发展影响因素的分析都具有重要的理论意义。

一方面,灾害经济研究有助于从人类经济行为角度完善灾害学关于自然灾害发生机理和应对策略的研究。在较长的时期内,灾害学关于自然灾害发生机理的研究大多集中于对自然界运动变化规律的分析,将灾害事件多看作是自然生态系统运动突变的结果。本书在绿色发展视域下研究自然灾害的经济影响,有助于揭示不合理的人类经济活动对自然灾害发生风险的影响,将经济和社会因素引入灾害学关于灾害事件发生机理的分析中;同时,在灾害应对问题上,灾害学的研究更加关注对灾害预警、防御技术以及灾后救援的分析,本书从形成人与自然绿色可持续发展的经济关系角度研究绿色发展道路对降低灾害风险和提升社会经济系统灾害应对能力的重要性,从灾害应对角度完善灾害问题研究。

另一方面,灾害经济研究有助于从灾害风险冲击角度完善经济学关于经济增长和社会发展影响因素的研究。长期以来,经济学都强调从财富创造与积累的财富增值角度来研究经济增长和经济发展,忽视了在社会财富密集度不断提升和自然灾害日益剧烈的双重背景下,防灾减灾就是增产增值,减灾就是保护生产力,也是促进经济发展的重要措施。本书在绿色发展视域下研究自然灾害的经济影响和应对机制,其经济效益体现在通过提升灾害应对能力减少灾害对已有物质、人力资源造成的损失,强调减少因灾损失就是增加有效产出的灾害经济理念。绿色发展视域下研究灾害应对机制,其生态效应在于通过积极的生态环境建设降低人类不合理经济行为的致灾风险,通过灾区的绿色发展减轻自然灾害的不利影响。因此,在绿色发展视域下研究自然灾害的经济影响及应对机制有助于完善经济学关于经济增长和社会发展影响因素的研究,并从转变经济发展方式维度体现经济转型对灾害风险应对的积极作用。

除此之外,开展灾害经济研究也是对绿色发展理论的重要补充。传统的经济发展路径是以资源高投入、环境大破坏和灾害事故频发为代价来换取社会经济的快速增长,这种不可持续的发展模式是造成灾害损失日趋加剧的主要因素,忽略了减轻灾害才能保证人们通过经济开发创造出的财富和生活质量不被损害,对于一味追求生活水平和物质财富而引发的环境与灾害问题缺乏关注,这种发展路径和发展理念并不符合绿色发展目标。在建成美丽中国的 2035 年远景目标指引下,要实现清洁生产、低碳经济和生态改善,自然灾害尤其是重大自然灾害对生态环境系统的破坏需要得到更多重视,特别是关于灾后恢复中对生态修复以及自然环境保护的研究能够从自然灾害的生态化应对角度体现绿色发展思想,形成经济—生态—减灾的同步协调推进的绿色发展模式。因此,在绿色发展视域下研究灾害的经济影响和应对问题,扩展了绿色发展理论的研究内涵,是对绿色发展理论研究内容的重要补充,具有重要的理论意义。

第二节　研究内容和研究方法

一、研究内容

本书在充分借鉴前人研究成果的基础上,从绿色发展的视角出发探讨自然灾害的经济影响和应对问题。在理论上,对自然灾害的经济影响和应对机制进行了新的解释,构建了自然灾害影响经济绿色发展的理论模型,区分了自然灾害损失在短期及在长期对经济增长的不同影响,阐释了产生该影响的作用机制,并利用中国的经验证据进行了实证检验;随后,本书对自然灾害应对问题的经济学属性进行了分析,在对已有灾害应对问题相关文献述评的基础上,从人类经济活动与自然生态系统互动关系的角度阐释了绿色发展视域下自然灾害应对的经济学逻辑;进一步地,结合当前中国自然灾害应对的现状,对政府救助和市场化机制以及非正式制度在中国灾害应对中的实践效果进行了实证研究。最后,在理论分析与实证结果的支撑下,对绿色发展视域下自然灾害应对体系建设进行了展望。全书共包括上下两篇,13章内容。

（一）导论

本部分概述了在全球范围内自然灾害造成的损失日益严峻的背景下研究自然灾害问题的重要性,并论述了基于绿色发展视域下研究自然灾害的经济影响和应对机制的理论意义和现实意义,说明了本书的研究内容与研究方法。

（二）自然灾害的社会经济影响:文献综述

通过对自然灾害影响社会经济发展和生态环境的相关文献进行梳理,发现我国灾害经济的学术研究与中国面临的灾害冲击的现实情况不相符,进一步加大对自然灾害的经济影响以及生态环境效益的理论研究不仅是完善灾害经济学研究的必然要求,更是对全面实现绿色发展战略的重要补充。

（三）绿色发展视域下自然灾害影响经济发展的理论分析

在对自然灾害影响经济发展的作用机制作出假设的基础上,本章利用包含资源环境约束的巴罗增长模型从理论上分别研究了短期和长期自然灾害损失对经济增长的不同影响及其作用机制,并且通过在模型中引入制度环境因素论证了通过物质资本投资和人力资本投资来减缓自然灾害的经济损失的可能性,进而提出了三个待验证的假说,为自然灾害影响经济增长的路径提供理论依据。

（四）　绿色发展视域下自然灾害影响经济发展的实证检验

本章内容主要基于第二章的机制分析和理论假设,利用中国省级面板数据,检验了自然灾害对绿色全要素生产率的影响及作用机制。实证检验结果支持了三个待验证的理论假说,自然灾害损失对经济绿色增长产生显著的负向影响,但该影响会因为受灾地制度环境的不同而存在差异,经济和生态环境制度较好的受灾地可以通过人力资本机制、扩大技术进步机制和政府物质资本投资机制等来促进受灾地的灾后经济增长。

（五）　自然灾害冲击下物质资本变化对灾区转型的影响

本章从灾后重建的视角出发,研究了大量物质资本投入和高起点的基础设施建设为灾区实现灾后经济结构绿色化转型产生的积极作用。利用县级层面的面板数据实证分析了极重灾区灾后的基础设施建设对第三产业发展的积极影响,揭示了灾后高起点基础设施对灾区经济结构转型的支撑作用。然后,以北川等灾区旅游业发展的案例,详细分析了灾后物质资本投入对促进极重灾区实现经济绿色转型的作用过程。

（六）　自然灾害对经济转型内在动力人力资本积累的影响

本章在第四章对物质资本投入机制分析的基础上,从绿色发展的人力资本积累这一内在驱动力角度,利用代表性微观调查数据研究了自然灾害对家庭人力资本积累的短期和长期影响,揭示了自然灾害影响社会经济绿色发展的内在机制,并从提高政府对受灾家庭的财政补贴等角度提出了降低自然灾害在短期内冲击家庭人力资本积累的对策建议。

（七）　自然灾害应对问题的研究进展与理论分析

从第六章开始进入本书的下篇,研究绿色发展理念指导下的自然灾害应对问题。本章内容主要阐述在绿色发展视域下自然灾害应对问题的经济学属性。先是分别梳理马克思主义、现代西方经济学对灾害经济问题的相关理论阐释与总结,并对自然灾害应对问题实证文献的发展脉络进行总结;然后基于人类经济活动与自然灾害风险的相互关系,分别从转变经济发展模式、规范经济活动边界、重视灾后生态修复建设,分析从绿色发展视域出发研究灾害应对问题的经济学逻辑。

（八）绿色发展视域下政府与市场两种自然灾害应对方式的历史演进

政府与市场是自然灾害应对的两种核心力量,在本章内容中分别对中国自然灾害应对的政府主导机制和市场化调节机制的发展历程进行了梳理,总结了两种应对方式的各自特征以及适用情景。然后,在绿色发展的背景下讨论了政府主导的灾害救助与市场化调节机制在自然灾害应对中的互补作用。

（九）政府灾害救助对灾区经济绿色增长的影响研究

本章内容重点从灾区经济绿色增长的角度,以汶川地震为例,研究了政府主导的灾害救助对灾区经济绿色增长和生态环境污染的影响。首先,利用四川省县级层面的面板数据,研究了汶川地震中对重灾区重建的财政支出对灾区经济增长的影响,然后在考虑了生态环境污染因素后,分析了政府的灾后重建投入对灾区经济转型和环境污染的影响,揭示了政府主导的灾害救助模式在促进灾区经济增长和生态治理上的双重影响。

（十）市场化灾害应对机制的绿色发展效应分析及其实现路径

本章内容以中国广泛存在的农业灾害为分析对象,重点研究以经济市场化和农业保险为代表的市场化机制对促进灾后农业绿色发展的影响。首先,构造了省级层面的农业绿色全要素生产率指标,刻画了农业绿色发展程度。然后,利用省级层面的农业保险数据,研究市场化机制对促进灾后农业绿色发展的影响。最后,从农户家庭可持续发展的视角讨论了市场化水平提升对降低农业灾害下农户收入与消费波动的影响,从农业绿色发展和提升农户家庭抗风险的角度研究市场化灾害应对机制的绿色发展效应。

（十一）自然灾害应对中非正式制度的影响分析

本章内容重点研究了在政府与市场两种正式制度外,非正式制度在自然灾害应对中的重要作用。基于中国灾害救助中地方政府在政策偏好和主政官员在公共资源配置中的重要作用,本章以市委书记的受灾经历为研究视角,通过构造地级市层面的官员和自然灾害救济支出数据,研究发现地方主政官员的受灾经历会显著提高其任职地的自然灾害救助支出,表明地方主政官员早年的受灾经历会对政府灾害救助政策产生重要作用,为理解自然灾害应对中非正式制度的作用及其实现机制提供了支撑。

（十二）重点区域的自然灾害及其防治:黄河流域绿色发展中的自然灾害及减灾路径

本章内容主要从中国区域性灾害的特征出发,以黄河流域的自然灾害为例,研究了在促进黄河流域绿色高质量发展的要求下,黄河流域自然灾害的成因、现状以及应对策略。通过对重点区域自然灾害防治的成因以及防治对策的分析,从宏观、中观和微观三个层面提出绿色发展理念下流域自然灾害应对的策略选择。

(十三)　绿色发展视域下提升中国自然灾害应对能力的现实需要及未来展望

本章是全书的结束语。在前文研究的基础上论述了绿色发展视域下自然灾害应对能力提升的现实需要,并从灾害应对思路、发展绿色经济以及将政府救助与市场化应对相结合等方面对绿色发展视域下自然灾害应对体系建设进行了展望。

二、研究方法

本书研究绿色发展视域下自然灾害的经济影响及其应对问题,对自然灾害的经济影响和应对机制进行系统分析,继而通过宏微观数据进行实证检验,提出绿色发展视域下增强中国自然灾害应对能力的政策建议。本书运用的主要研究方法包括:

(一)　文献分析法

对既有文献的梳理和总结能够为后续研究厘清思路和提供拓展方向,在本书中我们通过回顾相关经典理论和主流文献,梳理国内外该领域的最新研究成果,明晰绿色发展视域下自然灾害的经济影响及其应对的理论基础和研究脉络,对自然灾害的经济影响和应对机制分析奠定文献基础。

(二)　制度分析法

通过识别自然灾害的经济影响及其应对的制度要素,结合中国自然灾害应对的制度体系建设实践,沿着灾害应对的制度变迁路径,对绿色发展视域下自然灾害应对的制度问题进行深入分析。

(三)　数理分析法

数理分析主要是运用数理经济学的方法,构建数理模型,提升研究的严谨性和科学性。数理分析法主要应用在自然灾害影响经济发展的数理模型与理论建模部分,把自然灾害的经济影响和应对机制纳入系统的数理分析框架,通过数理模型的均衡多元求解,为理论机制分析和实证检验提供逻辑基础。

(四)　计量分析法

计量分析主要是采用计量经济学的分析方法,通过实证检验为研究结论提供证据依据。本书通过统计相关数据,建立计量分析模型,通过双向固定效应面板回归模型、双重差分方法等计量研究方法,对中国灾害应对的市场机制和政府主导的灾害救助机制进行检验,并进一步提出相应的政策启示。

上　篇

自然灾害的社会经济影响

第一章　自然灾害的社会经济
影响:文献综述

在人类社会的发展历程中,自然灾害冲击一直是我们面临的重要问题
(Strömberg,2007)。随着知识的增进和科学技术的提升,人类对于自然灾
害发生机理及其造成的经济影响的认知不断强化。然而,作为一种外部冲
击,自然灾害风险在当前并没有减缓的迹象,对人类经济社会的影响日趋严
重。特别是自工业革命以来,技术的发展使人类干预自然的能力增强,社会
生产能力提升的同时,与气候变化相关的灾害事件发生频率也不断增加
(Slettebak,2012)。因此,当今世界面临的一个重大挑战在于如何应对自
1970 年以来日益频繁的自然灾害对人类经济社会发展带来的冲击,并且,
迎接这一挑战的关键在于正确认识和评估灾害冲击对经济增长和社会福利
的影响(Jeroen,2016;Jeroen 和 Kay,2014)。从经济增长和社会福利的目标
出发,自然灾害对社会经济和国民财富造成的影响也就成为经济学研究难
以回避的话题。

从阿尔巴拉—伯特兰(Albala—Bertrand,1993)的开创性研究开始,关于
灾害对经济增长的直接和间接影响形成了大量经验性的研究成果,提供了数
千个计量估计结果(Jeroen 和 Kay,2014)。但即便如此,由于数据选取、指标
构建以及自然灾害类型和受灾地社会经济特征等多种因素的影响,现有文献
对自然灾害与经济增长关系的结论至今仍未达成一致。纵观这一领域的研
究,可以发现,学者们关于自然灾害如何影响社会经济发展的研究主要集中
在三个方面:(1)自然灾害对宏观经济运行的影响。(2)自然灾害与微观经济
主体间的互动。宏观视角的分析为我们直观地评估和认识灾害冲击对经济
增长的影响提供了证据,对微观主体面临灾害冲击时经济行为变动的研究有
助于我们更加清楚地理解灾害对人本身的影响。(3)自然灾害对生态环境系
统的影响。主要是从自然灾害对生态环境的影响出发,研究自然灾害造成的
生态损失以及对生态环境的破坏如何影响到社会经济发展效益。

第一节　自然灾害对宏观经济运行的影响及争论

20 世纪中期以后,国内外经济学对灾害问题的研究开始大量涌现,起

初的研究主要讨论灾害种类的划分、个别灾害事件的评估以及防治政策等（Kunreuther 和 Fiore 1966；Kunreuther，1967；Dacy 和 Kunreuther，1969；Ross，1983）。随着经济社会的发展和人为灾害的增加，更多文献开始关注灾害对经济和社会造成的长期影响，并研究灾害冲击对经济增长的具体路径（胡鞍钢，1991；郑功成，1998；何爱平，2000；Kellenberg 和 Mobarak，2008；史培军和应卓蓉，2016）。目前，自然灾害对宏观经济运行的影响及其实现路径仍存在争议。在梳理文献基础上我们发现，虽然由于数据选取、指标构造以及灾害类型等因素的差异，不同研究得出的结论大相径庭，但总的来看，关于自然灾害对宏观经济增长及其路径的研究主要集中在以下三个方面。

一、灾后投资收益效应

灾害事件过后引起的投资收益效应是学者们研究的一个热点，一些学者通过实证研究在总体上验证了灾后的投资效应对经济增长的推动作用。阿尔巴拉—伯特兰（1993）分析了 26 个不同发展水平的国家在 1960—1979 年发生的 28 次灾害，认为内在的社会经济机制被证明有足够的能力阻止绝大多数对经济和社会有威胁的次生灾害的发生，自然灾害对社会经济并没有形成大的负面影响。阿吉翁等（Aghion 等，1998）基于熊彼特的创造性破坏理论，分析了外部事件引起的资本投入冲击和技术进步间的替代关系。斯基德莫尔和托亚（Skidmore 和 Toya，2002）认为自然灾害对经济的作用在不同类型的灾害间存在差异，地质性自然灾害会迅速提升整个社会的投资水平，推动短期经济增长。奥山（Okuyama，2003）从新古典理论出发，认为投资对经济的推动作用受资本的边际收益影响，灾害过后的受灾地资本投入的边际收益会增加，有利于经济增长。哈勒加特和杜马斯（Hallegatte 和 Dumas，2009）指出，传统增长模型中物质资本的破坏也可能导致存量加速更新与生产性资本增加，资本利用率提高引起高的产出水平，从而导致短期增长。宋妍等（2019）研究汶川地震对 10 个极重灾区经济产生的长期间接影响，发现灾区经济恢复效果依赖国家和当地政府进行灾后重建对经济的拉动。

另外一些学者对灾后的投资收益效应持怀疑态度，认为并不存在明显的灾后投资收益。拉斯穆森（Rasmussen，2004）通过统计研究对比了受灾地的实际产出水平，指出自然灾害导致相同年份下受灾地产出下降了2.2%，灾后的重建恢复并不能使受灾地很快地达到受灾前的水平。卡瓦洛和诺伊（Cavallo 和 Noy，2010）利用包含全球各地样本的突发事件数据库

(Emergency Events Database)研究了自然灾害对经济发展的作用,发现无论在短期还是长期,大的地理灾害对经济增长并没有促进效应。维克兰特和苏比尔(Vikrant 和 Subir,2019)基于 1981—2015 年 102 个国家(29 个发达国家和 73 个发展中国家)的面板数据,研究了洪水、干旱、风暴和地震等四种类型灾害对经济的影响,结果表明自然灾害对各经济部门产生了不同的经济影响,这取决于灾害类型和强度。奥山(Okuyama,2016)研究了日本1995 年神户地震的长期经济影响,发现短期内的灾后恢复与重建对经济产生积极影响,但地震的长期影响导致了人均地区生产总值的持续下降。闫绪娴(2014)利用中国 31 个省份 2002—2011 年的面板数据,研究发现当灾害损失占 GDP 比重低于 0.0103 时,灾害损失对经济增长具有一定的正向促进作用;当灾害损失占 GDP 比重高于 0.0103 时,灾害损失与经济增长负相关。

此外,一些学者通过对公司、个人等微观主体的研究也认为灾后的投资效应并不明显。张显东和沈荣芳(1995)根据哈罗德—多玛模型中投资和储蓄的关系,认为自然灾害占用了原来生产投资的货币资金,使其被用于重建工程,货币资金的缺失不利于经济增长,因而自然灾害损失不利于经济增长。梅广清等(1999)采用生产函数方法和投入—产出法测算了受灾区域灾后最终产品减少了 25.4%,总产出减少了 31.9%,负向影响较明显。莱特等(Leiter 等,2009)引入了一个存量调整模型,运用双重差分方法(DID)检验了洪水灾害对欧洲的公司行为产生的影响,发现受过洪水灾害的地区公司的资本投入水平趋于降低,洪水灾害并未对公司绩效和经济增长产生积极作用。斯特罗布尔(Strobl,2011)运用美国沿海县的面板数据研究了飓风灾害引起的投资缩减效应。认为严重的自然灾害降低了资本所有者的投资收益预期,灾害造成地区生活环境恶化导致大量富裕人群和高素质劳动力外流。资本和人才双重约束下受灾地区灾后经济恢复缓慢,同时加剧下一期的资本和人才外流,受灾地区会陷入发展困境。杨萍(2012)采用系统GMM 估计了全球 94 个国家 1982—2006 年的跨国数据,研究了不同自然灾害类型在中长期对经济增长的不同影响,结果显示,对于发展中国家而言,洪灾在一定程度上对农业经济增长有利,地震对工业部门经济增长有利,但旱灾对经济增长则存在显著的负效应。卓志和段胜(2012)的研究表明,在满足风险预期的约束条件和灾害总成本最小化的目标控制过程中,政府的防减灾投资支出存在最优的规模效应,适当水平的防减灾投资支出可以有效控制灾害损失,并促进经济增长。杨浩等(2016)、贺娜(2018)的研究认为农业生产经营极易遭受自然灾害等不确定性约束条件的负面影响。龟田等(Kameda 等,2020)认为自然灾害后的重建工作涉及许多公共资金项目,这些项目引起的高劳动力需求可能导致私营部门的劳动力短缺,从而对经济造成负面影响。

从以上文献可以发现,主张灾害事件之后会产生投资收益效应的学者强调了灾后投资对短期产出增量的快速提升作用,并且假定灾后社会的资本投入供给充分,认为灾后的重建工作可以拉动受灾地经济增长。但是对此持怀疑态度的学者强调上述假定不一定成立,认为灾后投资对受灾地经济增长的推动只是弥补了灾害事件带来的损失,对实际产出水平并无太大影响,而且灾害事件会恶化受灾地的经济发展环境,造成受灾地的资本缺失和人才匮乏,灾后的投资收益效应并不能抵消灾害事件对受灾地经济发展的不利影响。

二、人力资本积累效应

自然灾害不仅会通过物质资本投资影响经济增长,同时也对人力资本积累有着重要作用,自然灾害发生概率的上升会降低实物资本的预期收益,从而使经济主体转向人力资本投资,因此自然灾害对长期经济增长的影响幅度取决于其造成的人力资本存量损失(王艺明,2008)。关于自然灾害对人力资本积累带来了怎样的影响,现有研究主要有以下三种观点:一是自然灾害冲击对人力资本积累产生正向影响;二是自然灾害造成人力资本损失,从而阻碍经济增长;三是自然灾害对人力资本的影响是不确定的。

一些学者强调灾害的人力资本积累效应对经济增长的推动作用,这一观点主要是基于熊彼特的“创造性破坏”理论。该理论认为自然灾害的发生虽然造成人口和物质资本的损失,但灾后重建又为受灾地引进先进技术和设备,从而提升人力资本。斯基德莫尔和托亚(2002)在考察了 1960—1990 年美国平均资本产出的增长水平后发现气候灾害提高了人力资本积累和全要素产出效率。比格尔等(Beegle 等,2006)运用坦桑尼亚的家庭调查数据发现当家庭面临严重的农业灾害时,为了应对由此产生的收入波动风险,家庭会选择让孩子立即加入农业生产中来。在生产条件落后的地区,自然灾害风险会挤出人力资本投资,对教育有着显著副作用的同时提高了童工数量。海伦和波齐(Heylen 和 Pozzi,2007)通过对 86 个国家 1970—2000 年的研究指出,自然灾害作为短期风险会迫使人们学习新知识以防范外部冲击,使自己在劳动力市场上更具竞争力从而免受灾害风险冲击,而人力资本水平提升在长期会成为经济增长的重要动力。王艺明等(2008)构建了一个包含自然灾害的两部门内生增长模型,研究发现自然灾害对长期增长的影响幅度取决于其造成的人力资本存量损失,并且灾害发生会促使经济主体更多地投资于人力资本。以中国和 OECD 国家分别作为发展中国家和发达国家样本,吴先华等(2014)发现在 OECD 国家,气象灾害能够通过实物资本及人力资本投资两个途径促进经济增长,说明灾后的经济复苏与实物资本和人力资本的提高具有密切的关系。也有学者研究发现高频率的自然灾害会增加地区层面的人力资本积累,并且自然灾害的高频率降低了物质资本的预期回报率,这也有助于增加人力资本(Zhang 和 Ruan,2020)。

　　一些学者则对灾害的人力资本积累效应持怀疑态度,认为自然灾害对人力资本产生的负向冲击主要表现在宏观和微观两个方面。在宏观层面,自然灾害会造成一个国家的人力资本损失。自然灾害的发生导致教育资源紧张,从而使受灾地区居民平均受教育水平下降(Checchi 和 Penalosa,2004)。基姆(Kim,2008)对喀麦隆、布基纳法索和蒙古国三个国家的经验研究结果表明,极端的气候事件对教育的接受程度有长期的负影响。气候灾害引起产出和总体经济下滑,国家教育福利政策的缺失使这三个国家中女性在面临极端气候灾害时从小学便选择辍学。李小云等(2011)基于农户的生计资产体系,以甘肃省西河县 XJ 村为例,分析 2008 年汶川地震灾害对农村贫困的影响。研究发现地震灾害发生后,直接受到损害的是物质资本、人力资本和自然资本,人力资本损失的灾后恢复较慢。法托克(Fatoke,2015)、福斯特和格尔克(Foster 和 Gehrke,2017)、贾亚什和汉比乌尔(Jayash 和 Hanbyul,2018)研究发现受自然灾害影响,青少年完成基础教育的概率显著降低,女孩的教育成就明显低于男孩。李军等(2020)研究发现自然灾害冲击通过收入效应与风险偏好两种渠道降低了农村家庭教育支出与教育期望,导致农村地区人力资本投入不足。

　　另外一些学者的研究认为自然灾害和人力资本投资两者之间并非简单的线性关系,自然灾害对人力资本积累的作用体现出条件性和不确定性的特点。莱哈里和韦斯(Levhari 和 Weiss,1974)最早从一个考虑了未来收益的两期模型出发,发现相对于物质资本而言,人力资本在面临外部风险时投资收益的风险和不确定性会更高。其中市场波动、风险不确定性等外部环境对人力资本投资选择有着重要影响。菲茨西蒙斯(Fitzsimons,2007)对印度尼西亚自然灾害的考察表明,由于保险市场发育落后,频繁的灾害事件会对孩子的教育投资产生不利影响。如果外部的保险市场和内部的家族保障网络能够发挥作用,自然灾害对教育的挤出作用就会减小,这在贫穷的家庭中表现得更加明显。夸雷斯马(Cuaresma,2010)基于贝叶斯模型平均

（Bayesian Model Averaging，BMA）方法的研究表明不同的自然灾害对人力资本投资的作用差异较大，从总体来看自然灾害风险程度与中学入学率之间较强的负相关关系受到地质性灾害的影响很大。地区初始的人力资本水平、入学率等因素同样也会影响自然灾害对人力资本积累的作用，初始的人力资本禀赋会在应对灾害中具备差异化的表现，从而影响下一期人们的人力资本投资决策。弗雷尔等（Vreyer 等，2015）利用 1987—1989 年马里蝗虫入侵的区域差异估计了收入冲击对儿童教育的影响，发现农村地区儿童的教育成果有显著的负面影响，但对生活在城市地区的儿童没有影响。

上述研究聚焦于自然灾害对人力资本的直接影响，还有部分研究将自然灾害作为先决条件，考察不同人力资本条件下家庭的风险抵御能力，结果表明，人力资本积累相对丰富的地区应灾能力和灾后恢复能力更强。杨浩等（2016）利用 2006 年和 2010 年国家统计局对中国 592 个国家扶贫开发工作重点县调查数据，研究发现农户的主要生计资本特别是人力资本对其抵御气象灾害风险具有明显的积极作用。宋妍等（2019）基于 1996—2016 年四川省 181 个县域数据，发现拥有较好就业率和人力资本的灾区经济恢复会更好。陈哲等（2020）利用实地调查数据研究表明人力资本和社会资本的嵌入，会弱化自然灾害对农户家庭成员非就业选择的影响。

三、灾后技术进步的产出效应

灾后技术进步引发的产出效应被认为是灾害影响宏观经济运行的又一途径。斯图尔特和菲茨杰拉德（Stewart 和 Fitzgerald，2001）、本森和克莱（Benson 和 Clay，2004）认为，当灾害事件毁坏了生产性资本时，被毁坏的资本存量会被更加有生产效率的新技术代替，但技术替代效应的发挥受财政能力和灾后反应时间的影响。为了更清楚地识别技术进步对灾害损坏的弥补作用，卡塞利和马尔霍特拉（Caselli 和 Malhotra，2004）将灾害冲击纳入经济增长模型中，在资本投入和劳动要素投入扩大的条件下对索洛增长模型进行实证检验的结果没有发现自然灾害与总体增长效率间的负相关关系；在分析推动总体产出增长的各因素的基础上，他发现灾害冲击后快速的技术进步弥补了短期灾害损失，促进了经济增长，但是技术进步在一定程度上依赖于灾后的研发资本投入水平。格里莫和劳治（Grimaud 和 Rouge，2008）、费舍尔和纽厄尔（Fischer 和 Newell，2008）指出，气候变化引起的技术变革和经济政策变动对经济增长产生的影响越来越大。极端气候事件的发生导致人们的生存环境恶化，技术创新的速度会随着环境恶化的状况不断加快。

　　另外一些学者认为技术变革对灾后经济发展的作用是很有限的，这取决于技术变革的动机和受灾地技术变革的条件基础。科恩（Cohen，1995）通过对世界范围内的突发性灾难事件的分析认为技术变革如果源于技术灾难事件，产出增长的实际意义并不明显。他分析了漏油事件对环境造成的持续破坏后认为清理漏油的成本所引起的产出增长并不能被看成灾害后技术进步的产出效应。克雷斯波等（Crespo 等，2008）通过跨国面板数据对比了灾害事件对发达国家和发展中国家技术发展的不同影响，发现灾害对发展中国家和工业化国家的知识溢出量起到了副作用。

　　因此，在研究灾害事件对技术进步的作用时应该将自然灾害发生前社会的产出水平考虑在内，判断灾后的技术改进是否只是起到了对灾害损失的弥补，而并非对长期增长的作用；另外，灾害事件对技术进步的作用与受灾地初始的技术创新能力、资本水平等密切相关，灾后的技术进步更可能在发达地区出现，而在落后地区则难以实现。

第二节　自然灾害与微观主体行为的互动

　　自然灾害冲击对经济增长的影响不仅仅体现在对宏观经济及其影响因素的直接作用上，还会对微观经济主体行为产生作用，通过改变微观主体的经济行为选择进而影响到长期经济发展。从国内外的研究来看，现有研究主要集中在灾害冲击下个体的消费行为、居住行为调整，并从人口迁移延伸到了与此相关的种族冲突上，展现了外部冲击下经济主体调整自身行为以适应生存环境变化的过程。

一、自然灾害与居民消费决策

　　自然灾害作为一种外部冲击，会导致灾后家庭收入状况恶化，受收入变动影响，个人的消费行为也会发生变化。泰勒（Taylor，1974）强调在面临的损失程度不同时，个体的消费行为选择有较大差异。汤森（Townsend，1994）建立起来的消费平滑（Consumption Smoothing）理论认为在保险市场和借贷市场发挥作用的条件下，家庭的消费并不会受失业、疾病以及其他外部冲击引起的当期收入条件的影响，并通过对印度受灾村庄数据的分析验证了这一结论。贾兰和拉瓦利恩（Jalan 和 Ravallion，1999）通过对中国农村的研究发现，不同于日本具有较好的保险市场来应对收入风险，中国农村居民更多地会采取削减日常消费的方式来应对灾害引起的收入风险冲击，即使是在食品消费上也同样如此，并且对于越贫穷的家庭越适用。但贾兰和拉瓦利恩(2001)对中国农村居民应对灾害的研究发现人们倾向于持有流动性资产来防范风险冲击,而不会降低对孩子教育的支持。然而,自中国农村实行家庭联产承包责任制以来,中国农户开始承担着自然、市场、政策等多重收入风险,遭遇风险的农户很可能会被迫压缩正常的消费支出(马小勇和白永秀,2009)。自然灾害这样的负向外部冲击容易导致农户形成谨慎性的消费策略(邰秀军等,2009)。陈利和谢家智(2013)指出近年来自然灾害和病虫疫灾的频率及影响程度加剧,导致农业因灾损失不断加重,严重影响了农民的收入。姚东旻和许艺煊(2018)以四川汶川地震作为随机事件,使用中国家庭收入调查(Chinese Household Income Project Survey,CHIPS)数据证明了灾后居民存在"预防性储蓄"动机。

　　另外一些学者强调了灾害经历对个体消费行为的影响,哈博(Harbaugh,2004)的研究表明遭受过严重饥荒灾害的人会形成长期的节俭型消费习惯,即使收入条件改善,消费水平也不会同步提高。切蒂和鲁尼(Chetty 和 Looney,2006)对印度尼西亚和美国两个国家遭受疾病冲击家庭的消费研究表明,意外伤害和疾病等人为灾害对家庭消费的冲击同样严重,经济条件越差的家庭在面临疾病冲击时更可能通过削减孩子的教育和其他享受型支出的途径来保持基本的消费水平。萨瓦德和直树(Sawada 和Shimizutani,2008)运用特殊的家庭调查数据,对经历过 1995 年阪神大地震的样本家庭进行研究,发现在同一地区遭受了更大自然灾害的家庭比遭受更小灾害程度的家庭更有可能削减家庭的消费支出,并在家庭储蓄上表现得更加积极。直井等(Naoi 等,2012)对日本地震的研究发现地震会提高家庭的保险消费水平。即使是在没有直接受灾的地区,人们也会增加家庭在地震保险和其他预防性产品上的支出,对于经济条件好的家庭这种消费趋势表现得更加明显。

　　在中国,1959—1961 年的三年严重困难不仅影响了当时人们的食物消费,在大饥荒结束的多年之后仍然对受灾者的消费和储蓄行为产生着重要作用。哈博(2004)认为对大饥荒的记忆是中国居民倾向于高储蓄,抑制自身消费的重要原因,且饥荒强度和居民的储蓄倾向正相关。曹树基(2005)发现,人们对饥荒是有历史记忆的,经历过较严重饥荒的地区人口更珍惜粮食,并有一套应付饥荒的办法(比如更多的粮食储藏)。程令国和张晔(2011)的研究更是指出,在控制收入等其他因素后,那些早年经历较严重饥荒的户主家庭表现出更高的储蓄倾向:饥荒程度每上升 1 个百分点,家庭储蓄率提高 23%—26%,这说明早年的饥荒经历确实对人们成年后的家庭储蓄倾向具有重要影响。饥荒灾害的经历会显著提高受灾者的储蓄水平,进而降低了实际消费水平,这些实证研究证实了灾害经历不仅会在灾害发生的当期对微观经济个体的行为选择产生直接作用,更为重要的是,即使灾害过去多年之后,灾害经历对微观个体行为的影响也会一直延续下去。

二、自然灾害与人口迁移行为

人口迁移是人类在外部生存环境变化时应对风险冲击的重要举措,人口迁移带来的技术交流和市场变化效应在家庭生产和经济增长中发挥着重要的作用(Thomas,1954)。一些学者对受灾地人口变动的研究认为自然灾害确实导致了受灾地的人口向外迁移。佩尔兹曼(Peltzman,1975)发现在面临灾害风险时,迁移到没有受灾的地区是个体自我保护的重要途径,而政府对受灾地区的投资建设程度会影响个体选择自我保护方式的程度,对自我保护形成替代。戈茨昌(Gottschang,1987)研究了1890—1942年在中国东北满洲发生的大规模人口迁移,认为是山东和河北多发战争、干旱和洪水灾害,导致这些地区的生存环境急剧恶化,向更为安全的满洲地区迁移成为内部地区劳动力迁移的外在推力。自然灾害引起的人口迁移具备选择性。唐纳和罗德里格斯(Donner 和 Rodríguez,2008)的研究表明灾害引起的人口流动不仅改变了迁入地和迁出地的人口总数,同时也影响着两地的人口结构和人口质量。一方面,来自拉丁美洲的入境移民集聚在美国的沿海地区,大多是年轻劳动力并掌握着一定的生产技术,这部分移民使美国国内年轻劳动力供给增加导致工资水平下降,推动了美国沿海地区的经济发展。但另一方面,自然灾害同人口迁移之间存在相互影响,大量的拉丁美洲人集聚在沿海城市,城市的基础设施无法在短时间内跟上人口增加的需求,贫民窟的大量存在也提高了疾病、城市垃圾等人为灾害发生程度。克伦伯格和莫巴拉克(Kellenberg 和 Mobarak,2008)指出,自然灾害会威胁人们的身体健康和生命安全,自然灾害发生时外出工作的机会成本增加。同时,受灾地区的灾害重建对劳动力需求大,供需缺口会使工资水平上升从而吸引外地的劳动力流入受灾地区。布斯坦等(Boustan 等,2012)运用两个新的微观人口普查数据,发现在1920—1930年美国年轻男性更可能从受龙卷风影响的地区迁出,人们选择迁移到地势条件占优的地区来帮助抵御洪水灾害。但另一方面,灾害冲击也会引起受灾地人口的迁入。王春华(Wang,2019)研究了1960—2000年自然灾害对美国各县人口密度增长的长期影响,发现灾害通过影响县域特征,对县域人口密度的增长产生了微弱的直接影响。房利和苏阿兰(2021)认为灾荒导致大量人口迁移他乡,从而对灾区人口数量的变动产生负面影响;另外,灾害还致使社会经济下滑,社会环境和生活水平下降,从而导致灾区的人口素质不断降低。

在中国历史上,自然灾害引起的移民活动大量存在。珠飒(2005)对清朝建立到灭亡(1644—1911)的二百多年间内地汉人流入蒙地的原因进行了研究,他指出内地人多地少的矛盾和频繁发生的自然灾害及战乱等迫使内地汉人走上背井离乡的移民路,汉族居民通过移民进入蒙古地区在一定程度上获得了更为丰富的生活和生产资源,也促进了蒙古地区的农耕和农业发展。高乐才(2005)考察了中国近代东北移民的历史原因,认为清末民初,华北地区的旱涝灾害加剧了该地区资源与人口之间的矛盾。为了谋求生存,广大华北灾民被迫越海闯关,迁居到地域毗连、人口稀少、资源丰富的东北。刘超健(2013)根据乾隆二十六年至四十六年(1761—1781)天山北路东部和河西地区的移民政策与自然灾害的相关信息,对两地由于移民而形成的互动关系进行研究,试图从一个小尺度的范围内为认识在自然灾害下的异地互动提供实证。结果发现两地之间自然灾害发生时间的不同步性,为政策性移民提供了良好的自然条件,也使从河西地区移民到天山北路东部出现高潮成为可能。可见,无论是从全球范围,还是从中国的历史经验来看,自然灾害冲击与居民的居住行为选择之间一直都存在密切关系,通过移民来规避灾害风险是微观经济主体应对灾害冲击的重要行为选择,也搭建起自然灾害与个体决策间的路径。

三、自然灾害与生存竞争下的种族冲突

从世界范围内的经验事实来看,很多主要的自然灾害都对国家的政治稳定和民族冲突影响重大。如里斯本(1755)、秘鲁(1970)、尼加拉瓜(1972)和危地马拉(1976)的地震灾害,多米尼加共和国(1930)、海地(1954)和东巴基斯坦(1970)的海啸和飓风灾害都引起了国家内部的政治和种族冲突,2004年发生的印度洋海啸使印度尼西亚和斯里兰卡都因此发生了严重的国内动乱。在中国的历史上,大量的农民起义(黄巾军、李自成起义)都与当年发生了严重的自然灾害有关。

在理论研究方面,索罗金(Sorokin,1942)在《人与社会的灾难》中最早提出了关于灾害对社会冲突和政治动荡作用的理论,库尼等(Cuny等,1983)讨论了自然灾害同社会发展关系,较为详细地描述了自然灾害如何推动政治和社会变革者借助原有的社会不平等问题进行政治变革,建议政府在下一次自然灾害来临前构建应对社会冲突的预防机制。德鲁里和奥尔森(Drury和Olson,1998)运用1966—1980年的时间序列数据,建立灾害程度与政治动荡间的关系模型,发现灾害严重程度与政治动荡间存在积极的

关系。巴夫纳尼(Bhavnani,2006)以115个国家1991—1999年的定量调查数据为对象,加入了环境、社会、空间和心理因素并建立包含多变量的统计检验模型,研究发现自然灾害仍然是解释社会冲突的重要因素。布兰卡蒂(Brancati,2007)运用185个国家1975—2002年的经验证据表明,在经济落后地区灾害发生后为争夺稀缺资源和较好的生存环境,社会冲突次数明显增多;在人口密集地区,自然灾害降低了地区的潜在生产能力使经济发展受到影响的同时激化了固有的社会冲突,灾后的恢复工作必须重视修复潜在的生产能力。一些学者进一步研究了不同种类的灾害与社会冲突间的关系。惠特和威尔逊(Whitt和Wilson,2007)研究发现在卡特里娜飓风过后从新奥尔良撤离到休斯敦避难所的个体强化了团队合作能力,增强了个体之间的相互信任。安德拉比和达斯(Andrabi和Das,2010)的研究发现2005年巴基斯坦北部地震发生后增加了本国人对外国人积极的信任,原因在于在地震救助期间灾区获得了来自国外的积极援助。

自然灾害对种族冲突和个体间信任的影响在不同灾害类型上存在差异。内尔和莱哈兹(Nel和Righarts,2008)区分了不同的自然灾害与社会冲突间的关系,发现地震和火山爆发引起的冲突风险最高,与气候相关的灾害也显著增加了国内发生冲突的风险。贝斯利和佩尔松(Besley和Persson,2011)运用灾难虚拟变量和灾难频率指标作为地区灾难的代理变量,建立起一个包含反对和冲突的政治暴力模型。他发现灾害性事件会引起国内地区间工资水平的变动以及各地区间可获得的外部援助程度,工资变动和外部援助直接关系到该地区居民的生活,更容易引发政治暴力。与上述观点相反,谷嘉和横松(Kotani和Yokomatsu,2016)研究表明,洪涝等气象灾害往往是社会资本增加的催化剂,而不是社会秩序崩溃的催化剂,因为应对洪涝灾害需要个体之间提升合作和互利水平。

可以看出,自然灾害对人类社会的微观影响研究的思路可概括为:首先,自然灾害对人类行为的影响是通过改变人们的生存环境发生作用的,面临灾害冲击时家庭消费会受到影响,由于初始的经济条件不同,灾害事件对消费者个人的消费决策产生的影响存在较大差异;对比研究表明自然灾害的消费挤出效应会拉大不同地区经济发展的差异,使贫困地区陷入发展困境。其次,当灾害对家庭生活水平产生较大影响时,个体会倾向于通过主动的迁移行为来改变初始的生存环境。再次,灾害本身以及由此引发的人口的迁移则会使为争夺和保护自身生存资源的冲突事件发生的概率大大增加。但是,大量的研究也支持了这样一个结论,即灾害对人们消费行为、迁移行为以及种族冲突等会受到政府的救灾政策、预防机制、保险市场及社会保障途径的影响而呈现较大差异。可见,建立起完善的灾害应对机制和灾害社会保障体制是降低自然灾害损失,避免重大社会冲突的根本途径。因而,从个体行为选择的视角出发,理解灾害冲击下经济主体行为的变动可以为研究灾害的宏观经济影响提供微观基础。

第三节　自然灾害对生态环境系统的影响

自然灾害冲击的社会经济影响,不仅体现在经济和社会要素上,还会对生态环境系统运行产生作用。特别是在绿色发展的背景下,自然灾害对生态资源环境的影响更成为认识自然灾害作用于人类社会经济发展的重要视角,从生态资源环境发展的角度来理解自然灾害的社会经济效应,体现了绿色发展视域下灾害经济问题研究的重要变化,这也使对自然灾害影响生态环境系统的相关文献进行总结具有必要性。

自然灾害对生态环境系统的影响在灾害学研究中一直备受重视,自然灾害对生态环境的影响在不同类型的自然灾害上也存在一定差异。作为我国发生频率最高的自然灾害,洪涝灾害不仅社会经济影响力大,所造成的水污染、土壤污染等问题也比较严重。彭珂珊(1999)较早研究了洪涝灾害的水污染问题,以1998年的大洪水为例,认为在中国的快速城市化和工业化进程中,生态环境恶化问题日益加剧,洪涝等自然灾害的发生不仅与生态环境破坏有关,也通过整个生态系统将具有污染性的有害物质扩散到了更大的流域内,放大了生态环境污染的影响面。任丙南和卢海强(2021)研究发现洪涝灾害发生后,大量洪水会携带污水与各类垃圾,以及形成的径流冲刷,导致水体中的污染物明显增加,并且会随着水体流动使污染发生空间转移,严重破坏生态环境。事实上,洪涝灾害过后的水污染问题也一直是洪涝自然灾害应对的关键工作之一,做好洪涝灾害后居民饮水安全和水污染防治一直是洪涝灾害应对的重点问题。

地质灾害在我国具有多发性,以泥石流为代表的地质灾害造成的土壤污染问题是研究地质灾害生态环境影响的重要领域。张广帅等(2014)研究了泥石流频发区山地土壤环境因子,发现整体上来看泥石流频发山区土壤的环境因子水平较低,土壤环境承载能力较低,土壤的植被生长程度不足。李永祥(2015)基于人类学的方法对云南省昆明市东川区的泥石流灾害进行了研究,发现对矿业的过度开发和对环境的损坏导致森林覆盖率下降,随着泥土砂石风化,加剧了严重泥石流灾害的发生,而泥石流灾害则进一步加剧原本脆弱的土壤和山体生态系统的致灾因子,形成了不合理经济活动下自然灾害与生态系统破坏的恶性循环。李佳资(2019)研究了矿区泥石流等地质灾害对受灾地土壤中重金属污染的影响,发现矿区泥石流灾害下,受泥石流影响地区的土壤重金属污染严重,泥石流将矿区的重金属土壤带到了中下游地区,会诱导农作物生成次生污染,导致受影响地区农作物的重金属含量超标,威胁农作物生长安全。自然灾害对土壤生态系统的影响,还与火灾有关,陈韵如等(2019)研究了大兴安岭森林火灾的恢复年限对土壤磷及其有效性的影响,发现森林火灾之后全磷及速效磷均值均稍低于对照,森林火灾的发生对土壤内部成分结构产生了直接影响。

大气污染是当前我国乃至全球范围内面临的最重要的生态环境问题,自然灾害对大气环境污染的影响主要体现在以火灾为主的含碳气体排放上。罗菊春(2002)详细研究了1987年春发生在大兴安岭北部的森林火灾对森林生态系统的影响,发现火灾的发生导致了受灾林区森林覆盖率的明显下降,不同类型林木的生长恢复在火灾后存在明显差异,火灾对森林群落的植物多样性影响不大 但灾后斜陡坡与阳坡土薄处植被恢复慢,水土保持能力大为降低,形成较多荒山。田晓瑞等(2003)估算1991—2000年中国森林火灾直接释放的碳量,发现1991—2000年我国森林火灾每年平均排放二氧化碳量占我国总排放量(按2000年计算)的2.7%—3.9%,甲烷排放量占总排放量的3.3%—4.7%,森林火灾导致的碳排放量明显影响到受灾地区的大气环境。加布里埃尔·菲斯特(Gabriele Pfister,2008)对2007年美国加州的森林大火进行了研究,发现加利福尼亚州森林火灾造成包括加州及邻近内华达州的许多乡村地区在内的大范围地区臭氧污染水平超过美国环境保护局(EPA)设定的健康标准,在臭氧超标的地区,虽然人们看不见烟雾,但身体会受到不良影响,火灾导致受影响地区的臭氧浓度显著提高。胡海清等(2012)则从火灾导致的碳排放角度研究了火干扰所排放的含碳气体对气候变化的影响,他们根据大兴安岭森林资源调查数据和1965—2010年森林火灾统计资料,研究发现大兴安岭46年间森林火灾排放的碳为$2.93×10^7$吨,年平均排放量为$6.38×10^5$吨,森林火灾在短时间内给大气排放了大量高浓度的含碳气体,导致了较为严重的区域性空气污染问题。

可以发现,现有关于自然灾害影响生态环境的研究,大多集中在对自然灾害造成的生态系统和环境要素的变化上,例如洪涝灾害对土壤环境的影响,泥石流灾害对水环境的作用,火灾对森林植被和区域性气候变化的影响等。在研究范式和思路上,主要还是集中在灾害学以及资源环境学领域,从灾害经济和环境经济学视角对自然灾害与生态环境之间互动关系的分析也相对不足。特别是,一方面,自然灾害在影响生态环境系统变化的同时,自然会对处在受灾地的人类生产和生活行为产生变化,自然灾害的生态环境影响也就不单纯体现在其生态效应上,还体现在生态环境变化的社会经济影响上。另一方面,自然灾害对生态环境系统的影响,不仅与自然灾害的强度有关,还会受到人类经济活动的作用。例如,自然灾害后灾区重建需要大量的建筑原材料,在重建过程中就可能出现灾民就地取材和过度采石、砍伐等问题,这些不合理的经济活动加剧了自然灾害对生态环境系统的影响。因此,关于自然灾害对生态环境影响的研究,还需要对人类经济活动在其中发挥的作用做进一步分析,这是现有灾害学和资源环境学涉及较少的地方,也是本书研究的一个重要内容。

事实上,自然灾害与生态环境系统之间存在相互作用关系,自然灾害的发生本身与人类不合理生产生活行为引发的生态环境系统灾变直接相关,生态环境系统的变化是导致自然灾害事件发生的重要原因,例如泥石流、洪涝以及森林火灾等。同时,自然灾害也会通过改变受灾地生态环境系统的运行以及产生污染物等途径对生态系统的稳定性产生影响,并加剧生态环境问题。因此,从自然灾害与生态系统的这种相互作用关系和人类经济活动在其中发挥的作用出发。一方面,在研究自然灾害的社会经济影响时,就需要充分考虑其对生态环境系统的作用,在绿色发展的目标要求下更加全面地评估自然灾害的实际影响。另一方面,在自然灾害应对问题上,从自然灾害的致灾因子出发,通过推进向生态环境友好型的生产生活方式转型,降低自然灾害的诱发因素,实现绿色发展视域下通过提升人类社会与生态环境融合度促进自然灾害风险应对的路径选择,这是本书研究所要阐释的关键问题。

第二章　绿色发展视域下自然灾害
影响经济发展的理论分析

第一节　自然灾害经济损失的现状描述

随着我国经济进入高质量发展的新时期,洪涝、干旱、地震、滑坡、泥石流等自然灾害给社会经济发展造成的影响也越来越得到重视,自然灾害给人民群众生命健康和财产安全造成的巨大损失成为新时期推动社会经济高质量发展亟待解决的重要问题。在对自然灾害造成的经济影响进行理论分析之前,本节内容将从自然灾害造成的受灾人口、死亡人口、农作物受灾面积以及直接经济损失等多个方面详细呈现近年来自然灾害导致的经济损失现状。

首先,自然灾害给人类生命安全造成的影响是度量灾害影响力的重要指标。从受灾人口的绝对数量来看,如图2-1所示,1991—2021年,除2008年汶川地震的特殊情况外,我国自然灾害和受灾人口和因灾死亡人口总体上呈平稳波动态势,并且在2011年以来呈现下降趋势。具体来看,1991—2021年,全国年均受灾人口3.36亿人次,其中,有20个年份的受灾人口高于年均值,1997年、2003年、2008年、2009年共4个年份累计受灾人口接近20亿人次。在1991—2021年的31年间,有9个年份的因灾死亡人口超过5000人,其中2008年汶川地震因灾死亡人口最高,逾8万人。[①]

受灾人口情况与人口数量和人口密度有关,因此还需要从受灾人口的相对数量上进一步分析。在图2-2中,我们将受灾人口数除以年末人口总数来反映地区受灾人口程度。可以发现,1991—2021年受灾人口占年末总人口比重在8%—39%波动,其中有13个年份受灾人口占比在30%以上,1991年、1994年、1997年、2000年、2003年、2008年、2009年共7个年份较

[①]　1991—2020年灾害数据来源于《中国民政统计年鉴》《中国统计年鉴》;2021年灾害数据来源于应急管理部,见 https://www.mem.gov.cn/xw/yjglbgzdt/202201/t20220123_407204.shtml。

（单位：万人次）　　　　　　　　　　　　　　　　　（单位：人）

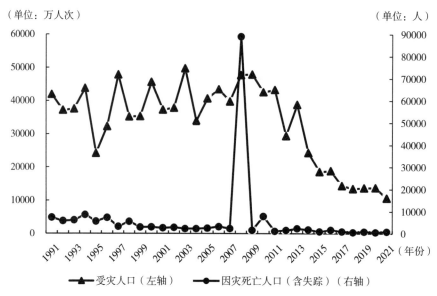

图 2-1　1991—2021 年自然灾害受灾人口和死亡人口变化

为严重,均高于 35%。[①] 从受灾人口占比的平均值来看,自然灾害对我国居民生产生活造成的影响的确较为严重。

（单位：%）

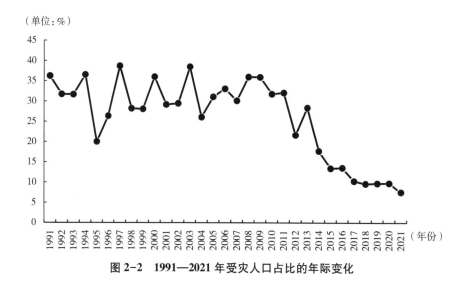

图 2-2　1991—2021 年受灾人口占比的年际变化

①　1991—2020 年人口数据来源于《中国统计年鉴》;2021 年人口数据来源于国家统计局,见 http://www.stats.gov.cn/tjsj/zxfb/202201/t20220117_1826404.html。

其次,自然灾害造成的灾民财物损失也是反映自然灾害强度的关键变量,其中房屋倒塌数量就是灾害导致财物损失的典型代表。从图 2-3 显示的房屋倒塌的绝对数量来看,20 世纪 90 年代自然灾害导致的房屋倒损数量较大,2011 年以来自然灾害导致的房屋倒塌数量明显减少。具体地,1991—2021 年 31 年间全国有近 7485.7 万间房屋因自然灾害倒塌,年均达到 241.4 万间,有 10 个年份倒塌房屋的数量高于年均值,其中 1991 年、1994 年、1996 年、1998 年、2008 年 5 个年份房屋倒塌的数量都在 500 万间以上。[①] 总的来看,自然灾害造成的房屋倒塌数量平均程度较为严重,这说明长期以来自然灾害对我国居民造成的财产损失较为严重。

（单位：万间）

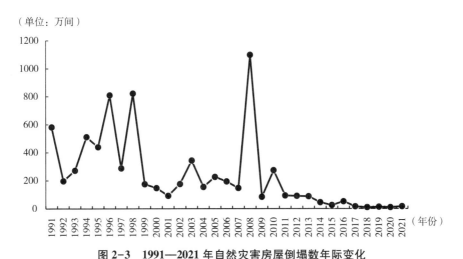

图 2-3　1991—2021 年自然灾害房屋倒塌数年际变化

再次,我国是一个农业大国,同时也是一个农业灾害频发的国家,农业灾害在我国具有分布广、频次高和类型多等特征,农业受灾程度是观测自然灾害经济影响的一个重要方面。从图 2-4 显示的农作物受灾面积的绝对值来看,20 世纪末农作物的受灾面积要明显高于 21 世纪初期,特别是 2009 年以来农作物的受灾面积呈现明显下降趋势。具体来看,1991—2021 年的 31 年间全国农作物受灾面积超 11 亿公顷,年均超过 3800 万公顷。特别是,有 14 个年份农作物受灾面积高于年均值,其中 1991 年、

---

① 1991—2017 年房屋倒塌数据来源于《中国民政统计年鉴》;2018—2021 年房屋倒塌数据来源于应急管理部每年发布的全国自然灾害基本情况,见 https://www.mem.gov.cn/xw/yjglbgzdt/。

1994 年、1996 年 3 个年份农作物受灾面积在 5500 万公顷以上①。农业是人们生产生活和国民经济发展的基础保障,自然灾害对农业生产造成的损害,不仅会影响到农业自身的发展,更关系着国家的粮食安全和社会稳定。

（单位：万公顷）

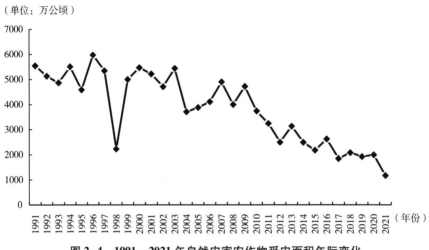

图 2-4　1991—2021 年自然灾害农作物受灾面积年际变化

最后,自然灾害造成的经济影响可以通过核算直接经济损失来度量,这也是目前反映自然灾害经济影响程度的常用指标。就自然灾害直接经济损失而言,如图 2-5 所示,仅从绝对数量看,1991—2021 年自然灾害导致的直接经济损失总体上呈波动平稳的上升趋势。具体来看,1991—2021 年全国自然灾害造成的直接经济损失高达 9.2 万亿元,年均 2983.4 亿元,其中 2008 年由于汶川地震和南方雪灾的影响,造成的直接经济损失最高,达到了 1.1 万亿元。2010 年、2011 年、2016 年自然灾害导致的直接经济损失均超过了 5000 亿元。从自然灾害造成的直接经济损失的相对数量看,1991—2021 年自然灾害直接经济损失与 GDP② 的比例在 1.69% 上下波动,除 2008 年外总体呈现下降趋势,其中 1991 年、1994 年、1996 年、1998 年、2008 年较为严重。在 2008 年汶川地震以后,自然灾害造成的直接经济损失占

---

① 1991—2020 年农作物受灾数据来源于《中国民政统计年鉴》《中国统计年鉴》;2021 年农作物受灾数据来源于应急管理部,见 https://www.mem.gov.cn/xw/yjglbgzdt/202201/t20220123_407204.shtml。

② 1991—2020 年 GDP 数据来源于《中国统计年鉴》;2021 年 GDP 数据来源于国家统计局,见 http://www.stats.gov.cn/tjsj/zxfb/202201/t20220117_1826404.html。

GDP 的比重总体上呈现逐步下降趋势,这说明在大灾之后,灾害防御和应对经验的提升能够降低自然灾害造成的直接经济损失。

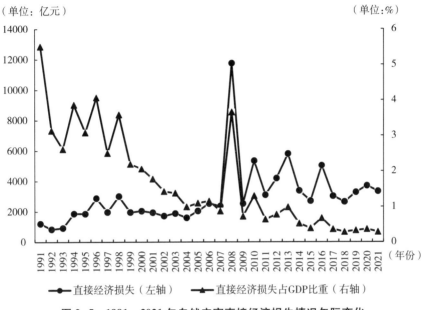

图 2-5　1991—2021 年自然灾害直接经济损失情况年际变化

　　综合来看,自然灾害冲击会对人类生命健康、房屋财产、农作物种植等多个方面产生直接和间接经济损失,其中在 20 世纪 90 年代自然灾害对我国造成的各方面损失都较为严重,自然灾害直接经济损失占 GDP 超过 3 个百分点,是经济社会发展的重要不利因素。但自 2011 年以来,自然灾害导致的受灾人口、房屋倒塌、农作物受灾面积和直接经济损失等经济指标呈现下降趋势,但其平均水平仍然较高。这说明尽管随着社会各界对防灾减灾的重视程度不断提高,以及防灾减灾技术和各类主体应对自然灾害风险的能力得到提升。自然灾害对我国造成的各方面不利影响有逐渐下降趋势,但是从造成的损失的绝对水平来看,自然灾害仍然是影响我国社会经济发展的重要不确定性风险因素,在新的视角下加强自然灾害影响及其应对机制的研究仍然具有很大的必要性和现实意义。

第二节　绿色发展作为灾害经济分析的理论基础

　　将自然灾害纳入经济学分析框架进行研究,首先要明晰当前我国经济已经进入生态环境与经济增长协调推进的高质量发展新时期这样一个大背景。党的十八届五中全会提出了创新、协调、绿色、开放、共享的新发展理念，为推动经济高质量发展、实现第二个百年奋斗目标提供了总指引。其中，绿色发展是对应工业化阶段黑色发展、金色发展等不利于生态环境建设的发展方式而提出的，是在新一轮产业革命和科技变革背景下来解决人与自然和谐共生和社会经济高质量发展等现实问题的指导理念，也是现阶段研究自然灾害打破资源环境平衡路径进而影响经济增长的实践前提。

从新时代高质量发展的实践要求出发，习近平总书记在 2018 年全国生态环境保护大会上提出要自觉把经济社会发展同生态文明建设统筹起来，全面推动绿色发展。习近平生态文明思想是对马克思主义政治经济学基本理论、经济发展理论的重大创新，同时也对我国建设美丽中国与世界其他发展中国家践行可持续发展具有重要时代价值。在习近平生态文明思想的指导下，党的二十大报告进一步提出推动绿色发展，促进人与自然和谐共生。绿色发展是以绿色财富观和绿色生产力理论为出发点和理论基础，以绿色产业体系构建为动力和支撑，以绿色发展方式转型为实施途径，并通过建章立制即完善绿色制度体系保障绿色发展的实施与落实。因此，从形成人与自然命运共同体的目标出发，绿色发展对于理解自然灾害产生的人为性诱发因素以及通过形成生态环境友好型的社会经济发展方式降低灾害冲击的影响具有重要意义，将绿色发展作为新时代理解自然灾害社会经济影响和灾害冲击应对的实践前提，是现阶段践行绿色发展的内在要求。

绿色发展作为新时代理解自然灾害影响及其应对问题的重要指引，其包含的绿色生产力理论体现了站在绿色财富视角看待自然灾害经济影响和从绿色生产角度应对自然灾害冲击的两重含义。绿色生产力的概念是由亚洲生产力组织首先提出的，目的是在保护自然环境的同时，提高工业产业的生产力水平。在国外的实践中，提升绿色生产力主要是从减少资源投入和取代有毒物质两个方面开展的。绿水青山就是金山银山，保护生态环境就是保护生产力，改善生态环境就是发展生产力。在自然灾害冲击下，生产力发展会受到灾害事件以及资源环境的强约束，可以说，治理生态环境并形成有助于降低自然灾害人为性诱发因素的生产方式就是解放和发展生产力，改善生态环境能直接或间接提高自然灾害冲击下的生产恢复能力。因此，从绿色发展角度研究自然灾害的影响及其应对策略，充分体现了绿色生产力指引下的自然灾害治理选择。

进一步从人与自然关系的理论层面来讲，"环境的改变和人的活动或自我改变一致"①,马克思的有关人与环境相互作用的论述,是绿色发展的理论思想来源,也体现了从绿色发展视域研究自然灾害影响及其应对问题的内在必然性。绿色发展是价值观念、生产方式、生活方式、制度环境的全面变革,与之前研究不同,绿色发展消除了人类与自然的对立,消除了经济增长与资源环境保护的对立,有助于降低自然灾害的人为性诱发因素。绿色发展强调人与自然的辩证统一,坚持以人民为中心,围绕经济增长、资源环境平衡、满足人的需要等多维多层发展目标,加快推动形成绿色价值观念、转变绿色生产方式、培养绿色生活方式、优化绿色制度环境,从而构建经济社会绿色发展的新模式。以绿水青山就是金山银山为代表的绿色发展理念的核心内涵是将资源环境作为生产力的一部分,改善资源环境意味着发展生产力,自然灾害打破资源环境平衡则是破坏生产力、影响生产关系的经济现象,这为研究自然灾害的经济影响提供了最有力的理论基础。

因此,绿色发展视域下研究灾害经济问题包含着两重含义,一方面人类不合理的生产生活方式通过影响生态环境系统的稳定性而加剧了灾害的致灾因子。在自然灾害对人类社会的经济影响问题上,一个重要变量是自然灾害本身的发生频率和严重程度,这就涉及对自然灾害致灾因子的分析。尽管大多数自然灾害的发生都与自然界本身的运动规律直接相关,但是人类不合理的生产生活行为在扰乱生态环境系统稳定性的同时,也会加剧自然灾害的发生风险。事实上,一些洪涝灾害的发生就与人类的经济开发对局部气候环境的干扰有关,而森林火灾、泥石流等自然灾害,更是与人类对生态资源的过度利用密切相关。因此,按照绿色发展理念的要求,从形成人与自然和谐共生的社会经济发展方式出发,可以有效降低人类不合理经济活动通过加剧自然灾害致灾因子从而对社会经济发展产生的不利作用。

另一方面,从自然灾害造成的社会经济影响程度这一核心问题出发,绿色发展视域下规范人类经济活动的边界,降低在生态环境脆弱区的经济活动密度是减轻自然灾害社会经济影响的重要途径。自然灾害导致的社会经济影响,不仅与自然灾害本身的严重程度有关,更与灾害发生地人类的社会经济活动密度密切相关。如果自然灾害风险较高的地区人类经济活动的密度较低,那么自然灾害造成的社会经济损失也自然会大幅降低。例如,位于太平洋中的岛屿火山爆发和海底地震等灾害事件,虽然其灾害强度很大,但是由于灾害发生地并没有人类社会经济活动,因此也构不成对人类社会的直接负面影响。相反地,如果人类经济活动的边界不断延伸,一味追求经济

① 《马克思恩格斯文集》第1卷,人民出版社2009年版,第500页。

开发和财富增长,将经济社会活动的范围逐渐向生态系统脆弱的地区延伸,在加剧这些地区自然灾害发生风险的同时也会导致灾害所带来的社会经济损失明显提升。因此,站在绿色发展视域下研究自然灾害的经济影响,要强调人类进行适度规范的经济活动,将资源环境本身视为生产力的一部分,在经济系统内部引入更多环境要素和新变量进行重新思考,通过形成有利于生态环境发展的经济活动路径来降低自然灾害事件造成的影响。

第三节　绿色发展视域下自然灾害
影响经济发展的机制假设

在传统的经济发展路径下,自然灾害造成的经济损失作为负向经济变量,会带来受灾地经济发展的资本损失效应,需要通过外部的资本投资介入来减缓受灾地资本损失问题,从而降低自然灾害对受灾地的不利影响,这是在传统的经济增长路径和灾害应对模式中的分析思路。而在绿色发展理念的要求下,建立人与生态系统和谐共生的关系,通过构建绿色价值观念、绿色生产方式、绿色生活方式、绿色制度环境等手段来降低自然灾害的负面影响,还有可能利用技术进步效应、人力资本累积效应等机制使经济恢复到灾前水平,使受灾地能够形成灾后的绿色化转型路径。

一、自然灾害损失的短期经济影响及机制假设

在传统的生产组织和生活方式主导下,自然灾害损失对受灾地的经济影响表现为经济损失在短期内骤增并逐渐过渡到平稳降低的态势。自然灾害的发生通常是突发性的,尤其是在自然灾害预防机制不完善的地区,自然灾害对经济的直接冲击是巨大而突然的,受灾地三大产业的产品及生产过程直接受到影响,房屋倒塌、土地破坏、人口损失,甚至会导致受灾地生产秩序直接中断,使受灾地的因灾损失骤增。

我们假设的短期为经济学意义上的短期概念(通常为一年甚至更短,本地的其他生产要素很难调整),受灾地尽管面临较大的经济损失,但同时也获得来自外部的救灾投入,救灾要素的投入是不能以价格机制或供求机制来解释的,外部救灾要素投入体现了按需分配的特征。尽管外来救灾物资缓解了受灾地面临的巨大灾害损失,但这些物资只能减缓因灾损失的程度,可能会降低自然灾害对本地造成的直接或间接经济损失,但并不能改变自然灾害对受灾地本身造成的影响,用图形表示短期自然灾害对受灾地经济影响趋势如图2-6所示。

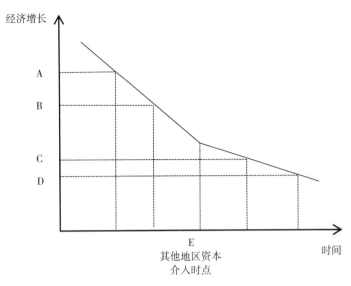

图2-6 自然灾害损失的短期经济影响

如图2-6所示,在短期其他经济变量难以迅速调整,可以用线性关系简单表示自然灾害损失随着时间变化对经济产生的影响,以斜率的大小说明影响的程度。自然灾害条件下随着时间的推移,经济增长尽管始终是斜率为负,但以均衡点E为临界点,均衡点右侧经济负增长速度慢于均衡点左侧(左侧斜率更陡),时间推移同样的单位,在纵轴上均衡点左侧经济负增长为点A到点B的距离,均衡点右侧经济负增长为点C到点D的距离,左侧的损失效果明显,这是因为在均衡点左侧,自然灾害损失表现为受灾地的直接损失,均衡点右侧,外部资本的介入缓解了受灾地经济损失的程度,使自然灾害损失对经济造成的负增长速度减缓。

自然灾害损失对经济增长的短期影响表现为资本存量的骤减到平缓的负增长态势,产生这一结果的作用机制主要是资本损失效应,体现在两个方面:

一方面,物质资本损失效应。在短期,自然灾害条件下的物质资本损失主要包括生产资料和消费资料的减少,其中生产资料指的是具有生产性质的企业厂房、建筑物、土地及物质产品等,消费资料指的是维持人生存的资料,比如生活必需品、医疗用品、其他生活消费产品等。自然灾害破坏了受灾地的生产能力和消费市场,损失的生产资料和消费资料很难通过当地生产提供出来,此时,受灾地物质资本的损失呈急速下降的态势。只有当自然灾害发生后其他地区的物质资本进入受灾地,尤其是生活必需品、医疗用品及其他生活消费产品等消费资料的进入,此时受灾地生产资料和消费资料得到补充,自然灾害的经济损失得到一定程度的缓解。因此,从物质资本的损失来看,自然灾害短期经济影响随着时间的推移,逐渐表现为较平缓的负增长特征。

另一方面,人力资本损失效应。在短期,自然灾害条件下的人力资本损失主要体现在人力资源的存量缩减和人力资本质量下降两个方面。在人力资源存量上,自然灾害会直接造成受灾地的人员伤亡,这会导致受灾地人力资源的存量减少,这是自然灾害下人力资本损失效应的直接体现。在人力资本质量上,自然灾害给受灾地居民造成的身体和心理伤害,本身就会降低受灾地的人力资本质量。除此之外,现有关于自然灾害影响家庭人力资本积累的文献表明,自然灾害给受灾地居民造成的短期收入冲击会弱化家庭的人力资本投资积极性,自然灾害会通过降低受灾地居民的受教育程度以及知识培训等途径弱化人力资本积累,从而降低了受灾地的人力资本质量。因此,在短期内自然灾害对驱动经济增长的物质资本和人力资本所产生的损失效应会对灾区的经济增长产生不利影响。

二、自然灾害损失的长期经济影响及机制假设

在短期,自然灾害损失对受灾地经济的负向影响是显而易见的,但从长期来看,由于灾害应对机制的建立,自然灾害对经济发展的作用会随着灾后救助和重建恢复等应对因素的影响而发生变化,从已有研究得出的结论来看,关于灾害对经济发展的长期影响既有文献还未达成一致。部分研究指出自然灾害损失可能会推动受灾地经济恢复到灾前水平或超过灾前水平实现经济增长,比较典型的就是"破坏性创造",但进一步分析发现,这种"破坏性创造"带来的正增长并不是一个普遍存在的现象,大多集中于某一种自然灾害,或者某一地区的自然灾害,且主要取决于受灾地灾前的社会经济水平以及灾后的经济和生态恢复程度。也就是说,自然灾害对经济的影响从短期负增长到长期出现正增长的变化依赖于外部条件的变动,比如灾前经济发展水平、受灾地经济结构、受灾地与其他地区的资本流动、灾后的生态环境恢复等,多种条件的综合结果使同一类型自然灾害发生在不同地区,对当地经济的长期影响也会产生差异。

本节在对现有文献进行归纳总结后提出"制度环境"的概念来表示灾区灾后长期经济发展的条件,这里制度环境指某一地区社会经济发展整体水平,既包括经济和产业维度,也包含了生态环境维度,是个制度集合的概念。制度环境因素区别了不同地区经济发展状况及与其他地区的关系,包

含了地区静态经济发展条件和与其他地区互动的动态经济发展条件(这一点在下一章变量设置会详细说明),在不同的制度环境下,自然灾害损失对经济增长的长期影响不同。

在当前经济高质量发展阶段和绿色发展视域下,"制度环境"首先表现为绿色发展的制度环境,包括绿色价值观念、绿色生产方式、绿色生活方式等在内的多种情况。由于绿色制度环境的不同,自然灾害损失可能对受灾地经济增长产生差异化作用。在长期,假定其他经济要素可以迅速调整,此时,自然灾害损失的长期经济影响不确定,依赖于绿色制度环境因素,呈现或正增长或负增长的结果。自然灾害损失对经济增长的长期影响不再是简单的线性关系,由于其他要素可以迅速反应,自然灾害损失的长期经济影响可能是非线性的关系。随着时间的推移,可能由初始的逐渐平缓的负增长经历绿色制度环境的黄金水平之后,出现正增长的效应,当然,假定在绿色发展视域下受灾地的绿色制度环境在灾后能随之优化。这样,自然灾害损失的长期经济影响如图2-7所示。

图2-7显示,随着时间推移,经济增长由负增长跨过均衡点实现正增长,这个正向或负向增长是非线性的,而且两条曲线说明了自然灾害长期经济影响在不同的绿色制度环境中呈现的差异化特征。具体来看,均衡点E表示绿色制度环境的黄金水平,绿色制度环境较好的地区,即均衡点右侧,绿色制度环境与自然灾害损失及其他经济变量产生正向的互动效应,自然灾害损失在长期内反而会推动受灾地经济增长,但推动的效率或者弹性会因为绿色制度环境的差异而不尽相同。均衡点右侧且绿色制度环境较好的地区,自然灾害损失推动经济增长的弹性越大,这可以理解为是绿色制度环境的外部效应,当然,在长期考虑绿色制度环境因素,并不意味着一定能改善自然灾害损失对经济的负向关系,而是依赖于一定的绿色制度环境水平。

根据图2-7的特征,自然灾害损失对经济增长的长期影响表现为负增长到正增长的改变,从现有经济理论出发,在包含绿色经济、绿色消费和生态环境多个变量的绿色制度环境集中,自然灾害推动灾区长期经济发展的作用机制可能包括以下四个方面:

第一,物质资本提升效应。灾后政府的大规模基础设施建设投入和灾后经济恢复支出,将会在很大程度上改变受灾地的物质资本状况。尤其是随着经济发展水平提升和灾后重建规划能力的改善,政府对受灾地灾后的基础设施建设和经济发展所依赖的物质资本有了更大规模的资金投入,从而在短期内使受灾地经济社会发展的硬件条件得到快速改善。尤其是,随着近年来绿色发展理念深入,受灾地的重建规划中生态旅游、民俗产业等绿

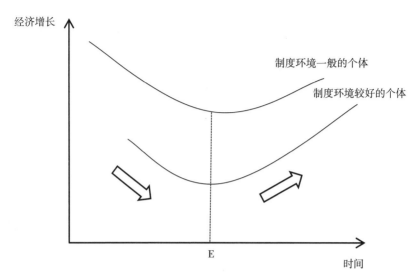

图2-7 自然灾害损失的长期经济影响

色经济得到更多重视,政府灾后重建过程中的基础设施建设和物质资本投入也更多注重向促进灾后经济绿色发展的方向倾斜,这也使在绿色制度环境影响下,灾区灾后的物质资本水平和硬件设施条件在数量和质量上都有了明显提升。

第二,经济结构转型效应。在缺乏绿色制度环境影响的情况下,自然灾害过后灾区的经济恢复往往延续了传统的发展路径,政府和家庭的灾后经济行为主要围绕如何恢复灾前传统经济发展所需的要素条件展开。在绿色制度环境因素的干预下,受灾地灾后的经济发展路径会实现由传统模式向更加符合灾区绿色可持续发展的模式转型。传统增长路径以及灾后恢复的经验表明,不考虑灾后的经济绿色转型,将难以使受灾地跳出灾害事件频发的困境。在绿色环境制度影响下,从政府灾后救助规划到企业、家庭的经济行为调整,都有助于向着更加有利于灾区经济长期可持续发展和生态环境状况不断改善的方向转变,这种由传统增长路径向绿色可持续发展模式转变的结构升级效应,是考虑绿色制度环境因素后自然灾害在长期促进灾区经济发展的重要机制。

第三,生产技术进步效应。技术进步作为乘数被索洛引入到扩展的生产函数中,是有利于经济增长的。在我国,技术进步主要表现为技术扩散和技术创新,自然灾害的发生造成直接经济损失以及受灾地物质资本和人力资本损坏,但也为受灾地资本的重生提供机遇。在绿色制度环境较好的地区,其经济结构更加合理,经济发展水平较高,经济发展本身对技术创新的需求和依赖度就高,灾后经济发展中技术创新的障碍和壁垒相对较小。在灾后经济恢复的过程中,绿色经济和创新环境较好的地区,随着技术扩散和技术创新的推进,自然灾害可能会在长期推动受灾地经济增长,技术进步效应是自然灾害损失影响灾后经济增长的相关文献所强调的重要正向作机制。

第四,人力资本积累效应。人力资本对经济增长的作用因人力资本数量和人力资本质量的差异而不同,人力资本积累水平不仅是降低自然灾害对长期经济增长负向作用的关键,也是促进灾区灾后经济转型和可持续发展的基础。特别是在绿色发展理念下,对绿色经济和节能减排等生态目标的追求,使依托于技术和制度创新的经济模式成为经济发展的重点,而无论是技术还是制度创新,背后都离不开高水平的人力资本积累。在传统的粗放式增长和灾后社会经济恢复路径下,创新的作用被明显忽视,更多强调短期的经济恢复和物质资本增长。而在更加注重绿色发展的地区,绿色制度环境较好,灾后的经济恢复和增长路径更加注重对创新要素的依赖,这会使这些地区人力资本积累更加得到重视,从长期来看自然灾害反而会带来绿色制度环境较好地区更大的人力资本积累效应,从而克服自然灾害在短期对受灾地人力资本积累的不利影响。

第四节　绿色发展视域下自然灾害
影响经济增长的数理模型

一、带有资源环境约束的基准函数

在绿色发展视域下研究自然灾害的经济影响,首先要在传统经济模型的基础上,将自然灾害给生态环境造成破坏作为内生变量引入基准函数中,构建带有资源环境约束的生产函数、效用函数、政府支出函数、自然灾害损失函数。

(一) 企业两部门生产函数

假定经济中有中间产品、最终产品两部门,且中间产品部门包括一般企业和环保企业两类。在传统科布—道格拉斯(Cobb-Douglas)生产函数基础上,引入技术进步 A,引入政府支出 G,参照环境经济学经典假定引入资源环境损害 E,且 E 为资本 K 的函数。至此,带有资源环境约束的基准生产函数(式2-1)要素投入包括资本 K、劳动力 L、技术进步 A、政府支出 G、资源

环境损害 E, 角标表示第 i 个企业在第 t 期的生产, 参数均在0—1范围内。

$$Y_{it} = A\,K_{it}^{\alpha}\,(GL)_{it}^{1-\alpha}$$

$$\text{s.t.}\,E_{it} = F(K_{it}) \tag{2-1}$$

（二）家庭环境偏好效用函数

假定家庭在偏好产品消费 C 的同时, 对良好的资源环境 $-E$ 也有较强偏好, 因为我们界定资源环境损害为 E, 因此对资源环境的改善将其定义为 $-E$。在传统效用函数的基础上, 加入对资源环境偏好效用的度量, 得到带有资源环境约束的基准效用函数式（2-2）, 这一效用函数被广泛使用。θ 为跨期消费替代弹性的倒数; ξ 为居民对良好环境偏好系数。参数均在0—1范围内。

$$U = \frac{C^{1-\theta} - 1}{1 - \theta} + \frac{-E^{1+\xi}}{1 + \xi} \tag{2-2}$$

（三）政府绿色公共支出函数

巴罗将公共支出 G 引入包含技术进步的科布—道格拉斯生产函数中, 并对公共支出的性质做了区分, 分为生产型和消费型。参照巴罗的思路, 将政府支出区分为一般支出、绿色支出两大类, g_1 为一般支出系数, 表示一般支出占总支出的比重, g_2 为绿色支出系数。在绿色制度环境和灾后重建理念下, 救灾支出被认定为有助于促进灾区绿色发展的绿色支出, 不仅具有消费特征, 也能为受灾地提供良好的生态环境作为生产要素。因此, 在将政府支出 G 引入生产函数的同时, 构造包含绿色支出的带有资源环境约束的基准政府支出函数式（2-3）。

$$G = (g_1 + g_2)\,Y \tag{2-3}$$

（四）自然灾害损失函数

经典环境经济学假定资源环境损害 E 可以写为资本投入品的函数, 参照该思路, 将自然灾害损失函数 D 写为资本 K、劳动力 L 的函数。据此, 在绿色发展视域下构建带有资源环境约束的自然灾害损失函数式（2-4）。

$$D = F(K, L) \tag{2-4}$$

二、企业、家庭、政府分散均衡路径的数理表达

企业、家庭、政府三个经济主体多元均衡的数理表述, 参照拉姆齐增长模型（Ramsey Growth Model）求解经济增长多元均衡的方法, 结合绿色发展视域下我国自然灾害损失对经济增长影响的特殊性, 重新表述拉姆齐增长模型, 推导不同主体的分散均衡路径。

（一）企业利润最大化

依据马克思对生产资本循环总公式的分析，我们重点分析生产性企业的生产过程，生产性企业的生产从商品资本 W 开始，商品资本包含可变资本 A（劳动力）和不变资本 P_m（物质资料），经过企业的生产过程，实现资本的增值，产生剩余价值。进一步来分析，在这个生产过程中，家庭以人力资本参与生产，用来交换企业支付的人力资本报酬，政府以制度环境保障企业生产过程的平稳有序，交换企业支付的制度成本（如税收）。但在自然灾害冲击下，企业利润最大化函数的设定要考虑到家庭、政府的资本交换意愿以及灾害因素。由此，企业利润最大化分散均衡路径满足以下条件（参数均在 0—1 范围内）。

条件 1　中间产品部门包括一般企业 N、环保企业 R，将其代入基准生产函数得到 3 个具体形式的生产函数式（2-5）、式（2-6）、式（2-7）：

$$Y_N = A K_N^{\alpha_N} (GL)_N^{1-\alpha_N} \tag{2-5}$$

$$Y_R = A K_R^{\alpha_R} (GL)_R^{1-\alpha_R} \tag{2-6}$$

$$Y = A N^\alpha (GL)^{1-\alpha} = A K^{\mu_1} (GL)^{\mu_2} \mu_3 \tag{2-7}$$

条件 2　前文所述包含政府支出的生产函数作为企业利润最大化的限制条件。

条件 3　企业生产行为主要使用物质资本和人力资本，但资本消费是有成本的。K 的成本是资产报酬率 r，L 的成本表现为支付给人力资本出让者的部分，通常指的是工资，L 的成本是工资水平 w，灾害因素造成企业灾害成本 D，灾害成本的大小与企业规模有关。

条件 4　企业生产受灾害的影响，表现为自然灾害经济成本 $D = F(K, L)$，且 $D > 0$。

由此，简化生产函数参数形式，企业的利润最大化目标函数满足式（2-8）：

$$\max \pi_{it} = y_{it} - r k_{it} - w l_{it} - D$$
$$\text{s.t.} y_{it} = A k_{it}^\alpha (Gl)^{1-\alpha}$$
$$\text{s.t.} E_{it} = F(K_{it}) \tag{2-8}$$

式（2-8）中，角标表示第 i 个企业在第 t 期的生产，各变量的经济含义是：π 为企业利润，y 为经济增长，k 为物质资本，r 为资本报酬率，l 为人力资本，w 为工资水平，G 为政府支出，A 为技术进步乘数，D 为自然灾害经济成本，E 为自然灾害造成的资源环境损害。

求解企业的分散均衡路径：

假定 G 以社会资本存量 K 替代，则限制式可改写为 $y_{it} = A k_{it}^\alpha (Gl)_{it}^{1-\alpha}$，

代入目标函数中,并求解目标函数利润 π 关于物质资本 k 和人力资本 l 的一阶偏导,如下式(2-9)和式(2-10):

$$\frac{\partial \pi_{it}}{\partial k_{it}} = \frac{\partial y_{it}}{\partial k_{it}} - r - \frac{\partial D_{it}}{\partial k_{it}} = \alpha A k_{it}^{\alpha-1} (K l_{it})^{1-\alpha} - r - D_k = 0 \qquad (2-9)$$

$$\frac{\partial \pi_{it}}{\partial l_{it}} = \frac{\partial y_{it}}{\partial l_{it}} - w - \frac{\partial D_{it}}{\partial l_{it}} = (1-\alpha) A k_{it}^{\alpha} (K l_{it})^{1-\alpha} \div l_{it} - w - D_l = 0$$

$$(2-10)$$

整理得到上式解的化简式为式(2-11)和式(2-12):

$$r = \alpha A k_{it}^{\alpha-1} (K l_{it})^{1-\alpha} - D_k \qquad (2-11)$$

$$w = (1-\alpha) A k_{it}^{\alpha} (K l_{it})^{1-\alpha} \div l_{it} - D_l \qquad (2-12)$$

由于本书所采用的生产函数满足对称条件 $k_i = k$ 且 $l_i = l$,据此,生产函数可改写为 $y = A K^{\alpha} (KL)^{1-\alpha} = AKL^{1-\alpha}$,那么,同质企业的解 w 和 r 进一步改写为式(2-13)和式(2-14):

$$r = \alpha A K^{\alpha-1} (KL)^{1-\alpha} - D_k = \alpha A L^{1-\alpha} - D_K \qquad (2-13)$$

$$w = (1-\alpha) A K^{\alpha} (KL)^{1-\alpha} \div L - D_l = (1-\alpha) AKL^{-\alpha} - D_L \qquad (2-14)$$

(二) 家庭终生消费效用最大化

在经济学理论中,家庭人力资本的收益表现为工资形式,通常由家庭消费效用来衡量,家庭的人力资本收益最大化问题简化为资本积累水平约束下的家庭消费效用最大化问题,家庭终生消费效用最大化分散均衡路径满足以下条件:

条件 1 家庭消费既偏好于产品消费 C,又偏好于良好的资源环境 $-E$。

条件 2 家庭消费具有时间偏好(时间偏好率设定为 ρ,ρ 值越大,表示越偏好当期消费),消费存在跨期性,故家庭效用最大化在经济学模型中表现为终生效用最大化特征。

条件 3 家庭资本积累=家庭总收入-家庭总支出,且资本积累水平约束着家庭的效用水平。

条件 4 家庭占有人力资本和一定程度的物质资本,其中,人力资本收入以工资水平 w 衡量,生息资本收入以资产报酬率 r 衡量;同时,家庭也承担税收和自然灾害经济成本。此外,政府征税包括定额税 T、人力资本比例税率 t_L 和物质资本比例税率 t_K,则有:家庭总收入=人力资本收入+生息资本=$wL + rK$;家庭总支出=消费+物质资本折旧+税收+自然灾害经济成本。

条件 5 家庭消费受灾害的影响,表现为自然灾害经济成本 $D = F(K, L)$,且 $D > 0$。

条件 6　家庭的跨期消费偏好以消费跨期替代弹性 σ 表示，且满足
$\lim\limits_{C_{t+1} \to C_t} \delta = \dfrac{1}{\theta}$，其中 θ 为消费跨期替代弹性的倒数。

由此，家庭的终生效用最大化目标函数满足式（2-15）：

$$\max \int_0^\infty \frac{C^{1-\theta} - 1}{1 - \theta} + \frac{-E^{1+\xi}}{1 + \xi} e^{-\rho t} e^{nt} \mathrm{d}t$$

$$\text{s.t.} K = (1 - t_L) wL + (1 - t_K) rK - C - (n + \delta) K - T - D \qquad (2\text{-}15)$$

式（2-15）中，各变量的经济含义是：C 为家庭消费；− E 为负的资源环境损害，即良好的资源环境消费；θ 为跨期消费替代弹性的倒数；ξ 为环境偏好系数；ρ 为时间偏好率；$(1 - t_L) wL$ 为人力资本税后收入；$(1 - t_K) rK$ 为物质资本税后收入；$(n + \delta) K$ 为考虑人口增长的物质资本折旧成本，其中 n 为人口增长率，δ 为折旧率；D 为自然灾害经济成本。

求解家庭的分散均衡路径：

在家庭资本积累的约束下，家庭终生效用最大化，构造汉密尔顿方程式（2-16）：

$$H^* = \frac{C^{1-\theta} - 1}{1 - \theta} + \frac{-E^{1+\xi}}{1 + \xi} + \lambda \big[(1 - t_L) wL + (1 - t_K) rK - C -$$

$$(n + \delta) K - T - D \big] \qquad (2\text{-}16)$$

家庭作为人力资本的提供者，模型中假设其完全出让人力资本，那么，对家庭跨期消费收益最大化的研究主要涉及消费 C、资源环境损害 E 和资本 K。因此，对式（2-16）汉密尔顿方程求解关于产品消费 C、资源环境损害 E 和资本 K 一阶偏导：

$$\frac{\partial H^*}{\partial C} = C^{-\theta} - \lambda \qquad (2\text{-}17)$$

$$\frac{\partial H^*}{\partial K} = - E^{\xi} E_K + \lambda (1 - t_K) r - \lambda (n + \delta) - \lambda D_K = - \lambda + \big[- (n - \rho) \big] \lambda \qquad (2\text{-}18)$$

$$\frac{\partial H^*}{\partial \lambda} = (1 - t_L) wL + (1 - t_K) rK - C - (n + \delta) K - T - D = K \qquad (2\text{-}19)$$

对关于 C 偏导的式子取对数得 $- \theta \ln C = \ln \lambda$，则有式（2-20）：

$$\frac{\lambda}{\lambda} = \rho - (1 - t_K) r + \delta + D_K + \frac{1}{\lambda} E^{\xi} E_K \qquad (2\text{-}20)$$

对关于 K 偏导的式子整理可得式（2-21）：

$$\frac{\dot{C}}{C} = -\frac{1}{\theta}\frac{\dot{\lambda}}{\lambda} \tag{2-21}$$

（三）政府支出效益最大化

当自然灾害发生时,政府的救灾支出对受灾地经济恢复及绿色发展具有重要的意义。在模型构建中,政府支出只是模型化政府行为的一个替代变量,从广义来讲,包括正式制度建设和非正式制度建设,正式制度建设主要指绿色支出、征税制度、防减灾制度、救灾制度和灾后恢复重建制度,非正式制度建设主要指绿色发展观念的培养、防减灾意识的宣传、救灾及灾后重建工作的指导意见等提升公众绿色生产生活水平的非正式方式。

政府与其他经济主体之间存在互动,政府的税收行为是其参与经济活动的关键途径,在经济系统中政府对家庭的征税一般采用比例税,为人力资本和物质资本设置不同的征税比率。对企业而言,剥开企业的具体形式,抽象出一个具有典型性的企业主体,政府对其征税一般采用定额税,通过对微观主体的征税力度差异来调节企业应灾能力。政府可以通过征税制度调节经济系统应灾能力,尤其是对征税比例的调控,那么政府支出效益最大化分散均衡路径满足以下条件:

条件1　政府支出的目标是平衡各经济主体的资本收支,模型化为平衡财政预算。

条件2　政府支出表现为 G,其中,一般支出比例为 g_1,绿色支出比例为 g_2。

条件3　政府征税包括定额税和比例税,其中比例税由两部分构成:人力资本征税比率为 t_L,征税对象为家庭人力资本总收入 wL;物质资本征税比率为 t_K,征税对象为家庭物质资本总收入 rK。

条件4　政府支出受自然灾害的影响,表现为自然灾害经济成本 $D = F(K,L)$,且 $D > 0$。

由此,政府支出效益最大化目标函数满足式(2-22):

$$G = (g_1 + g_2)Y = t_L wL + t_k rK + T - D \tag{2-22}$$

式(2-22)中,t_L 为人力资本所得税比率,w 为工资水平,L 为人力资本;t_k 为物质资本所得税比率,r 为物资报酬率,K 为物质资本;T 为定额税;G 为政府支出;g_1 为政府一般支出比例,g_2 为政府绿色支出比例,Y 为经济增长,D 为自然灾害经济成本。

求解政府的分散均衡路径,直接表述为式(2-23):

$$t_L wL + t_k rK + T - D = (g_1 + g_2)Y \tag{2-23}$$

三、自然灾害冲击下一般均衡模型社会最优路径推导过程

社会最优化路径须同时满足企业利润最大化、家庭终生消费效用最大化、政府支出效益最大化三个目标的分散均衡,那么,联合考虑第 i 个企业在 t 期的生产、家庭的消费以及政府的制度效益,绿色发展视域下自然灾害一般均衡模型的社会最优路径满足以下条件:

$$
\begin{cases}
r = \alpha A\, L^{1-\alpha} - D_K \\[4pt]
w = (1-\alpha)\, AK\, L^{-\alpha} - D_L \\[4pt]
\dfrac{\dot{C}}{C} = -\dfrac{1}{\theta}\dfrac{\dot{\lambda}}{\lambda} \\[6pt]
\dfrac{\dot{\lambda}}{\lambda} = \rho - (1-t_K)\, r + \delta + D_K + \dfrac{1}{\lambda} E^{\xi} E_K \\[6pt]
\dot{K} = (1-t_L)\, wL + (1-t_K)\, rK - C - (n+\delta) K - T - D \\[4pt]
t_L wL + t_K rK + T - D = (g_1 + g_2) Y
\end{cases}
\tag{2-24}
$$

求解模型的均衡条件组,有式(2-25):

$$
\frac{\dot{C}}{C} = \frac{1}{\theta}\Big[(1-t_K)(\alpha A\, L^{1-\alpha} - D_K) - \rho - \delta - D_K + (-E^{\xi}) E_K \frac{1}{\lambda}\Big]
\tag{2-25}
$$

式(2-25)中,等式右边均为参数,不存在内生变动,我们称为稳定状态。

进一步,求解 K 的均衡解,有式(2-26):

$$
\frac{\dot{K}}{K} = (1 - g_1 - g_2) A\, L^{1-\alpha} - \frac{C}{K} - 3\frac{D}{K} - (n+\delta)
\tag{2-26}
$$

在稳态条件 steady-state 下,均衡解满足 $\dot{C}/C = \dot{K}/K$,则模型的均衡解,即经济均衡增长率 r^* 可写为式(2-27):

$$
r^* = \frac{\dot{C}}{C} = \frac{1}{\theta}\Big[(1-t_K)(\alpha A\, L^{1-\alpha} - D_K) - \rho - \delta - D_K + (-E^{\xi}) E_K \frac{1}{\lambda}\Big]
\tag{2-27}
$$

式(2-27)中均衡增长率的经济含义是:自然灾害冲击下,经济系统达到稳态时的增长率是经济系统最优状态的经济增长率。经济均衡增长率可能受每单位资本因灾经济损失、技术进步乘数、物质资本所得税率、消费时间偏好、良好资源环境偏好、每单位资本资源环境损失、人力资本、政府支出

等变量的影响,经济均衡增长率也受各种参数组合所构成的绿色制度环境的作用。

四、进一步研究:均衡解变动的数理描述及理论假说

自然灾害冲击下一般均衡模型的解,即经济均衡增长率 r^*,是稳态条件下的静态解。均衡增长率的变动取决于各变量的变动,分析均衡解动态变动的思路是:假定其他条件不变,考虑单个变量变动对均衡增长率的影响。

（一）变量 D_K:每单位资本因灾经济损失变动的影响

在包含自然灾害冲击的一般均衡模型中,自然灾害经济成本函数形式是 $D = F(F, L)$,其中 $D_K = \partial D / \partial K$ 的经济含义是每单位资本因灾经济损失。那么,从数理关系来看,求解 r^* 关于 D_K 的一阶偏导,其中参数 $\theta > 0$ 且 $0 < t_K < 1$,则有式(2-28):

$$\frac{\partial r^*}{\partial D_K} = -\frac{1}{\theta}(1 - t_K) - \frac{1}{\theta} = -\frac{1}{\theta}[(1 - t_K) + 1] < 0 \qquad (2-28)$$

式(2-28)中,从数理关系来看,自然灾害条件下均衡经济增长率 r^* 与每单位资本因灾经济损失 D_K 呈现反向变动关系,即每单位资本因灾经济损失越大,则均衡经济增长率越低,而随着每单位资本因灾经济损失的减小,则经济均衡增长率会增加。

（二）变量 $-E_\xi$:良好资源环境偏好变动的影响

自然灾害冲击下一般均衡模型中, $-E_\xi$ 的经济含义是家庭对良好资源环境的消费偏好,求解 r^* 关于 $-E_\xi$ 的一阶偏导,其中参数 $\lambda > 0$,则有式(2-29):

$$\frac{\partial r^*}{\partial(-E^\xi)} = E_K \frac{1}{\lambda} > 0 \qquad (2-29)$$

式(2-29)中,从数理关系来看,自然灾害条件下均衡经济增长率 r^* 与家庭对良好资源环境的消费偏好呈现同向变动关系,即家庭绿色消费观念越强,对良好资源环境的消费偏好越强,那么均衡经济增长率则会增加,反之亦然。从经济含义来看,绿色价值观念影响家庭消费偏好,提升绿色价值观念水平,家庭绿色消费倾向越明显,有利于促进均衡经济增长。

（三）变量 E_K:每单位资本资源环境损害变动的影响

自然灾害冲击下一般均衡模型中, E_K 的经济含义是每单位资本投入带来的资源环境损害,求解 r^* 关于 E_K 的一阶偏导,其中参数 $\lambda > 0$,则有式(2-30):

$$\frac{\partial r^*}{\partial E_K} = - E^{\xi} \frac{1}{\lambda} < 0 \qquad (2-30)$$

式(2-30)中,从数理关系来看,自然灾害条件下,均衡经济增长率 r^* 与每单位资本投入品带来的资源环境损害呈现反向变动关系,即每单位资本投入带来的资源环境损害越大,均衡经济增长率越低,反之亦然。从经济含义来看,资本投入引起的资源环境损害,既破坏了现有资本存量,又对经济系统均衡增长带来负面影响。因此,绿色发展视域下实现经济绿色可持续增长,必须要将资源环境损害放在重要位置。

（四）变量 ρ:消费时间偏好率变动的影响

自然灾害冲击下一般均衡模型中,ρ 的经济含义是消费的时间偏好率,ρ 越大,说明家庭偏好当前消费,求解 r^* 关于 ρ 的一阶偏导,其中 $\theta > 0$,则有式(2-31):

$$\frac{\partial r^*}{\partial \rho} = - \frac{1}{\theta} < 0 \qquad (2-31)$$

式(2-31)中,从数理关系来看,自然灾害条件下,均衡经济增长率 r^* 与消费时间偏好率 ρ 呈现反向变动关系,即消费时间偏好率 ρ 越大,家庭更倾向于当前消费,资本积累的速度放缓、规模减小,不利于增长的实现,均衡经济增长率降低;而当消费时间偏好率 ρ 越小,家庭更倾向于跨期消费,选择储蓄来积累资本以待未来消费,储蓄带来的资本积累为增长提供了条件,有利于均衡经济增长率的提高。

（五）变量 A:技术进步乘数变动的影响

自然灾害冲击下一般均衡模型中,A 的经济含义是技术进步,求解 r^* 关于 A 的一阶偏导,其中参数 $\theta > 0$、$0 < t_K < 1$ 且 $0 < \alpha < 1$,则有式(2-32):

$$\frac{\partial r^*}{\partial A} = \frac{1}{\theta}(1 - t_K) \alpha L^{1-\alpha} > 0 \qquad (2-32)$$

式(2-32)中,从数理关系来看,自然灾害条件下均衡经济增长率 r^* 与技术进步 A 呈现同向变动关系,即技术进步会促使均衡经济增长率的增加,反之亦然。从经济含义来看,技术进步一般通过提升资本边际生产力的路径实现经济增长,因为当资本的边际生产力越高,资本利得越大,会促使社会呈现"多积累,少消费"的情况,资本积累为增长提供条件,生产的进一步扩大和深化,在这个过程实现经济增长。

（六）变量 L:人力资本变动的影响

自然灾害冲击下一般均衡模型中,L 的经济含义是人力资本,求解 r^* 关于 L 的一阶偏导,其中参数 $\theta > 0$、$0 < t_K < 1$ 且 $0 < \alpha < 1$,则有式

(2-33):

$$\frac{\partial r^*}{\partial L} = \frac{1}{\theta}(1 - t_K)\,\alpha\,(1 - \alpha)\,L^{-\alpha} > 0 \tag{2-33}$$

式(2-33)中,从数理关系来看,自然灾害条件下,均衡经济增长率 r^* 与人力资本要素呈现同向变动关系,即人力资本积累会促进均衡经济增长率的增加,反之亦然。从经济含义来看,人力资本积累一般通过教育来实现经济增长,人力资本越高,经济增长动力越强,增长率越高。

（七）变量 g_1+g_2:政府支出变动的影响

自然灾害丛集下一般均衡模型中, $g_1 + g_2$ 的经济含义是政府支出,求解 r^* 关于 $g_1 + g_2$ 的一阶偏导,其中参数 $\theta > 0$、$0 < t_K < 1$ 且 $0 < \alpha < 1$,则有式(2-34):

$$\frac{\partial r^*}{\partial(g_1 + g_2)} = - A\,L^{1-\alpha} < 0 \tag{2-34}$$

式(2-34)中,从数理关系来看,自然灾害条件下,均衡经济增长率与政府支出要素呈现反向变动关系,即政府支出越多,均衡经济增长率反而会降低,反之亦然。从经济含义来看,政府支出可能会对其他经济主体产生挤出效应,反而不利于均衡经济增长率的提升,这一点有待进一步分析。

（八）扩展分析:其他经济变量变动对自然灾害的影响

我们可以根据均衡经济增长率公式,分析等式左右各经济变量的变动对自然灾害损失(即等式中 D_K 为每单位资本因灾经济损失)的影响。对均衡经济增长率 r^* 等式两端求全微分,有式(2-35):

$$\mathrm{d}\,r^* = -\frac{1}{\theta}[(1 - t_K) + 1]\,\mathrm{d}\,D_K \tag{2-35}$$

由式(2-35)整理后,其中 $\theta > 0$ 且 $0 < t_K < 1$,有式(2-36):

$$\frac{\partial D_K}{\partial r^*} = -\frac{\theta}{(1 - t_K) + 1} < 0 \tag{2-36}$$

根据前文求出的 r^* 关于变量 $-E_\xi$、参数 E_K、变量 A、变量 L 以及变量 $g_1 + g_2$ 的一阶偏导公式及其正负性,由链式法则可以得出式(2-37)—式(2-41):

$$\frac{\partial D_K}{\partial(g_1 + g_2)} = \frac{\partial D_K}{\partial r^*} \times \frac{\partial r^*}{\partial(g_1 + g_2)} > 0 \tag{2-37}$$

$$\frac{\partial D_K}{\partial(- E^\xi)} = \frac{\partial D_K}{\partial r^*} \times \frac{\partial r^*}{\partial(- E^\xi)} < 0 \tag{2-38}$$

$$\frac{\partial D_K}{\partial E_K} = \frac{\partial D_K}{\partial r^*} \times \frac{\partial r^*}{\partial E_K} > 0 \qquad\qquad (2-39)$$

$$\frac{\partial D_K}{\partial A} = \frac{\partial D_K}{\partial r^*} \times \frac{\partial r^*}{\partial A} < 0 \qquad\qquad (2-40)$$

$$\frac{\partial D_K}{\partial L} = \frac{\partial D_K}{\partial r^*} \times \frac{\partial r^*}{\partial L} < 0 \qquad\qquad (2-41)$$

以上不等式组中,从数理关系来看,自然灾害冲击下自然灾害损失与家庭对良好资源环境消费偏好、技术进步乘数、人力资本要素呈反向变动关系,与每单位资本投入带来的资源环境损害、政府支出比例呈同向变动关系,这个同向或反向关系依赖于各参数大小的组合,我们称为绿色制度环境。而且,在绿色发展视域下,为了满足经济绿色增长目标和家庭对良好生态环境的消费需求,灾后经济发展路径需要朝着绿色可持续方向转型,这意味着灾后经济发展更需要通过技术进步和人力资本投资来减缓自然灾害的经济损失,帮助灾区灾后走上绿色转型路径。那么,绿色偏好、技术进步和人力资本投资等关系到自然灾害对灾区经济绿色发展的变量如何发挥作用呢?

总的来看,均衡经济增长率公式中各参数变动对经济增长率的影响,取决于各参数的取值范围,不同参数的取值范围组合区别了不同的社会经济水平,我们将这个不同的社会经济水平统称为"制度环境"因素,也就是说,数理表述部分涉及的各变量对经济增长的同向或反向变动关系及其弹性大小,在一定程度上,依赖于受灾地灾后绿色发展面临的制度环境差异,不同的制度环境下,变量间的关系可能发生改变,这也为实证部分引入制度环境因素提供理论依据。

根据本节的分析,可以提出以下三个理论假设,将在第三章的实证部分对此进行检验。

理论假设 1　不考虑其他变量,自然灾害损失对经济增长可能存在负向影响。

理论假设 2　考虑绿色发展需求和制度环境差异,自然灾害损失对经济增长会在绿色化转型条件较好的地区产生正向影响。

理论假设 3　自然灾害损失对经济增长的作用机制可能包括:绿色价值观念、物质资本投入效应、经济结构升级效应、人力资本累积效应、生产技术进步效应等。

第三章　绿色发展视域下自然灾害
影响经济发展的实证检验

在绿色发展视域下研究自然灾害对经济增长的影响是本章研究的主要内容,我们运用 31 个省份 2003—2018 年的面板数据,分别选取经济增长和绿色全要素生产率作为被解释变量,分别在传统的经济增长模式和绿色发展视域下的经济增长两个维度考察自然灾害对经济发展的影响。将自然灾害损失作为核心解释变量度量灾害影响程度,利用 Stata 16.0 计量软件进行数据预处理及实证检验。本章的主要目的是对前文总结的理论假设进行实证检验。实证分析部分的内容包括:(1)基准回归分析自然灾害损失对经济增长的影响,逐步引入控制变量观察回归系数是否受到影响,并对东部、中部、西部、东北地区进行区域异质性检验;(2)测度绿色发展视域下自然灾害损失对经济增长的影响是否存在变化;(3)重点分析绿色制度环境因素的作用机制,分别考察环境分权指数与影响绿色发展的人力资本积累、技术进步等控制变量的交互项影响,分析自然灾害损失对经济绿色增长的作用机制。

第一节　变量选取与数据预处理

考虑到数据的可获得性及变量的数据特征,本部分依据前文的理论分析,选取经济增长和绿色全要素生产率作为被解释变量,选取自然灾害损失作为核心解释变量,通过设置绿色制度环境变量来检验其作用机制,并对原始数据进行平稳性检验等预处理。

一、变量选取及数据来源

(一)被解释变量经济增长(gdp)

考虑到我国经济增长率数据很难剥离自然增长率的差异,为了更好地度量省际经济差异,本书将采用地区生产总值(gdp)、人均地区生产总值($pergdp$)代表传统经济增长模式下的经济产出概念,其中所用数据均来源于历年的《中国统计年鉴》。

(二)被解释变量绿色全要素生产率($gtfp$)

绿色发展视域下,将环境影响纳入经济增长进行考察,采用数据包络分析法（Data Envelopment Analysis，DEA）测度查恩斯（Charnes）、库伯（Cooper）和罗德（Rhodes）提出的规模报酬不变条件下的 CCR 模型作为绿色全要素生产率数据，并将测算出的 2007—2015 年各地区绿色全要素生产率作为被解释变量，以此来反映绿色发展视域下的经济产出水平，其中所用数据来源于历年的《中国统计年鉴》《中国环境统计年鉴》《中国环境年鉴》。

（三）核心解释变量自然灾害损失（disa）

自然灾害损失的影响一般由自然灾害直接经济损失、因灾死亡人口及受灾人口或面积等统计指标来衡量。本书选择数据较为完整的自然灾害直接经济损失数据作为自然灾害风险冲击的度量指标。基于前文自然灾害条件下的生产函数及多元数理模型的均衡解表达式，本书将采用各地区每单位资本因灾经济损失（disa）作为核心解释变量表示自然灾害损失，计算方法是自然灾害直接经济损失除以地区资本存量，其中地区资本存量的数据来源于单豪杰（2008），并使用其永续盘存法估算出 2009—2018 年数据，所用数据均来源于历年的《中国统计年鉴》《中国投资年鉴》。

（四）控制变量

物质资本（k）。基于前文分析数理模型分析，本书将地区资本存量作为控制变量，来表示物质资本因素，所用数据来源于《中国统计年鉴》。

人力资本（l）。基于前文多元数理模型的均衡解表达式，本书将采用各地区年末就业人口数（l）作为控制变量来表示劳动力因素；采用小学、初中、高中、高等教育在校生数加权平均计算出各地区平均受教育水平（edu）作为控制变量，来表示人力资本因素。其中所用数据来源于《中国统计年鉴》。

政府支出（g）。基于前文自然灾害条件下考虑服务型政府支出的生产函数，本书将采用各地区政府财政支出（g）作为控制变量，采用环保治理投资额（eg）来表示政府支出因素。其中所用数据来源于《中国统计年鉴》。

技术进步（tech）。基于前文自然灾害条件下考虑技术进步的生产函数，本书将采用地区技术市场成交额（tech）作为控制变量，来表示技术进步因素。其中所用数据来源于《中国统计年鉴》。

绿色制度环境（ins）。张杰（2010）认为，我国省际层面的绿色制度环境有两个方面的差异：一是分权体制产生的各省份环境分权水平差异；二是市场化改革所产生的各省份市场化水平差异。绿色发展的概念提出后，学者更多地将资源环境约束下的财政分权的差异表述为环境分权。已有文献通过环保系统人员总数、环保行政主管部门人员数、环保检查机构人员数、环保监测站人员数等维度测度环境分权指数来表达环境分权。由此,本书认为我国的环境分权体制和市场化改革所产生的省际层面的制度环境差异可以用来度量地区绿色制度环境如何影响自然灾害对灾区经济绿色发展的影响。

本书设置绿色制度环境变量 $ins = efd×market$ 作为控制变量,其中 efd 指环境分权指数,$market$ 指市场化指数[①],ins 设置的特点在于综合衡量了非市场化指数和市场化指数造成的绿色制度环境差异。从数据来源来说,efd 参考祁毓等(2014)环境分权公式,考虑数据可获得性,采用环保系统人员总数作为依据,计算得到 2003—2015 年数据,缺失 2016—2018 年数据;$market$ 参考樊纲与王小鲁(2011)的研究,其中 2003—2007 年、2008—2016 年采用樊纲《中国市场化指数》两次公布的原始数据。其中所用数据来自《中国财政统计年鉴》《中国市场化指数》《中国环境统计年鉴》《中国环境年鉴》。

需要说明的是,本书中东部、中部、西部和东北地区的具体划分以国家统计局划分为依据,其中:东部地区包括北京、天津、河北、上海、江苏、浙江、福建、山东、广东和海南 10 个省份;中部地区包括山西、安徽、江西、河南、湖北和湖南 6 个省份;西部地区包括内蒙古、广西、重庆、四川、贵州、云南、西藏、陕西、甘肃、青海、宁夏和新疆 12 个省份;东北地区包括辽宁、吉林和黑龙江。

基于前文理论分析所得结论,本书所选取的各变量的含义、数据描述性统计及其对被解释变量的假设方向汇总见表 3-1。其中标准差列数值差异较大,猜测数据未经过无量纲化以致存在偏态分布,在下面数据预处理部分将作检验和调整。

表 3-1　各变量含义、假设方向及描述性统计

变量类型	变量	变量含义	观测值	平均数	标准差
被解释变量	gdp		496	15195.79	15829.31
	$pergdp$	经济增长	496	3.466472	2.478329
	$gtfp$		300	0.3548	0.218508
核心解释变量	$disa$	自然灾害损失	492	0.021542	0.05769

[①] 市场化指数指政府与市场关系、产品市场发育、要素市场发育、非国有经济发展、中介组织发育和法律五个方面市场化程度的综合得分。

变量类型	变量	变量含义	观测值	平均数	标准差
控制变量	k	物质资本	496	28064.84	27372.65
	l	人力资本	496	3152.373	1975.176
	edu		496	15.68278	1.731093
	g	政府支出	496	2897.005	2490.8
	eg		496	184.6496	185.2432
	$tech$	技术进步	482	192.3252	494.7742
	ins	绿色制度环境	403	5.729777	2.372533

二、数据预处理

本书首先对数据的平稳性检验分为正态分布检验和单位根检验。

由于所用数据均为宏观数据,且通过前文对数据的描述性统计发现,标准差数值差异较大,故回归前对各变量进行正态分布检验后,将经济增长、自然灾害损失、物质资本、人力资本、政府支出、绿色制度环境等变量取对数,以调整变量形式,提高计量回归的可靠性。变量形式确定后,需要对各变量数据的单位根情况进行检验,检验数据的平稳性。

为了提高计量回归的可靠性,本书采用 Stata 16.0 软件对实证分析所用的面板数据进行单位根检验。平衡面板数据的单位根检验一般选择 LLC 检验(Levin-Lin-Chu Test)和 IPS 检验(Im-Pesaran-Shin Test)。检验原理是:LLC 检验假设在原假设和备择假设下一阶滞后项的回归系数相同,之后的 IPS 检验在小样本下的检验结果要优于 LLC 检验,原假设是存在单位根,若检验结果 P 值拒绝原假设,则表示不存在单位根;反之,存在单位根,则要对数据作差分再检验其平稳性。各宏观数据变量单位根检验结果见表 3-2,其中,带有前缀 D 的变量为原变量的差分项。根据检验结果,可以认为差分后的数据是平稳的。

表 3-2 各变量的单位根检验

检验方法	$D2.\,gdp$	$D.\,gtfp$	$D2.\,k$	l	$D.\,g$	ins
LLC	-1.72236	-1.41611	-0.75135	-0.23546	-0.80439	-0.42272
	(0.0000)	(0.0000)	(0.0047)	(0.0000)	(0.0005)	(0.0000)

检验方法	D2.gdp	D.gtfp	D2.k	l	D.g	ins
IPS	-3.255	-3.467	-1.818	-1.973	-1.969	-2.015
	(0.000)	(0.000)	(0.041)	(0.004)	(0.005)	(0.002)

对于平稳的面板数据,用相关系数可以简单说明变量间是否存在相关关系。皮尔逊相关系数(Pearson Correlation Coefficient)的含义指数值一般处于[-1,1]之间,若数值为0,则表示两变量可能无相关关系,若数值大于0,则表示两变量可能存在正相关关系,若数值小于0,则表示两变量可能存在负相关关系。Stata 16.0对各变量的皮尔逊相关系数结果摘录一部分见表3-3,从中可以发现:自然灾害损失与三个被解释变量均存在显著的负相关;与各控制变量均呈现负相关;各控制变量与经济增长之间基本呈现正相关。总的来说,本书所选取的各变量之间存在一定程度的相关关系,为后文计量回归模型提供参考。

表3-3   主要变量间相关系数表

变量	gdp	pergdp	gtfp	disa
disa	-0.1496***	-0.2211***	-0.0848	1.0000
k	0.9407***	0.6267***	0.1059*	-0.1747***
l	0.6824***	0.0559	0.0080	-0.0000
g	0.9141***	0.7006***	0.1258**	-0.1635***
tech	0.3457**	0.6764***	0.5942***	-0.0961**
ins	0.2799***	0.2719***	0.1697***	-0.1561***

注:*、**、***分别表示在10%、5%和1%的水平下显著。

本书采用的面板数据,经过正态分布检验后调整其变量形式,削弱了量纲化和非正态分布问题。同时单位根检验显示了数据平稳性,削弱了伪回归问题;经过皮尔逊相关系数表明了变量间存在的联系。经过数据的预处理,下文进行实证模型的回归,实证结果将更为可靠。

第二节　计量模型及实证结果分析

一、构造回归模型

基于前文自然灾害条件下生产函数形式及多元数理模型均衡解表达式,在传统的经济模式下,将自然灾害影响经济增长的实证模型设置如下:

$$gdp_{it} = \alpha_0 + \alpha_1 \, disa_{it} + \alpha_2 control + \epsilon_{it} \qquad (3-1)$$

其中,gdp 表示经济增长,$disa$ 表示自然灾害损失,$control$ 表示控制变量,最后一项表示残差项,下角标表示第 i 个省份在第 t 年的情况。将实证模型一般式中控制变量各项展开,可以得到基准回归模型表达式(3-2):

$$gdp_{it} = \alpha_0 + \alpha_1 \, disa_{it} + \alpha_2 \, k_{it} + \alpha_3 \, l_{it} + \alpha_4 \, g_{it} + \alpha_5 \, tech_{it} + \alpha_6 \, ins_{it} + \epsilon_{it}$$
$$(3-2)$$

在基准回归模型的基础上,将被解释变量替换为绿色全要素生产率来度量绿色产出水平,考察绿色发展视域下自然灾害对经济绿色增长的影响是否仍然存在基准回归模型的分析结论,可以得到引入绿色生产要素的回归模型表达式(3-3)和式(3-4):

$$gtfp_{it} = \alpha_0 + \alpha_1 \, disa_{it} + \alpha_2 control + \epsilon_{it} \qquad (3-3)$$

$$gtfp_{it} = \alpha_0 + \alpha_1 \, disa_{it} + \alpha_2 \, edu_{it} + \alpha_3 \, eg_{it} + \alpha_4 \, tech_{it} + \alpha_5 \, ins_{it} + \epsilon_{it}$$
$$(3-4)$$

进一步地,重点考察绿色制度环境等控制变量对回归结果的影响路径。首先,将基准回归模型中的绿色制度环境 ins 变量展开为环境分权指数 efd 和市场化指数 $market$ 进行回归检验;其次,试图考察中介效应;最后,将绿色制度环境及其展开项与解释变量和控制变量做交互项 $inter$,可以得到扩展的回归模型表达式(3-5):

$$gdp_{it} = \alpha_0 + \alpha_1 \, disa_{it} + \alpha_2 \, efd_{it} + \alpha_3 \, market_{it} + \alpha_4 \, control_{it} + \alpha_5 \, inter_{it} + \epsilon_{it}$$
$$(3-5)$$

二、基准回归模型实证结果

首先,在传统的经济增长方式下,自然灾害对经济产出的影响是灾害经济研究的基础问题,也是本章实证分析所需要明确的基本结论。在基准回归模型中,按照传统经济增长中经济产出的度量指标,将被解释变量分别定义为 GDP 增长速度和人均 GDP,核心解释变量仍为自然灾害损失变量

disa。模型主要检验核心解释变量自然灾害对经济增长的回归系数,判断其对经济增长的影响。通过 Stata 16.0 软件,引入年份虚拟变量 *dum*_,控制年份固定效应后,对回归模型做豪斯曼检验(Hausman Test),结果 *P* 值大体小于 0.1,因此本书确定采用双向固定效应模型。逐步添加控制变量的全样本回归结果显示了 12 个回归结果,基准回归模型实证检验结果见表 3-4。

表 3-4　基准回归模型实证结果(1)

变量	(1) *gdp*	(2) *gdp*	(3) *gdp*	(4) *gdp*	(5) *gdp*	(6) *gdp*
disa	−0.332***	−0.015**	−0.015*	−0.031***	0.014***	−0.015*
	(0.000)	(0.007)	(0.008)	(0.008)	(0.004)	(0.092)
k	—	0.223***	0.79***	0.077*	0.079***	0.044
	—	(0.001)	(0.000)	(0.039)	(0.006)	(0.105)
l	—	—	0.356***	0.042	0.048	0.058
	—	—	(0.000)	(0.775)	(0.395)	(0.299)
g	—	—	—	0.548***	0.534***	0.433***
	—	—	—	(0.000)	(0.000)	(0.000)
tech	—	—	—	—	0.015***	0.017*
	—	—	—	—	(0.007)	(0.078)
ins	—	—	—	—	—	0.094***
	—	—	—	—	—	(0.000)
N	488	488	488	488	474	385
R^2	0.153	0.562	0.966	0.811	0.835	0.790
豪斯曼检验值	0.07	46.45	6.79	71.64	79.86	41.74
	(0.965)	(0.000)	(0.147)	(0.000)	(0.000)	(0.000)
年份固定效应	—	control	—	control	control	control
备注	RE	FE	RE	FE	FE	FE

注:(1)固定效应模型的回归中,括号中为地区层面的聚类稳健标准误;(2)*、**、*** 分别表示在10%、5%和1%的水平下显著。

表 3-4 续　基准回归模型实证结果（2）

变量	（7）	（8）	（9）	（10）	（11）	（12）
	pergdp	*pergdp*	*pergdp*	*pergdp*	*pergdp*	*pergdp*
disa	−0.322***	−0.018***	−0.014**	−0.039**	0.021**	−0.004
	(0.000)	(0.003)	(0.031)	(0.017)	(0.011)	(0.187)
k	—	0.299***	0.237***	0.099	0.103***	0.058
	—	(0.002)	(0.002)	(0.077)	(0.001)	(0.055)
l	—	—	−0.702***	−0.611***	−0.599***	−0.562***
	—	—	(0.004)	(0.004)	(0.000)	(0.000)
g	—	—	—	0.537***	0.521***	0.431***
	—	—	—	(0.000)	(0.000)	(0.000)
tech	—	—	—	—	0.020***	0.053**
	—	—	—	—	(0.001)	(0.026)
ins	—	—	—	—	—	0.109***
	—	—	—	—	—	(0.000)
N	488	488	488	488	474	385
R^2	0.440	0.738	0.440	0.733	0.814	0.752
豪斯曼检验值	0.37	114.45	27.06	49.01	46.47	51.13
	(0.831)	(0.000)	(0.000)	(0.000)	(0.000)	(0.000)
年份固定效应	—	control	control	control	control	control
备注	RE	FE	FE	FE	FE	FE

注:(1)固定效应模型的回归中,括号中为地区层面的聚类稳健标准误;(2)*、**、*** 分别表示在
10%、5%和1%的水平下显著。

从表 3-4 中的模型的拟合程度来看,每部分的第一个模型表示仅自然
灾害损失对经济增长的拟合回归,然后逐一引入控制变量进行拟合回归,每
部分最后一个模型表示所有涉及的变量全样本的拟合回归。从表 3-4 中

可决系数 R^2 的值来看,每部分从第一个模型到最后一个模型,拟合度越来越高,说明加入更多控制变量后模型的可信度也越来越高。

具体来看,在表3-4中模型(1)至模型(12)的回归系数显示自然灾害损失对经济增长呈现稳定且显著的负向关系,其对地区生产总值的弹性为-0.332,其对人均地区生产总值的弹性为-0.322。表明自然灾害损失每增加1个单位,地区生产总值减少0.332个单位,人均地区生产总值减少0.322个单位,且当逐步引入控制变量时这一负相关关系仍然显著,即检验了理论假设1是成立的。第三章数理推导简单推演了其他控制变量对经济增长的作用方向,认为物质资本、人力资本、技术进步、政府支出、绿色制度环境有利于经济均衡增长率的提升。本部分回归模型的控制变量,物质资本 k、技术进步 $tech$、政府支出 g 与经济增长呈现稳定的正向关系,与前文数理推导的结论一致。另外,在引入自然灾害的模型中,本书构造的制度变量 ins 与经济增长呈现显著的正相关关系,这是因为由市场化指数和环境分权指数的乘积构成的制度变量数值越大,表明地方环境参与度越高或管理能力越强,这对经济增长产生积极的正向影响。但是,模型中人力资本 l 与经济增长 gdp 的正相关关系的显著性不稳定,这也反映了政治经济学关于人口增长与经济增长关系的争论,有待后续研究进一步解释。

从表3-4中实证结果的经济意义来看,模型(5)、模型(6)、模型(11)、模型(12)的可决系数分别高达0.835、0.790、0.814、0.752,说明这四个模型的拟合性很高,基准回归模型的选择是合适的,能较好地拟合自然灾害及各控制变量对经济增长的影响。该模型的估计结果显示,自然灾害损失对经济增长的负弹性处于0.01左右,即当自然灾害损失增加一个单位,就会对经济产生0.01个单位的损失效果。这说明自然灾害作为一种经济减值因素,如果对自然灾害损失不加以干预,自然灾害的减值作用会不断加剧。即使回归模型中引入物质资本、人力资本、技术进步、政府支出等正向变量,自然灾害的负效应仍然是显著的,可见,自然灾害的经济减值作用有必要纳入传统经济增长的分析范式。然而,模型(5)和模型(11)自然灾害损失对经济增长产生显著的正向影响,这一点需要进一步研究。

进一步地,本书采用国家统计局的划分标准,按照东部地区、中部地区、西部地区、东北地区的划分进行了区域异质性检验(见表3-5)。结果表明:自然灾害损失对经济增长的影响在东部地区、中部地区、西部地区、东北地区均呈现显著负向影响,中部地区、西部地区的负效应最大,为-0.485、

−0.363,区域异质性检验进一步验证了自然灾害损失对经济增长存在显著的负向影响,但是在不同区域其影响力大小存在明显差异。

表 3-5　基准回归模型区域异质性检验(1)

变量	gdp			
	东部	中部	西部	东北
disa	−0.259***	−0.485***	−0.363***	−0.173*
	(0.000)	(0.000)	(0.000)	(0.089)
控制变量	控　制	控　制	控　制	控　制
N	152	96	192	48
R²	0.048	0.581	0.056	0.151
备注	RE	RE	RE	RE

注:(1)括号中为稳健标准误;(2)*、**、***分别表示在10%、5%和1%的水平下显著。

表 3-5 续　基准回归模型区域异质性检验(2)

变量	pergdp			
	东部	中部	西部	东北
disa	−0.238***	−0.424***	−0.354***	−0.203**
	(0.000)	(0.000)	(0.000)	(0.101)
N	152	96	192	48
R²	0.374	0.542	0.330	0.161
备注	RE	RE	RE	RE

注:(1)括号中为稳健标准误;(2)*、**、***分别表示在10%、5%和1%的水平下显著。

三、考虑绿色发展要求的实证结果分析

前文中的经济增长指标选取 gdp 和 pergdp,而本节将在绿色发展视域下,将绿色发展引入基准回归模型,一方面测算各省份(不含西藏)绿色全要素生产率 gtfp 作为被解释变量经济增长的替代变量,另一方面重新选取控制变量。与前文不同,因为绿色全要素生产率测算采用了物质资本 k 和劳动力 l 数据,考虑到多重共线性问题,控制变量剔除与 k 和 l 相关的变量,选取平均教育水平 edu、政府环保治理投资额 eg、技术进步 tech、绿色制度环

境 *ins* 等绿色发展相关的变量。核心解释变量仍然为自然灾害损失 *disa*,从而构成考虑绿色发展要求的基准回归模型,实证结果见表3-6。

表3-6　引入绿色发展的一般回归模型实证结果

变量	(1)	(2)	(3)	(4)	(5)
	gtfp	*gtfp*	*gtfp*	*gtfp*	*gtfp*
disa	−0.187***	−0.179***	−0.160***	−0.118***	−0.111***
	(0.000)	(0.000)	(0.001)	(0.000)	(0.000)
edu	—	0.588*	0.240	−0.535	−0.619
	—	(0.316)	(0.509)	(0.284)	(0.223)
eg	—	—	0.113	0.003	−0.012
	—	—	(0.180)	(0.964)	(0.895)
tech	—	—	—	0.138***	0.139***
	—	—	—	(0.006)	(0.005)
ins	—	—	—	—	0.100
	—	—	—	—	(0.567)
N	266	266	266	266	266
R^2	0.347	0.359	0.395	0.541	0.546
豪斯曼检验值	35.75	55.27	47.09	57.53	47.67
	(0.000)	(0.000)	(0.000)	(0.000)	(0.000)
年份固定效应	控制	控制	控制	控制	控制
地区固定效应	控制	控制	控制	控制	控制

注:(1)括号中为地区层面的聚类稳健标准误;(2)*、**、*** 分别表示在10%、5%和1%的水平下显著。

　　表3-6中,被解释变量替换为绿色全要素生产率 *gtfp*,解释变量仍然采用自然灾害损失 *disa*,控制变量与前文不同,选择平均教育水平 *edu*、政府环保治理投资额 *eg*、技术进步 *tech*、绿色制度环境 *ins* 等绿色发展相关的变量。回归结果显示,自然灾害损失对绿色全要素生产率是稳定且显著的负向影响,这一点也印证了前文数理模型分析结果。技术进步 *tech* 对绿色全要素生产率仍然是显著的正向影响。然而,教育、环保治理投资、绿色制度环境对绿色全要素生产率的正向影响不显著,有待进一步研究其影响路径。

四、添加绿色制度环境的回归结果分析

绿色制度环境变量 *ins* 是本书基于绿色发展视域,从灾区经济绿色转型的角度识别自然灾害影响长期经济发展的一个关键视角。根据前文的理论分析,绿色发展理念指引下自然灾害对经济发展的影响,会受到灾后经济转型的作用,促进经济绿色可持续发展的高水平物质资本、人力资本和技术进步等要素将会对灾区经济的绿色转型产生重要作用。因此,本节根据省级层面数据可获得性,进一步将绿色制度环境包含的两项变量环境分权指数、市场化指数进行拆分,逐一引入回归模型中进行研究(见表3-7)。

表 3-7　添加绿色制度环境的回归模型结果

变量	*gdp*			*gtfp*		
	(1)	**(2)**	**(3)**	**(4)**	**(5)**	**(6)**
disa	−0. 308 ***	−0. 330 ***	−0. 301 ***	−0. 212 ***	−0. 207 ***	−0. 206 ***
	(0. 000)	(0. 000)	(0. 000)	(0. 000)	(0. 000)	(0. 000)
disa×ins	0. 231 **	—	—	0. 266 **	—	—
	(0. 091)	—	—	(0. 118)	—	—
disa×efd	—	1. 981 ***	—	—	1. 055 ***	—
	—	(0. 003)	—	—	(0. 045)	—
disa×market	—	—	0. 143 **	—	—	0. 160 ***
	—	—	(0. 013)	—	—	(0. 020)
年份固定效应	控制	控制	控制	控制	控制	控制
地区固定效应	控制	控制	控制	控制	控制	控制
样本数	398	398	398	266	266	266
R^2	0. 1233	0. 1101	0. 1248	0. 3664	0. 3584	0. 3653
年份	2003—2015 年			2007—2015 年(不含西藏)		

注:(1)括号中为地区层面的聚类稳健标准误;(2) *、**、*** 分别表示在 10%、5% 和 1% 的水平下显著。

表 3-7 的回归结果显示,自然灾害损失与绿色制度环境交互项的系数 *disa×ins* 显著为正,系数分别为 0. 231、0. 266,表明绿色制度环境是影响自然灾害条件下经济增长的重要因素。考虑了绿色制度环境的交互项,在统计意义上,改变了模型中第一行自然灾害损失对经济增长的稳定且显著的

负向关系。从表3-7中回归系数的正负向及其数值大小,可以简单判断绿色制度环境两个分项的作用。环境分权指数交互项与被解释变量 gdp 的显著正向回归系数为1.981、与 $gtfp$ 的显著正向回归系数为1.055,市场化指数交互项与被解释变量 gdp 的显著正向回归系数为0.143、与 $gtfp$ 的显著正向回归系数为0.160,回归结果表明环境分权指数和市场化指数对自然灾害的正向经济效应产生影响,而且环境分权指数的影响更大,说明地区对生态环境因素的考虑能够使自然灾害后受灾地的绿色全要素生产率改善,自然灾害对绿色发展视域下的经济增长产生了与传统增长指标差异化的影响。

五、绿色发展视域下自然灾害对经济增长影响的作用机制检验

表3-7的结果显示,自然灾害损失与绿色制度环境的交互项改变了表3-4中自然灾害损失的负向影响,而对经济增长产生正向影响。表明在考虑绿色制度环境的条件下,自然灾害损失对经济增长的作用机制可能发生变化。那么,绿色制度环境是通过何种路径作用于自然灾害损失对经济增长的影响,就需要重点检验考虑绿色制度环境各分项的作用机制,检验结果见表3-8。

表3-8　绿色发展视域下自然灾害对经济增长影响的作用机制检验结果

变量	gdp	物质资本机制	人力资本机制	政府支出机制	技术创新机制
	（1）	（2）	（3）	（4）	（5）
$disa$	-0.023**	-0.026*	-0.144***	-0.024**	-0.018***
	(0.011)	(0.096)	(0.000)	(0.011)	(0.000)
efd	0.167***	—	—	—	—
	(0.012)	—	—	—	—
$market$	0.130*	—	—	—	—
	(0.085)	—	—	—	—
$efd×k$	—	0.145***	—	—	—
	—	(0.003)	—	—	—
$market×k$	—	0.022**	—	—	—
	—	(0.028)	—	—	—

续表

变量	gdp	物质资本机制	人力资本机制	政府支出机制	技术创新机制
	（1）	（2）	（3）	（4）	（5）
efd×l	—	—	0.323*	—	—
			（0.056）		
market×l	—	—	0.515***	—	—
	—	—	（0.001）	—	—
efd×g	—	—	—	0.211***	—
				（0.000）	
market×g	—	—	—	0.046***	—
				（0.000）	
efd×tech	—	—	—	—	0.011
					（0.793）
market×tech	—	—	—	—	0.093**
	—	—	—	—	（0.038）
年份固定效应	控制	控制	控制	控制	—
地区固定效应	控制	控制	控制	控制	控制
样本数	398	397	397	397	351
R^2	0.2813	0.4700	0.9165	0.4851	0.1339

注：（1）括号中为地区层面的聚类稳健标准误；（2）*、**、***分别表示在10%、5%和1%的水平下显著。

进一步分析表3-8中显示的绿色发展视域下自然灾害影响经济发展的机制变量估计结果。首先，在物质资本机制上，表3-8中模型（2）的回归结果显示，环境分权指数 efd 与资本 k 的交互项回归系数显著为正。市场化指数 market 与资本 k 的交互项回归系数显著为正。这表明绿色发展视域下环境分权水平越高或市场化水平越高，通过市场化和非市场化手段（其中非市场化的环境分权影响更大），加快受灾地的物质资本积累，加快受灾地基础设施建设，从而对经济绿色增长产生相对的正向影响，达到减灾目标，符合熊彼特的"破坏性创造"理论。而且，环境分权水平越高的地区，绿色制度环境基础较好，即使发生自然灾害，也可以通过物质资本调整等方式,加快恢复生产力。

其次,在人力资本机制上。表3-8中模型(3)显示不考虑自然灾害和绿色制度环境时的人力资本作为生产要素对经济增长有正向影响,这与我国经济现实相符合。考虑自然灾害和绿色制度环境时人力资本的回归系数分别是0.323、0.515,这说明市场化水平越高或环境分权水平越高的地区,自然灾害可能会通过教育、人口流动等手段改变地区人力资本要素,从而促进经济增长。进一步分析市场化的差异,自然灾害发生在高市场化水平地区,市场要素的自由流动可能会填补因灾死亡受灾人口对人力资本数量产生的缺口,同时为通过更加完善的教育培训体系来提高人力资本的质量提供条件,从而推动灾后经济增长。

再次,在政府支出机制上。本书将服务型政府支出引入传统科布—道格拉斯生产函数。结果如表3-8中模型(4)所示,不考虑自然灾害和绿色制度环境时的政府支出对经济增长的回归系数为正。而考虑自然灾害和绿色制度环境时的政府支出,即 $efd \times g$ 和 $market \times g$,其系数分别为0.211、0.046,说明自然灾害条件下考虑地区绿色制度环境政府支出对经济增长仍然为正向作用,且环境分权的影响程度更大。也就是政府支出在环境分权水平越高的地区不仅能对受灾地提供更多救助支持,还会通过绿色化灾后建设降低自然灾害对灾区绿色发展的不利影响。

最后,在技术进步机制上。如表3-8中模型(5)所示,不考虑自然灾害和绿色制度环境时的技术进步作为生产函数的乘数,对经济增长呈现显著的正效应,这符合本书生产函数的数理含义。而考虑自然灾害和绿色制度环境时的技术进步的回归系数分别是0.011、0.093,说明绿色环境制度越好的地区,自然灾害更可能会通过技术进步效应来促进灾后经济增长。从灾后经济恢复的现实来看,灾后重建过程中,市场化水平更高的地区技术创新和技术扩散的效应更加明显,在环境分权水平越高的地区,自然灾害后绿色化重建更能得到重视,作为绿色增长驱动力的技术进步要素在经济发展中的作用更加明显。

厘清自然灾害对经济增长的影响是灾害经济研究的基础问题,也是从社会经济角度理解自然灾害与人类社会发展相互关系的关键所在。传统的经济发展模式下,关于自然灾害社会经济影响的讨论主要集中在对物质财富和经济增长造成的损失,在缓解灾害风险和灾后应对上也主要以经济恢复和增加物质资本为主,导致不合理的经济开发下自然灾害的风险加剧。在绿色发展视域下,更加强调通过转变经济发展方式和降低自然灾害的生态环境效应来提升灾害防风险能力,从而通过更加绿色可持续的经济发展和灾后建设使自然灾害对经济增长产生长期积极影响。

本章关于自然灾害影响经济发展的实证检验结论可以概括为:在短期来看,以传统经济增长指标为依据时,自然灾害损失对经济增长会产生显著的负向影响。但是,从受灾地长期绿色可持续发展的角度来看,将绿色全要素生产率作为绿色产出指标时,自然灾害的经济影响会因为地区绿色制度环境的不同而发生变化,在生态环境、技术创新等促进绿色发展的外部环境较好的地区,自然灾害冲击可以通过灾后的物质资本投入效应、人力资本积累效应和技术进步创新效应等作用机制来促进长期经济绿色增长。因此,站在绿色发展视域下理解自然灾害的经济影响,需要在经济产出指标上实现由传统增长路径下的 GDP 增速、总量等指标向包含生态环境、技术创新等多维因素的经济绿色增长指标转变。而绿色发展理念指引下对经济增长中绿色绩效和增长方式转变的新要求,也使灾后经济恢复中发挥重要作用的物质资本和人力资本影响灾后长期经济增长的路径发生了变化,在后续章节中我们将围绕这一问题分别从自然灾害冲击下物质资本投入和人力资本积累变化角度研究自然灾害影响经济绿色发展的内在机理。

第四章 自然灾害冲击下物质资本变化对灾区经济绿色转型的影响

在上一章自然灾害影响绿色全要素生产率的机制分析中，我们揭示了自然灾害在短期内减少了受灾地物质资本存量，从而影响地区经济发展。尤其是，在绿色发展视域下，极端自然灾害所造成的物质资本存量的毁坏对于灾后的社会经济恢复会产生重要影响。但与此同时，从自然灾害救助的角度来看，对灾区的物质资本重建投入不仅是灾后救助的核心工作，更会通过重塑灾区的物质资本存量水平对其经济发展路径和产业结构转型产生影响。尤其是对那些依赖于良好基础设施和物质资本基础的旅游业等绿色产业而言，灾后的恢复重建反而会给灾区经济发展带来契机，从而带动灾区的经济绿色转型。在本章内容中，我们从灾后重建过程中的物质资本投入角度，以汶川地震中的极重灾区为例，研究大规模的灾后基础设施重建和物质资本的短期快速积累对灾后经济发展路径尤其是经济绿色转型的影响。

第一节 物质资本投资影响灾后经济绿色转型的理论分析

一、汶川地震影响灾区经济发展的相关研究

灾后的物质资本投入主要指灾后重建中的大规模基础设施建设和生产恢复过程中的物质财富投入，这一问题集中体现在以地震为代表的自然灾害中，因此关于这一问题的研究和梳理主要围绕地震灾害展开。汶川地震是21世纪以来在我国发生的破坏程度最强、造成经济社会损失最为严重的自然灾害，对受灾地基础设施以及物质资本存量产生了毁坏性冲击。与此同时，在汶川地震后的三年重建过程中，四川全省142个受灾县用于恢复重建和发展重建的资金达到了1.7万亿元，基础设施等物质资本存量改善明显。学术界关于汶川地震对灾区经济发展的影响以及作用机制的研究，不仅揭示了自然灾害导致的物质资本存量损坏对经济发展的短期不利影响，也分析了灾后重建过程中物质资本的长期改善效应。对现有文献的梳理有助于更好地理解物质资本投入和灾后恢复对灾区经济绿色转型的关键

作用。

关于汶川地震对灾区经济发展造成的影响,现有文献的研究主要分为两类:一类是直接评估汶川地震对灾害造成的经济损失程度以及在经济增长方面的作用;另一类是重点从灾后重建的角度,讨论了重建政策对促进灾后经济恢复以及发展路径转型的具体影响。这两类研究,一方面有助于我们理解灾害对物质资本存量造成的短期负面冲击,另一方面能够体现灾后物质资本恢复影响长期经济发展的路径。

(一) 汶川地震对经济发展的影响

对于汶川地震灾区的灾后经济损失的评价研究,魏本勇和苏桂武(2016)利用投入产出分析法,对汶川地震造成的部门产业关联间接经济损失进行了初步分析,发现在产业关联的效应下,汶川地震造成的短期经济损失非常严重。经济增长指标是被用于灾害经济影响的关键指标,唐彦东等(2014)研究了汶川地震对阿坝州经济增长的影响,发现在短期内灾害的负向作用比较明显。张文彬等(2015)采用双重差分法对汶川震后重建政策的效果进行评价,研究发现抗震救灾政策对灾区的经济增长具有显著的促进作用。卢庆芳等(2018)运用经济增长理论的趋同趋异概念和分析方法,研究发现汶川地震之后,四川省县(市、区)经济发展差异呈现逐年缩小的总体趋向,在符合 σ 趋同的同时,也存在 β 收敛趋向,灾区的经济趋同尤其是极重灾区的 β 收敛尤为显著。李学林和唐彦东(2020)则在较长的视角下研究了汶川地震导致的灾区资本存量、投资率、技术进步率和经济增长率的变化,发现汶川地震使 2008 年固定资本损失了 28.9%,但此后因为灾后重建的投资导致的资本损失逐步消失,并呈现资本存量更快的增长趋势。总的来看,汶川地震导致 2008 年四川省经济增长率比应有水平降低了1.2%,但因为大规模灾害重建的投资而在重建完成后实现了经济更快速增长。

通过构造地震灾区的反事实情况对灾区经济恢复与发展进行衡量是评估汶川地震经济影响的重要思路。杨凌和寇宏伟(2017)基于索罗模型分析汶川地震灾区灾后经济增长的可能趋势,并运用科布—道格拉斯生产函数模拟"无灾"情况下的经济增长后,与实际经济增长进行对比,发现长期来看四川省灾后的 GDP 反而有较快增长。万腠莲和翟国方(2017)基于韧性视角,构造灾区的经济增长反事实情况,并与真实增长进行对比,分析了灾后区域经济增长模式,发现结构上的优化提高了灾区经济的抗冲击能力。对于灾区经济发展的特定机制,刘铁(2010)研究了汶川地震灾区对口支援长效机制的建立。王凤京和朱平安(2012)分析了汶川灾区重建多元化融资体系的可行性,指出了重建资金的融资对物质资本恢复和经济发展的重要性。

总的来看,现有研究对汶川地震影响灾区经济发展,以及地震在短期内造成物质资本损坏和经济增长下滑的结论基本达成一致,但对于汶川地震在较长时间内的经济影响还没有得出一致结论。其中,灾后重建政策的落实以及对灾区经济发展的结构性影响是理解不同研究结论的重点。

(二) 灾后重建政策效应与作用机制

汶川地震对灾区经济发展和基础设施等物质资本存量的破坏是自然灾害冲击的必然结果,而灾后的重建和恢复政策则是降低这一负向影响,甚至是产生长期积极影响的基础。关于汶川地震灾区灾后重建的相关研究,主要分为三类:一是讨论重建政策的差异以及执行思路;二是对灾后重建的现状和政策落实展开评价;三是集中讨论了灾后重建对特定地区特定产业发展的影响,体现了灾后经济结构的调整。

关于灾区灾后重建政策路径和实施思路,张衔等(2009)研究了汶川地震后四川省的产业重建与可持续发展问题,特别是在重污染产业重建和资源依赖型产业重建中如何权衡灾后经济重建与绿色发展的双重目标。陈国阶(2008)基于汶川地震灾区内部自然和社会情况差异,提出灾区重建政策的实施需要考虑灾区特定的自然地理环境和相关社会基础,对于具有特定优势资源的灾区实施有助于结构转型的重建政策。徐玖平和杨春燕(2008)对汶川地震灾后重建的产业集群调整进行分析,主要从网络设施、环境发展、集群计划、外部平台四个层面思考灾区产业集群的调整战略,提出灾后重建政策的实施思路。邓丽和邓铃(2011)、朱靖(2013)基于投入—产出模型,对汶川地震灾后经济的非均衡与路径恢复进行了研究,发现不同灾区的增长路径存在明显差异,其关键在于灾后重建政策的落实和运行。王倩(2012)认为,灾后的重建政策不仅要以灾区的基础设施恢复和经济产业建设为主,更要重视灾区生态文明建设的区域路径与模式差异,将灾后的经济恢复与生态文明建设相结合。

关于汶川地震灾区灾后重建现状评价,黄寰等(2013)总结了汶川地震灾区工业企业重建过程中的异地重建、原地重建和局部重建等三种重建模式,并提出相应的技术创新模型。并且,黄寰(2014)较早地从经济恢复与生态建设相结合的角度讨论了重建政策的效果,通过对汶川地震10个极重灾区生态经济系统耦合协调度情况的分析,发现极重灾区在地震前后耦合协调度等级空间分布差异明显,震后耦合协调度等级均有所提升,并且差异有所缓和。陈升等(2014)采用问卷的方式,对汶川地震六个重灾区的政府进行灾后重建能力和绩效的调查研究,发现灾后重建政策的执行和落实效果是导致差异化重建绩效的关键原因。朱晓婷和彭毅(2017)基于四川省工业总产值数据,借助信息熵来度量四川省工业产业结构复杂程度和变化特征,运用均衡度和优势度指标进一步度量各行业之间分布的差别,从发展差距的角度评价了重建政策的效果。曹瑛(2018)基于大量的描述性统计,对汶川地震灾区经济和基础设施重建成就进行回顾,发现重建政策对改善灾区基础设施和灾后物质资本提供了良好的支撑。赵亮等(2020)分别从项目、要素与可持续性三个关键视角对后效评估的理论方法和灾区恢复重建展开评述,在方法论上对现有文献的评价结论进行了总结。

关于灾后特定地区或特定产业发展现状的研究,寇宏伟(2017)基于投入产出模型中的结构分解方法分析了汶川地震后四川省产业结构的变化情况,发现总体来看四川省灾前作为经济增长点的部门在灾后被其他部门所替代。当然,要从结构转变的视角研究灾后灾区经济发展,将研究对象放在受灾地而不是全省层面会更为准确,因此大量研究围绕重灾区的灾后经济发展结构展开分析。史育凡等(2020)研究了汶川地震10个极重灾区在灾后的产业结构和土地利用格局变化,发现从产业结构来看,与震前相比,极重灾区的第一产业出现下降、第二产业总体上处于下降趋势、第三产业快速上升,在山地地形为主的区域内第三产业发展的速度更快。

从灾后灾区产业转型和特定产业发展来看,以旅游业为主的绿色产业发展是现有文献关注的重点,大量学者研究了汶川地震后灾区旅游业的发展状况(马丽君等,2010;李向农和延军平,2014;孙滢悦和陈鹏,2020;陈国柱和王成勇,2020)。宗刚等(2009)认为,什邡市在灾后依靠重建产业网络(企业网络),从核心企业网络转变成循环网络布局,可以提升经济的可持续性。李向农和延军平(2014)发现,随着灾后重建工作的完成,地震发生3年后阿坝州5月和6月的游客接待量明显增加,对地震灾害旅游资源的合理开发能有效促进灾区旅游业的快速恢复和经济加速发展。邱建和唐由海(2020)研究了威州、水磨、淮口三镇汶川地震灾后重建跨区域协调规划实践现状。蔡淑华和鲍蕊(2020)以北川小寨子沟为例,研究了灾后基础设施重建以及配套设施完善后,小寨子沟特色乡镇旅游的快速发展以及在带动农民增收等方面的积极作用。

总的来看,关于汶川地震对灾区经济发展的影响,现有研究在评估方法、评估对象以及研究思路等方面存在较大差异,得出的结论也明显不同,但是基本上达成了关于短期内造成物质资本损坏和经济增长下降的一致结论。主要的争议在于地震发生后较长时期内对经济发展的影响上,且导致研究结论不同的关键在于考察的对象范围和指标不同。如果从灾区经济结构转变的角度来看,现有文献为灾后物质资本投入促进灾区向绿色经济的结构性转型提供了研究支持。因此,在本章接下来的分析中,将提出重大自然灾害发生后的物质资本投入促进灾区经济绿色转型的理论假说。

二、物质资本投资促进灾区经济绿色发展的理论假说

诸如地震等突发性自然灾害,对经济社会发展的直接影响体现在灾害发生的短期内对受灾地基础设施等物质资本要素的毁坏性较大,这种短期的负向冲击会使受灾地区的经济和资源积累瞬间处于存量不足的状态。但与此同时,灾害的发生也给灾区提供了打破原有物质资本积累和经济发展路径的创造性机遇,根据熊彼特的"创造性破坏"理论,灾后重建将会在较短时期内使受阻碍地的基础设施等物质资本发展水平上升到较高水平。而从中国的举国救灾体制和上述关于汶川地震灾后重建政策的研究来看,熊彼特的"创造性破坏"理论在中国重大自然灾害发生后灾区的社会发展中存在其适用条件,这也意味着灾后的物质资本建设投入将给灾区的经济绿色转型提供重要机会。

绿色发展的概念内涵广泛,既包括了经济层面的绿色经济指标,也涵盖了绿色消费等社会文化领域。就本书所研究的范畴来看,主要讨论自然灾害冲击下灾区经济层面的绿色发展。并且,从本章以汶川地震为视角的分析出发,主要讨论以低能耗产业发展为代表的灾后经济绿色转型,集中体现为产业结构的优化,即经济结构向更低能耗和污染排放的第三产业的转型过程。从产业结构升级的角度来看,在三次产业中现代服务业较为集中的第三产业其绿色发展程度相对较高。特别是在自然灾害冲击的背景下,经济发展与自然状况的耦合,或者说形成与自然资源环境相适应的经济结构是自然灾害多发地绿色发展的关键所在。但是,与传统的农业和工业发展不同,以现代服务业为代表的第三产业的发展对基础设施以及物质资本积累的要求相对较高,良好的交通、通信、生活服务等配套基础设施是现代服务业发展的根本保障(高翔等,2015)。因此,基础设施建设和物质资本积累水平就成为一个地区能否实现由传统的高耗能、高污染产业向高附加值的绿色产业发展转型的关键。这也意味着对于经济发展基础较为落后的地区,在短期内实现基础设施以及物质资本存量的明显改善是促进其加快经济结构转型的前提条件。

但是,从自然灾害多发地的基础设施以及物质资本存量来看,自然灾害的多发地大多属于经济发展水平较为滞后的农村地区,在促进现代服务业

发展的基础设施建设等方面明显处于短板。以本章所研究的汶川地震为例,受地震影响最为严重的阿坝州,属于集中连片特困地区,地区经济发展水平较低,基础设施等配套建设相对滞后,农业以及传统工业在地震发生前是地区的支柱产业。由于现代服务业发展对基础设施等物质资本的较高要求与汶川地震灾区在灾前的经济发展和基础设施建设水平不相匹配,导致灾区形成了以传统工业为主的经济结构,更具有经济附加值和生态环境效益的现代服务业发展明显不足。根据发展经济学中发展的“贫困的恶性循环”理论,自然灾害多发地落后的基础设施和物质资本条件,塑造了其以传统农业和低效率工业为主的产业结构,并在这种经济结构下加剧了经济发展与生态环境的矛盾,从而诱发更加严重的自然灾害,形成如图4-1所示的自然灾害多发区的恶性发展循环。

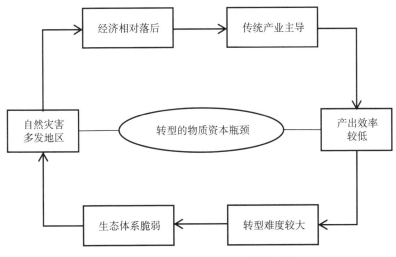

图4-1　自然灾害多发地的恶性发展循环

要打破自然灾害多发地的上述恶性发展循环,重要的是利用好自然灾害多发地自身的生态及文化资源优势,突破影响其转型升级的物质资本瓶颈。地震灾害的发生,使原本处于较低基础设施和物质资本积累水平的灾区其基础设施等硬件条件全部毁坏。从地区发展路径转型的基础来看,尽管灾害冲击在短期内造成灾区落后于外界的现象,但也给灾区突破发展瓶颈提供了机遇,主要体现在灾后灾区经济社会状况呈现“断崖式”向下跳跃,处于不平衡不稳定的状态,这给受灾地重新进行发展布局的调整和突破传统发展路径的束缚提供了机会。而第三产业相对于第一、第二产业,对于地区自然资源的依赖程度较小,对环境的影响和破坏程度低,符合灾区发展的内在要求,并且灾区存在的黑色旅游资源等其他要素为灾区的灾后转型提供了条件。进一步地从突破制约灾区经济结构转型的物质资本条件来看,受灾地在灾后会获得大量的救灾与重建援助,大量的物质资本流入为灾区发展路径转型提供了必要条件。一是物质资本的大量投入首先用于恢复重建,进一步完善灾区基础设施建设和有助于第三产业发展的配套设施,灾区重建结束后的基础设施水平比灾前更高,社会发展能力显著提升;二是更完善的基础设施建设、更强的社会发展能力提升了对外界资本的吸引力,这也为重建结束后的灾区提供了转型发展的不竭动力;三是在对口援建机制下,发达地区能够将更加先进的发展经验和适合灾区灾后经济转型的模式传递给灾区,帮助灾区恢复生产以及利用好灾区的环境资源优势,发展新兴产业,以实现由灾前的传统经济模式向生态环境友好的经济绿色转型。

　　因此,基于自然灾害多发地本身的经济发展特征以及灾后在物质资本投资和配套基础设施上的显著改善,本书认为在受灾严重的地区,地震灾害为打破原有经济发展的低水平恶性循环提供了外部冲击,灾后恢复重建过程中给灾区基础设施以及其他物质资本带来的显著改善,为灾区实现经济结构转型提供了条件,促使灾区经济发展逐渐降低对传统产业的依赖,实现向生态环境友好型的经济绿色转型,在下一小节中我们利用四川省的县级数据对这一猜想进行实证检验。

第二节　地震灾害后灾区经济结构转变的实证检验

　　经济结构转变在一定程度上依赖于物质资本投入变化为结构升级所提供的支撑条件,灾害冲击给灾区物质资本存量造成的毁坏也给受灾地进行高起点的物质资本建设提供了机会,这为灾区实现灾后的经济绿色转型和产业结构升级提供了重要保障。在本节内容中,我们以汶川地震中的10个极重灾区为研究对象,采用2001—2018年四川省的县级面板数据,从三次产业结构调整的角度,在总体上检验地震灾后对灾区经济转型的影响。

　　需要说明的是,汶川地震发生于北京时间2008年5月12日,此次地震的面波震级达8.0毫秒,矩震级达8.3兆瓦,最大地震烈度达11度,具有很强的外生突发性特征,并且其灾后救助和重建力度更大,这有助于我们识别灾害发生前后物质资本水平变化对受灾地区经济结构升级的影响。此外,对于经济绿色转型的研究,更加准确的是基于包含经济、环境多维指标的经济绿色发展指数。但是,由于本书采用的是县级数据,缺乏测度经济绿色发展所需的相关指标,因此采用第三产业占比作为灾区经济转型的代理变量。

尽管这一做法与经济绿色转型的内涵存在一定出入,但总的来看,对于受灾县而言,与第一、第二产业相比,第三产业占比的提升在一定程度上能够体现其经济绿色结构转型。并且,为了更加清楚地分析灾后灾区的经济结构升级,在第三节中,我们选择灾区的代表性案例,以旅游业发展为视角分析灾后灾区经济绿色转型的路径,为本节的实证分析提供更扎实的微观基础。

一、数据来源与变量说明

极重灾区是汶川地震中受灾最严重的区域,也是整个灾后重建的核心,极重灾区的经济转型对于理解灾区灾后的经济绿色发展具有重要意义。因此,本节内容着重考察汶川地震极重灾区的经济转型发展及其实现机制。由于极重灾区的划分是按照县域来界定的,因此本书运用 2001—2018 年四川省县级面板数据进行研究。实证分析中所用到的数据全部来源于《四川省统计年鉴》(2002—2019 年)。虽然汶川地震波及了四川省以外的地区,但四川省受灾最为严重、受灾面积最广、最具有代表性,因此仅采用四川省内的样本进行研究,也有助于克服不同省份之间其他特征差异的影响。

具体来说,在本书的样本期内四川省共有 181 个县(包括自治县、县级市、区),鉴于数据的可获得性,以及考虑到县与市辖区本身产业结构存在的明显差异,最终运用可获得的 140 个县的数据进行实证分析。由于不同县遭受的地震灾害程度不同,我们按照受灾程度将灾区分为三组。一般灾区的地震烈度为 6 级,地震烈度 6 级被定义为有轻微损坏,一般灾区的经济几乎不受影响,故将 100 个一般灾区和无灾地区合并为同一组(宋妍等,2019)。最终将 140 个县分组为:极重灾区 10 个;较重灾区 23 个;一般灾区和无灾地区 107 个。受县级层面的数据指标限制,本书的被解释变量是第三产业增加值(tertiary),以此来刻画灾区绿色转型发展的情况。控制变量旨在控制不同县区的其他社会特征,部分参考杨经国等(2017)和宋妍等(2019)的研究来选取。

实证分析中所用到的各主要变量的描述性统计见表 4-1。变量包括第三产业增加值(tertiary)、固定资产投资(fai)、在校生人数(stu)、第一产业增加值(first)、年末金融机构贷款余额(financeloan)、行政区面积(area)和年末人口数(population)。其中,第三产业增加值、固定资产投资、第一产业增加值和年末金融机构贷款余额都用原始指标占该地区当年 GDP 的百分比来表示;在校生人数包含了小学在校生和初中在校生,用原始指标占该地区年末人口总数的百分比来表示;行政区面积和年末人口数都取对数来表示。

表 4-1　各变量的描述性统计

变量	样本量	均值	标准差	最小值	最大值
tertiary	2660	0.323	0.0903	0.105	0.768
fai	2656	0.838	0.696	0.0794	5.988
stu	2648	0.127	0.0329	0.0524	0.332
first	2660	0.273	0.125	0.0286	0.687
financeloan	2659	0.555	0.385	0.0279	4.670
area	2520	7.712	0.868	5.620	10.12
population	2648	3.387	1.086	0.693	5.094

二、计量模型设定

本书旨在检验汶川地震对灾区产业结构转型的影响,揭示灾后的物质资本投入对改善灾区经济转型基础条件的影响,反映灾害冲击如何通过影响灾区物质资本条件变化对其经济绿色发展产生作用。在具体研究设计上,地震灾害的发生是一个外生事件,为了识别出地震灾害的净效应,可以采用双重差分模型进行实证检验。具体的模型设置见式(4-1):

$$tertiary_{i,t} = \beta_0 + \beta_1 wafter_{i,t} + \beta_2 X_{i,t} + \theta_i + \mu_t + e_{i,t} \qquad (4-1)$$

其中,$tertiary_{i,t}$ 表示第 i 个县在第 t 年的第三产业增加值。$wafter$ 是事件发生交互变量,即双重差分项,具体而言是由是否为灾区的地区虚拟变量与是否处于地震发生后的时间虚拟变量相乘而来。若该县既是受灾地区,对应地又处在地震后的时间(即 ≥2008)时,变量 $wafter$ 取 1,其他情况下取 0。X_i 是反映各县经济社会特征的控制变量,包括在校生人数(stu)、第一产业增加值($first$)、年末金融机构贷款余额($financeloan$)、行政区面积($area$)和年末人口数($population$)。

在基准分析中,双重差分项 $wafter$ 的系数是实证分析关注的重点,该系数反映的是在汶川地震前后受灾地区与非受灾区相比,地震灾害对受灾地经济结构的影响。若系数显著为正,表示地震有助于推动受灾地的第三产业发展,促进灾区的经济结构转型。本书采用了面板数据双向固定效应模型进行估计,其中年份固定效应用于排除随时间变化的趋势性因素的影响,例如受灾地区和非受灾区第三产业随着时间变化的趋势差异,地区固定效应用来控制各地区之间不随时间变化的个体特征对地震灾害估计结果造成的影响。

三、实证结果分析

（一）基础回归结果

本部分考察汶川地震的发生对灾区经济转型发展的直接影响,具体分析地震灾害对灾区第三产业发展的作用。由于将灾区分为极重(10)、较重(23)、一般无灾(107)三组。因此,在实证分析中分成三种对照组和实验组进行三次双重差分估计:极重灾区 VS 一般无灾;较重灾区 VS 一般灾区、无灾区;极重灾区 VS 较重灾区。在第一组中,极重灾区为处理组,一般灾区和未受灾地区为控制组;第二组中,剔除极重灾区样本后,较重灾区为处理组,一般灾区和无灾区为控制组;第三组中,考虑到无灾区的社会经济和资源环境等与灾区存在较大差异,将极重灾区作为处理组,较重灾区作为控制组。

按照上述构建的基准计量模型,采用双重差分方法的估计结果见表4-2。列(1)—列(2)以极重灾区为处理组,一般灾区和无灾地区为对照组,列(1)是未加控制变量的结果,列(2)是加入控制变量的结果,并剔除了较重灾区的样本。可以发现,与一般灾区和无灾地区相比,极重灾区灾后的第三产业占比会显著上升,这一结果在控制了地区固定效应、年份固定效应以及其他影响地区第三产业发展的因素后仍然成立,说明受灾越严重的地区在灾后的第三产业发展速度越快。

表 4-2 基础回归结果

变量	(1)	(2)	(3)	(4)	(5)	(6)
	tertiary	tertiary	tertiary	tertiary	tertiary	tertiary
wafter	0.0165 ***	0.0226 ***	-0.0184 ***	-0.0114 **	0.0350 ***	0.0355 ***
	(0.00628)	(0.00670)	(0.00422)	(0.00443)	(0.00730)	(0.00777)
stu	—	0.200 ***	—	0.213 ***	—	0.397 **
	—	(0.0493)	—	(0.0455)	—	(0.154)
first	—	0.0540 **	—	0.0756 ***	—	0.130 ***
	—	(0.0216)	—	(0.0195)	—	(0.0425)
financeloan	—	0.00543	—	-0.00138	—	0.00207
	—	(0.00433)	—	(0.00398)	—	(0.00638)

续表

变量	（1）	（2）	（3）	（4）	（5）	（6）
	tertiary	*tertiary*	*tertiary*	*tertiary*	*tertiary*	*tertiary*
area	—	−0. 107 **	—	−0. 122 **	—	0. 138 *
	—	（0. 0517）	—	（0. 0474）	—	（0. 0755）
population	—	0. 0450 ***	—	0. 0299 **	—	0. 0388
	—	（0. 0149）	—	（0. 0146）	—	（0. 0397）
地区固定效应	是	是	是	是	是	是
年份固定效应	是	是	是	是	是	是
R^2	0. 235	0. 273	0. 250	0. 290	0. 224	0. 252
N	2223	2093	2470	2330	627	591

注:(1)括号中为稳健标准误;(2) * 、** 、*** 分别表示在 10%、5% 和 1% 的水平下显著。

　　与极重灾区相比,较重灾区的数量相对较多,但受灾程度相对较低,并且灾害对较重灾区的负向影响以及灾后重建的投资力度相比较小。在列(3)—列(4)中以较重灾区为处理组,一般灾区和未受灾区域为控制组,并剔除了极重灾区样本。估计结果显示,与一般灾区和无灾地区相比,较重灾区在地震后的第三产业占比出现了下降趋势。在列(5)—列(6)中,进一步将极重灾区作为处理组,较重灾区作为控制组,并剔除了一般灾区和未受灾样本。估计结果显示,与较重灾区相比,极重灾区在灾后第三产业占比显著上升,这说明同样是灾区,受灾最严重的地区灾后第三产业发展越好,而受灾较严重的地区与基本未受灾地区相比,其第三产业占比却相应下降。

　　以上结果显示,虽然极重灾区经历了更为严重的地震破坏,但是灾后其经济发展转型中尤其是第三产业发展要显著好于较重灾区。这可能是由于极重灾区受到的灾害冲击最严重,灾后获得的恢复重建支持最多,更加具备推动经济转型的物质资本条件,为转变原有的经济发展模式提供了空间。而对于较重灾区,灾害对其基础设施以及物质资本存量的负向影响也较为严重,但是并未造成毁坏性影响,较重灾区在灾后的发展环境转变上未达到像极重灾区的完全更新状态,所能获得的建设投资力度相对有限,快速实现经济结构转型的条件并不成熟。相应地,对于较重灾区而言,地震灾害造成的负向影响也明显存在,这就使在较重灾区的灾后经济结构升级中,地震灾害的负向冲击作用更大,对其第三产业发展产生了不利影响。

　　由于极重灾区与一般无灾地区先前发展情况的差异较大,同时控制时间和地区固定效应也无法将除地震外的其他因素完全排除掉。为了克服处理组与控制组在灾害发生前其他无法观测的地理自然环境等因素的影响，本节实证分析的后续部分均采用极重灾区为处理组，将较重灾区作为控制组，进行进一步的稳健性检验与机制分析。

（二）稳健性检验

1. 更换被解释变量

在表4-3中，我们采取更多第三产业发展的度量指标，在列（1）中将核心被解释变量分别更换为第三产业增加值与第一产业增加值的比值（tertiary_first）。采用这一指标的原因在于，在极重灾区中绝大部分的地区属于农村，第一产业是极重灾区经济发展的重要支撑，如果灾后经济结构转型升级，更多劳动力从事第三产业，实现受灾地区经济由第一产业向第三产业的转型升级，这能够进一步验证其结构升级效应。估计结果显示，与较重灾区相比，极重灾区在灾后第一产业向第三产业的转移程度更大。在列（2）—列（3）中，进一步将第三产业增加值的对数值（ln_tertiary）和实际第三产业增加值比值（real_tertiary）作为被解释变量，估计结果显示地震灾害的系数仍然为正，这表明，从总体来看，地震灾害发生后极重灾区第三产业发展速度加快，经济结构转型升级的效果明显。

表4-3　稳健性检验 I

变量	（1）	（2）	（3）
	tertiary_first	ln_tertiary	real_tertiary
wafter	0.554***	0.019	0.003
	(0.0878)	(0.024)	(0.006)
stu	11.845***	3.583***	−0.513***
	(1.742)	(0.484)	(0.124)
first	−1.604***	−1.461***	0.093***
	(0.481)	(0.134)	(0.034)
financeloan	−0.324***	−0.0896***	0.004
	(0.0721)	(0.0200)	(0.005)
area	3.107***	1.041***	0.0483
	(0.853)	(0.237)	(0.0609)

续表

变量	（1）	（2）	（3）
	tertiary_first	*ln_tertiary*	*real_tertiary*
population	−0.012	0.756***	−0.0463
	（0.449）	（0.125）	（0.0321）
地区固定效应	是	是	是
年份固定效应	是	是	是
R²	0.442	0.962	0.291
N	591	591	591

注:(1)括号中为稳健标准误;(2)*、**、***分别表示在10%、5%和1%的水平下显著。

2. 虚构处理组

地震发生在2008年,前文对于时间前后的赋值,既包含了地震的影响,也可能受到国际金融危机等因素的作用,为了进一步检验上述关于极重灾区灾后第三产业占比上升的结论的稳健性,我们通过抽样随机生成10个虚拟实验组的方式进行安慰剂检验。具体地,按照现实中10个极重灾区的情况,采用自举法(bootstrap)抽样随机生成500组极重灾区处理组样本,进行双重差分检验,将此过程重复500次,画出500次回归的系数 t 值。图4-2

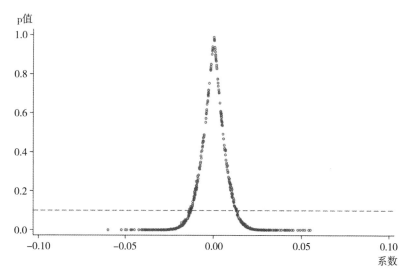

图4-2　稳健性检验 Ⅱ

显示系数在 0 附近,p 值较多大于 0.1,呈现分散状态。结果表明,随机生成实验组并不能带来类似于表4-2 的结论,这说明前文极重灾区在灾后第三产业快速发展的结论是较为稳健的。

（三）异质性分析与机制检验

1. 异质性分析

在上一节的实证分析中,我们基本验证了地震冲击能够促进极重灾区的产业结构转型发展,并发现只有当灾害带来的负向冲击到达一定的严重程度,才会出现"创造性破坏"效应。其中,"创造性破坏"效应的产生会受到灾害发生前地区经济发展水平的影响,为了验证灾前经济发展程度对灾后经济转型的异质性影响,我们将 10 个极重灾区灾前的经济发展程度与四川省各县的平均水平比较,区分出初始经济状态较好的 5 个县,分别为都江堰市、彭州市、什邡市、绵竹市、安县;初始经济状态较差的 5 个县,分别为北川县、平武县、青川县、汶川县、茂县(见图4-3)。

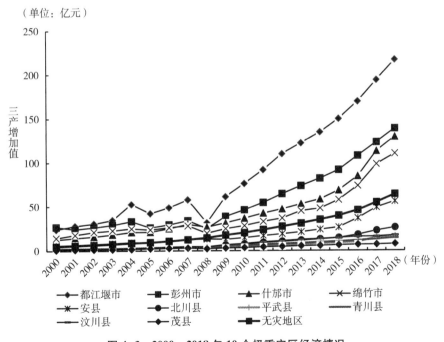

图 4-3　2000—2018 年 10 个极重灾区经济情况

表 4-4 显示了异质性分析的结果,列(1)—列(2)是经济较好的灾区灾后第三产业的发展情况,列(3)—列(4)是经济较差的灾区灾后第三产业占比变化。在列(2)中加入控制变量后,灾前经济发展水平较高的极重灾区

并未比较重灾区在第三产业发展上体现出更大优势。列(3)—列(4)是对灾前经济发展水平较低的极重灾区的估计结果,可以发现对那些在灾前经济发展水平较低的极重灾区,与较重灾区相比,地震灾害会导致其第三产业占比提高5%,这一效应在1%的显著性水平下成立。这说明地震灾害对灾区经济结构升级的正向效应主要来自那些灾前经济发展较差的极重灾区,这进一步验证了对发展程度越差的地区,灾害作为"创造性破坏"力量有助于重塑灾区经济发展路径。

表4-4　异质性分析

变量	(1)	(2)	(3)	(4)
	tertiary	*tertiary*	*tertiary*	*tertiary*
wafter	0.0225 **	0.0105	0.0474 ***	0.0513 ***
	(0.00907)	(0.00989)	(0.00920)	(0.00983)
控制变量	否	是	否	是
地区固定效应	是	是	是	是
年份固定效应	是	是	是	是
R^2	0.860	0.870	0.843	0.851
N	532	502	532	503

注:(1)括号中为稳健标准误;(2) * 、** 、*** 分别表示在10%、5%和1%的水平下显著。

　　理论上来看,虽然极重灾区都受到了地震带来的巨大破坏,但灾前经济状态较好的地区有其占优的经济发展模式,并且在经济增速上取得了良好的成效,因此灾后也倾向于沿用先前的发展战略,其经济结构转型效应较弱,第三产业比重的增加量较小。而原本经济较差的极重灾区在灾前没有形成有效的经济发展路径,在受灾严重且可以重新规划发展路径的情况下,这类地区在灾后受到先前发展路径的制约较小,更容易实现经济结构转型,产业结构升级的效果更加明显,这也在理论上说明结构转型的实现与早期形成的发展路径密切相关,早期具有一定优势的发展路径很有可能转变为后期结构转型的障碍(刘瑞明,2011)。

　　2. 作用机制检验
　　地震灾害发生后,极重灾区实现经济结构转型的基础在于,灾后大量的重建措施和物质资本投入使极重灾区的新兴产业发展和结构转型获得了基础设施等物质资本支撑。与此同时,针对极重灾区实施的大规模重建和对口援建等措施,为极重灾区重塑发展路径提供了良好条件。为了验证这一机制,我们将物质资本投入作为促进灾后经济结构升级的关键机制,用固定资产投资占 GDP 的比重(fai)来表示物质资本的投入水平。图 4-4 中显示10 个极重灾区的固定资产投资水平在地震过后有很明显的上升,尽管在三年重建完成后逐渐趋于稳定或下降,但其平均水平仍然明显高于灾区状况,说明其物质资本投入具有长期持续效应。采用以下模型进行机制检验。模型设置如下:

$$tertiary_{i,t} = \beta_0 + \beta_1 w_{i,t} \times after_{i,t} \times fai_{i,t} + \beta_2 w_{i,t} \times after_{i,t} + \beta_3 w_{i,t} \times fai_{i,t} + \beta_4 after_{i,t} \times fai_{i,t} + \beta_5 X_{i,t} + \theta_i + \mu_t + e_{i,t} \tag{4-2}$$

上述模型中,w 表示是否为极重灾区,$after$ 表示地震发生前后,fai 则表示固定资产投资水平,β_1 是作用机制检验中所关注的系数,反映了固定资产投资在灾后对于第三产业发展的作用。根据前文的理论分析,严重自然灾害后政府的大规模灾后重建投入会在短期内改变灾区物质资本和基础设施等经济转型的硬件环境,这为灾区实现经济绿色转型提供了条件,如果这一机制成立,那么在式(4-2)中交互项的系数应该显著为正。

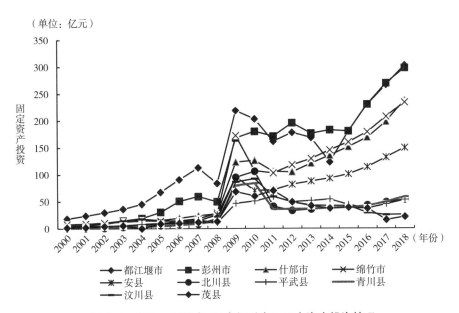

图 4-4　2000—2018 年 10 个极重灾区固定资产投资情况

图 4-4 反映了 10 个极重灾区固定资产投资情况。表 4-5 显示了固定资产投资作为机制的检验结果,列(1)—列(2)是以极重灾区作为实验组,较重灾区作为控制组的估计结果。列(1)只区分地震发生前后,列(2)是进一步将

灾后5年和灾后5年以上分成两个阶段,考察固定资产投资的短期和长期效应。列(3)—列(4)进一步更改对照组,利用合成控制法的权重矩阵,将每个极重灾区的合成控制矩阵中权重最重的3个地区组成对照组,进行机制检验。结果表明,从灾后总体效应看,固定资产投资对于灾后第三产业呈现负效用,而分别从短期和长期的视角来看,短期内效用为负,长期逐渐变正。根据灾后固定资产投资的数量变化,灾后5年固定资产投资大幅度增加,后续投入逐渐放缓,这似乎与其促进转型作用相悖。然而,灾后5年内大量投入的固定资产投资额大量集中在灾后重建方面,其经济效益的发挥需要一定时间,因此对第三产业在短期内没有显著的促进作用。但随着灾后重建的完成,经济逐渐步入正轨,固定资产投资对经济结构升级的正向效应会逐渐显现。

表4-5　机制检验结果

变量	(1)	(2)	(3)	(4)
	tertiary	*tertiary*	*tertiary*	*tertiary*
w×after×fai	−0.0371*	—	−0.0378*	—
	(0.0191)		(0.0196)	
w×after5×fai	—	−0.0426**	—	−0.0498**
		(0.0191)		(0.0195)
w×after10×fai		0.0112		−0.0129
		(0.0307)		(0.0305)
控制变量	是	是	是	是
地区固定效应	是	是	是	是
年份固定效应	是	是	是	是
R^2	0.845	0.847	0.867	0.871
N	589	589	731	731

注:(1)括号中为稳健标准误;(2)*、**、*** 分别表示在10%、5%和1%的水平下显著。

第三节　灾后重建与灾区旅游产业发展: 北川的案例分析

在第二节的分析中,主要以第三产业发展为视角研究灾后的物质资本条件变化对灾区整体经济结构升级的影响。在第三产业中,旅游产业是一个重要组成部分,同时也是促进绿色发展的重要产业支撑。汶川地震后,国务院颁布《汶川地震灾后恢复重建条例》,其中明确指出要把旅游产业作为四川省灾区恢复重建的先导产业和优势产业。同时,《四川汶川地震灾后旅游业恢复重建规划》提出要在地震断裂带区域建设汶川地震遗址保护地和精神展示地,使其成为世界上著名的科普教育、警示后人、缅怀罹难者的地震遗址旅游地,新时期中华民族精神的展示地,地震科普教育中心和地震观摩现场。因此,从绿色发展的层面来看,汶川地震使受灾地的社会经济遭受重创,但灾后的大规模重建和物质资本投入又为重灾区重塑社会经济发展路径提供了机会,在本节我们将以受灾最严重的北川县旅游产业发展为例,揭示灾后物质资本变化促进灾区经济绿色转型的路径。

一、北川羌族自治县基本情况

北川羌族自治县(简称北川县)隶属于四川省绵阳市,位于四川省北部。北川县地处四川盆地向川西高原的过渡带上,全境皆山,山地面积约占辖区面积的98.8%,属亚热带湿润季风气候,降水量充沛。北川县与江油市、安州区、茂县、松潘县、平武县毗邻,距离省会成都市160千米,距离绵阳市中区42千米,通过山东大道与成绵广高速、108国道、绵渝高速等3条高等级公路相连。

北川县是中国唯一的羌族自治县,占全国羌族人口的1/3,境内羌族民俗、宗教祭祀、节庆典礼、歌舞技艺、挑花刺绣、小吃杂耍等非物质文化遗产,无一不传承和演绎着古羌文化的悠远神秘。北川县也是中国大禹文化之乡、海峡两岸大禹文化交流基地,有着厚重的文化底蕴和品牌底色。在汶川地震发生前,北川县的产业格局以茶叶、蚕桑、中药材为主导,是一个传统农业大县,产业基础薄弱、人才匮乏,产业发展缺乏统筹安排,经济发展落后,产业结构不合理。

在汶川地震中,北川县20个乡镇,278个行政村,16.1万人全部受灾,16000余人遇难,4000余人失踪,老县城80%、新县城60%以上建筑物垮塌,县城周边发生大面积山体滑坡,交通设施几乎被破坏殆尽。北川县是汶川地震中受灾最重、伤亡人数最多的县,被列入极重灾区。该县的人口、资源、产业等遭受巨大损失,直接经济损失高达600多亿元,地震对北川县县域经济的可持续发展产生了重大而深远的影响。灾后北川县确定了异地重建的方针政策,房屋建筑、基础设施和交通设施的重建规划提上日程,并明确提出以旅游业为龙头的发展战略。

二、震后重建规划和旅游产业发展

(一) 制定旅游产业发展的总体规划

北川新县城是汶川地震后唯一因地震和地质原因而异地重建的县城,这是对城市发展和规划设计理念的一次全面探索和实践。重大灾难发生后,在诸多产业百废待兴之时,北川县制定了优先发展旅游业的总体产业规划,从而使北川县的产业结构导向由灾前的农业和传统工业向现代旅游业开始转变。《北川羌族自治县旅游发展总体规划》将北川新城的国际旅游定位为以禹羌文化和地震文化为核心特征的国际旅游城镇,并要进一步深化旅游业主导作用,形成以旅游业为主体的合理产业结构。在总体的灾后产业规划层面,北川县借助灾后重新规划县域经济发展模式的机会,在充分挖掘禹羌文化人文旅游资源的基础上,将地震遗址建设和自然生态旅游资源的合理开发相结合,在产业规划上向旅游业为主的绿色产业倾斜,从而形成了有利于经济绿色转型的总体发展规划。

(二) 有助于旅游产业发展的重建投入

汶川地震后,中央派发专项基金用于北川县灾后恢复重建。同时,山东省对口援建北川县,援建资金总额达 120 亿元,援建项目数量 369 个。这促使北川县快速重建新县城,提升基础设施水平,升级交通网络,完善旅游配套设施建设,为形成以旅游业为主体的绿色产业结构提供了基础条件。

1. 基础设施水平全面提升,旅游业发展条件改善

灾后重建对旅游产业发展的一个有利条件在于大规模固定资产投资所带来的基础设施等硬件条件更新。旅游产业的发展对交通条件、住宿餐饮等现代服务配套设施的要求较高,这依赖于较大力度的基础设施建设投入。北川县固定资产投资在三年灾后重建中加大力度集中投放,总量和占比都维持在历史最高位,灾后固定资产投资额占地区 GDP 的比重稳定维持在95%左右,相较于灾前60%的 GDP 占比,灾后总体保持了更高的固定资产投资水平。在山东省对口援建项目中,建设各类房屋建筑面积 100 多万平方米,教育、文化、卫生等公共服务设施 110 处、补助农房重建 5 万户、建县乡公路 180 千米、城镇道路桥涵 100 万平方米、绿化 120 万平方米、整治河道 20 千米。援建北川新县城为山东省援助北川县代表性项目,包括城镇安居、公共服务、基础设施、生态绿化、文化旅游、产业园区 6 大类,于 2010 年9 月正式移交。除此之外,交通网络的重建与完善也卓有成效。

重建后的北川县交通网络涵盖公路、铁路、航空运输立体交通体系,成绵高速、绵遂高速、绵广高速联通成都市、重庆市、西安市与绵阳市,成绵高

铁、城际列车、火车以及途经绵阳的宝成线火车都可到达绵阳市,绵阳南郊机场也进一步拉近与其他城市的距离。从内部交通来看,地震前北川县各乡镇道路以水泥路为主,各乡村道路以泥土路为主。汶川地震后,随着山东省援建和各乡镇灾后重建,北川县基本实现了村村户户通公路。如图4-5所示,灾后北川县公路里程快速提升,交通网络建设水平与灾前相比有了较大幅度的提升。

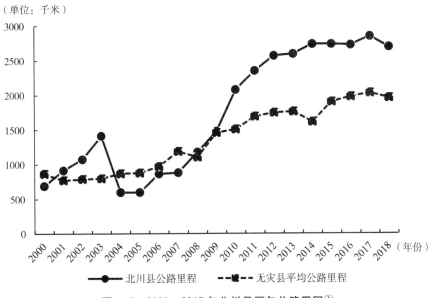

图4-5　2000—2018年北川县历年公路里程①

2. 完善旅游配套设施建设,夯实绿色产业发展条件

北川县投入了大量财政资金用于修建通往景区的旅游道路,并基本实现各旅游村镇水、电、网等设施的建设与升级。同时,还在主要景区景点修建停车场,在各乡镇修建医疗室和村民文化基地等。截至2020年,建成生态停车场227个、通景公路约2800千米、公路服务区8个、标准床位约1.2万个、城市休闲通道6条以及2条分别长28千米、18千米的旅游风景廊道;建成并免费开放旅游厕所225个、建成旅游集散中心1个、游客综合服务中心13个、旅游咨询服务点18个,规范设置全域全景图、导游全景图等标识标牌2920个,旅游基础设施全面提升。这些配套设施的建设,加快了北川县城镇化和旅游化发展,如北川羌城5A级旅游区在旅游道路、景区停

---
① 数据来源于《四川统计年鉴》(2001—2019年),此后年份该年鉴未再统计县域公路里程。

车场、游客服务中心、旅游厕所、旅游路途中的休憩节点、旅游夜间娱乐环境
设施、旅游餐饮购物环境设施、公共服务设施建设等方面能够满足游客的需
求。青片小寨子自然生态旅游区的五龙寨和西窝羌寨,禹里生态文化旅游
区的禹里镇和桃龙藏族乡等地,在旅游公共厕所、游客服务中心、旅游指示
牌、导游图等配套设施的建设方面与灾前相比大幅改善,全面提升了乡镇旅
游的服务和接待能力。

三、北川县灾后旅游业发展成效

在震后集中投资重建的拉动下,北川县完成基础设施和旅游配套设施
的全面升级,在这样的双重作用下,不仅建成了一座功能齐全、温馨宜居并
具有羌族民族和地域特色的新城,同时推动旅游业发展,以旅游业为核心的
绿色支柱产业快速成长,主要体现在以下几个方面:

（一）旅游收入和旅游人数飞速增长

汶川地震使北川县的旅游业遭受毁灭性打击。县域内部分景区山河改
道、植被萎缩、地表破碎、自然景观受到严重破坏,全县旅游业直接经济损失
达14.1亿元。2008年,全县旅游人数由2007年的56万人次下降为20万人
次,旅游总收入由3.84亿元下降为1.39亿元。但是,经过灾后重建和新兴旅
游产业发展,到2020年全县共接待游客753.9万人次,全县旅游收入为61.4
亿元,与2007年相比,旅游人次和旅游收入都实现了数倍的增长(见图4-6)。

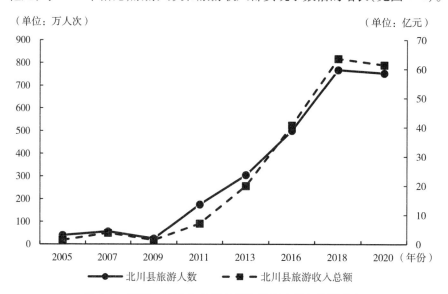

图4-6　2005—2020年北川县历年旅游人数与旅游收入

（二）旅游资源集聚，形成旅游品牌

随着灾后旅游产业规划和配套设施改善，北川县的旅游资源开发水平明显提升，高质量旅游资源形成集聚性的品牌效应。北川县拥有绵阳市唯一国家5A级（北川羌城旅游区）旅游景区，4个国家4A级（西羌九皇山、药王谷、北川维斯特农业休闲旅游区、寻龙山）旅游景区等百余项优质旅游资源，形成了集聚性的品牌效应。到2020年，全县星级农家乐109家、四星级2家、三星级40家、二星级47家、一星级20家。围绕一个5A级和四个4A级景区，北川县探索形成了贯穿多个特色景区的旅游线路，延长了游客在北川县的旅游驻足时间，也为住宿餐饮以及县内交通客运等旅游相关产业发展提供了条件。

（三）地震黑色旅游与禹羌文化旅游齐头并驱

北川县有着厚重的文化底蕴，禹羌文化与抗震文化交相辉映，形成了鲜明的旅游特色。依托地震黑色旅游资源，传递抗震救灾精神，开发地震遗址旅游、抗震救灾旅游、生态旅游等项目，建立的地震遗址博物馆是全世界独一无二的灾难纪念地。与此同时，依托境内禹羌文化，实现震后对传统文化旅游资源的高水平开发。2003年经国务院批准，北川县成为全国唯一的羌族自治县，是中国大禹文化之乡、中国羌绣之乡、海峡两岸大禹文化交流基地，羌年（羌历年）入选联合国教科文组织急需保护名录，有国家级非遗保护名录3项、省级非遗保护名录14项，灾后这两大主要旅游资源形成了相互支撑的旅游资源格局，提升了北川县旅游资源的独特性。

（四）重点旅游项目——北川羌城旅游区快速发展

旅游业要成长为地区经济发展的支柱产业，关键在于形成以特色旅游项目为核心，以配套服务为轴带的旅游产业链条。其中，整合零散的旅游资源，形成能够延长游客停留时间的旅游项目群至关重要。2013年北川羌城5A级景区成立，涵盖了新老县城、汶川大地震纪念馆、羌族民俗博物馆等多个特色旅游景点。汶川地震后，以北川老县城地震遗址为中心建设北川羌城旅游区，并打造了一批现代化的基础设施。北川地震纪念馆是世界上建筑规模最大的以纪念地震为主的主题纪念馆，羌族民俗博物馆在"5·12"地震中被完全摧毁，于2009年10月完成重建，重建后的羌族民俗博物馆在涵盖的资源类型以及可游览性等方面得到大幅提升。通过打造以北川羌城5A级景区为核心的高档次旅游资源，北川羌城旅游区成为绵阳市首个国家5A级旅游景区（见图4-7）。

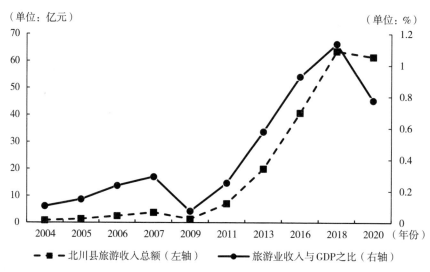

图 4-7　2004—2020 年北川县旅游产业的支柱效应

（五）旅游产业主导地位凸显，经济绿色转型成效显著

　　形成以绿色产业为主导的可持续经济发展模式，是绿色发展视域下通过灾后高水平重建以促进灾区社会经济转型的重要任务，也是形成高质量灾害应对体系的重要内容。北川县作为汶川地震中受灾最严重的地区，借助灾后恢复重建中的大规模物质资本投资，在较短时间内改善了地区旅游产业发展的配套设施，并对地区内旅游资源的整合开发进行了新的规划，从而形成了以旅游产业为主导的灾后经济绿色转型模式。如图 4-6 所示，旅游业收入在 2009 年以后开始出现快速增长，旅游业收入①与 GDP 的比重也不断提高。总的来看，旅游产业在灾后北川县的社会经济发展中已经成长为支柱产业，在大规模物质资本投入和旅游产业的重新规划下，北川县实现了灾后以旅游产业为引领的经济绿色转型。

---

　①　旅游业总收入是指旅游者在旅游活动中消费广义旅游范围内全部物质产品和服务的支出，其中不仅包含旅游业的增加值，还包括了由第一、第二、第三产业提供的中间产品，将这些中间产品扣除后得到旅游业增加值。而 GDP 则是增加值，因此会存在旅游业总收入大于 GDP 的情况。由于缺失旅游业增加值数据，此处采用旅游业总收入度量旅游产业发展状况。

第五章　自然灾害对经济转型内在
动力人力资本积累的影响

在经典的索洛经济增长模型中,除物质资本投入外,以劳动力为代表的人力资本存量是影响经济增长的另一个关键要素。而在内生增长框架下,人力资本积累更成为驱动技术创新的动力源泉。在第三章中,我们分析了人力资本积累对绿色全要素生产率提升的积极作用,绿色发展对经济增长动力提出了更高要求,需要以高水平技术创新和人力资本积累为支撑。那么,绿色发展视域下自然灾害的经济影响,一个重要表现就是对人力资本积累的作用,这不仅关系经济增长程度,也直接影响绿色发展的内在动力。因此,本章将研究视角放在自然灾害对人力资本积累的影响上,从影响人力资本积累这一经济增长和绿色发展关键要素的角度揭示绿色发展视域下自然灾害的经济影响。

第一节　人力资本效应对理解自然
灾害经济影响的重要作用

低碳绿色发展的实现需要以持续的技术创新为支撑(史丹,2018),而人力资本积累是确保技术创新和绿色增长效率提升的基础。在绿色发展视域下,自然灾害对经济社会发展的影响,一个重要作用和渠道就是对作为经济绿色转型内在驱动力的人力资本积累的影响。从经济增长的角度来看,自然灾害不仅会通过物质资本影响经济增长,而且也通过影响家庭人力资本投资,进而影响经济社会发展(何爱平等,2014)。现有文献的研究表明,自然灾害在发展中国家造成的损害更大,且不可逆转,尤其是对最贫穷和最脆弱的人口群体影响最大(ECLAC,2003)。2000—2021 年,我国自然灾害平均每年造成的受灾人口达 32106.67 万人次,死亡人口 6003.55 人次,直接经济损失 3450.79 亿元。[1] 自然灾害造成的物质财富损失以及人力资本

---

[1]　2000—2009 年数据来自《中国民政统计年鉴》;2010—2020 年数据来自国家统计局;2021 年数据来自应急管理部网站,见 https://www.mem.gov.cn/xw/yjglbgzdt/202201/t20220123_407199.shtml。

损失是经济长期可持续发展的重要阻碍（何爱平等，2017），自然灾害对人力资本积累的作用也成为理解其影响经济增长和绿色发展的重要内容。

自然灾害对人力资本的影响，主要体现在两个方面：一方面对人力资本数量或者存量的影响，主要指自然灾害直接造成的短期人口伤亡，从而在劳动力存量上影响经济发展，这种影响在经济社会发展程度较低的时期较为明显。杨志娟（2008）研究了近代西北地区自然灾害与人口变迁的关系，发现自然灾害给西北地区带来的第一恶果即严重的人口问题，自然灾害造成人口的大量死亡和迁徙，这是导致近代以后西北地区经济发展滞后的重要原因。在中国历史上，自然灾害导致的人口迁移是影响经济变迁的重要因素，这种人口变迁主要由于自然灾害造成土地承载力下降以及农民生存环境恶化（裴卿，2017）。然而，随着社会经济发展水平的提升，自然灾害直接造成的人口伤亡大幅减少（见图5-1）。可见，自然灾害通过影响人力资本数量从而作用于经济发展，这种影响逐渐弱化。

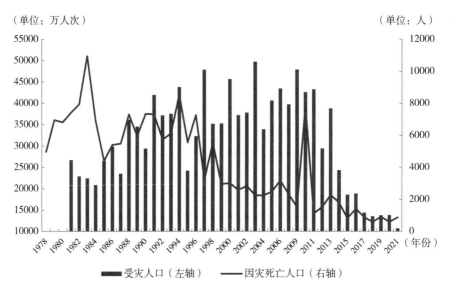

图5-1　1978—2021年自然灾害导致的人口伤亡数量逐年下降

注：由于2008年的因灾死亡人口太多，影响整体分析，故在图中未展示2008年因灾死亡人口。

另一方面，是自然灾害对人力资本质量的影响。自然灾害影响人力资本质量的一个关键作用机制是自然灾害对家庭造成了短期的负向收入冲击，从而对家庭的教育决策和更高水平的人力资本积累产生影响。此外，技术创新是支撑绿色发展的基础保障，而在技术创新这一问题上，相较于人口规模或者劳动力数量，人力资本质量的提升是推动技术创新的核心。因此，在绿色发展的视域下,即便自然灾害造成的人口伤亡数量逐渐下降,但是如果影响了人力资本质量和家庭的教育投资决策,自然灾害通过影响人力资本要素从而作用于经济发展这一问题就仍然非常重要,并且是绿色发展视域理解自然灾害的社会经济影响的关键视角。

自然灾害对人力资本积累的影响,最核心的表现是对家庭收入的冲击以及对教育决策的作用。在本章中我们将围绕这一问题展开分析。首先,在理论层面厘清自然灾害对人力资本的作用机制,分别研究自然灾害在短期和长期对家庭人力资本投资的影响。然后,探索自然灾害对家庭人力资本投资的作用机制,即自然灾害是否通过收入中介效应影响家庭人力资本投资以及政府对受灾家庭的补贴是否能缓解受灾家庭的人力资本投资压力。最后,进一步探讨自然灾害对贫困地区和非贫困地区家庭人力资本投资的异质性影响。通过实证分析,明晰自然灾害对家庭人力资本投资的作用机制,并在此基础上提出改善受灾家庭人力资本投资的政策建议,并从提升人力资本质量的角度提出降低自然灾害影响绿色发展的政策思路。

第二节　自然灾害影响经济绿色转型的理论分析:人力资本视角

人力资本积累不仅是促进经济增长的核心要素,也是实现经济绿色转型和可持续发展的内在驱动力,绿色发展视域下考察自然灾害的社会经济影响,离不开对于作为绿色发展内在驱动力的人力资本积累的分析。西奥多·舒尔茨(Theodore W.Schultz)是最早系统研究人力资本的经济学家,在舒尔茨所倡导的人力资本理论中,主要包括三个方面:一是教育投资,包括正规教育和非正规教育投资,教育投资是人力资本积累的关键途径;二是医疗健康投资,是人力资本投资的基础;三是劳动力迁移投资。自然灾害作为一种重大突发事件,不仅对一个国家或地区的经济发展造成影响,也给微观家庭和个人的人力资本造成一定的破坏。但是,这一影响在短期和长期会存在差异,短期的负向冲击会通过收入效应等降低家庭短期人力资本投资,但是自然灾害发生后的政府救助以及家庭对于通过提升人力资本水平来规避灾害风险的认知改善反而会在长期促进人力资本积累,对这一问题的分析是本章的核心内容。

一、自然灾害对家庭人力资本投资的直接影响

突发的自然灾害首先会造成家庭人员伤亡和物质财富损失,其次伴随

而来的是受灾家庭成员心理上的创伤。从人力资本积累的内涵来看,自然灾害造成的直接人员伤亡本身就体现着对人力资本积累的负向作用。然而,除了这一直接效应外,自然灾害冲击对人力资本积累的影响还体现在收入风险中家庭人力资本投资决策上。在遭受严重的自然灾害时,家庭的收入风险在短时间内会迅速提高,家庭的人力资本投资决策也发生变化(李军等,2020),在缺乏外部补贴的情况下主要体现为人力资本投资的缩减效应。事实上,从广大发展中国家的经验证据来看,自然灾害给家庭造成的负向收入冲击会使父母降低对子女的教育投入,提高子女辍学率,在降低家庭支出负担的同时通过增加家庭劳动力来降低自然灾害给家庭造成的短期收入冲击。这里的短期为经济学意义上的短期(通常为一年甚至更短,其他生产要素很难调整),负向的收入冲击将直接降低家庭人力资本积累。

根据上述自然灾害对家庭人力资本投资影响的分析,假设每个家庭都是封闭的,且自然灾害对家庭成员造成的生理和心理损伤按算数级数增加,那么长期而言,自然灾害对人力资本投资产生的负面影响是短期影响的堆积。然而,现实当中上述假设条件可能并不成立,每个人和每个家庭之间都不是独立的个体,即个人和家庭与其他个人和家庭相互影响。灾后的社会救助以及邻里之间的相互安慰与帮助,都能够缓解自然灾害所带来的不利冲击。因此,随着时间的推移,自然灾害对家庭人力资本投资造成的负面冲击逐渐弱化。

除此之外,受灾家庭在经历灾后的过渡期之后,自然灾害对家庭人力资本的影响会产生三个方面的变化:一是心理上的恐慌和绝望逐渐消失。二是家庭决策者更倾向于提升子女的受教育程度而帮助其提高抗风险能力。相较于固定的物质财富,在面对严重的自然灾害时,健康的身体和知识财富更有助于提升风险规避能力。因此,基于预期收益动机以及预防动机,家庭会倾向于增加人力资本投资,通过提升家庭成员人力资本水平来提高自然灾害抗风险能力。三是灾后重建过程中引进了先进的技术设备和改善了公共服务水平,从而促使人力资本投资的有利条件增加(Skidmore 和 Toya,2002)。从中国当前灾后救助的实际情况来看,灾后恢复重建过程中,教育、医疗等基础设施和公共服务是重建的重点领域,这意味着对受灾地而言,灾后教育、医疗等促进人力资本发展的基础条件相较于灾前会明显改善,从而在硬件条件上为人力资本发展提供了基础。基于此,我们提出研究假设 1:

假说 1a　自然灾害在短期对家庭人力资本投资产生负向影响。

假说 1b　自然灾害在长期对家庭人力资本投资产生正向作用。

二、收入效应对自然灾害影响人力资本积累的中介作用

自然灾害对居民家庭造成的一个直接影响就是导致短期的负向收入冲击(郜秀军等,2008)。从灾民家庭收入构成来看,其基本收入包括:劳动报酬所得(即工资性收入)、各种生产经营活动收入(家庭经营收入);非基本收入则包括转移性收入(救灾金、养老金等)和财产性收入(利息、租金收入)。对于以农业生产经营收入为主的农户,自然灾害对基本收入的冲击更大。在广大发展中国家,农户收入主要来自劳动报酬,若灾害冲击损害劳动力供给,家庭的收入能力和消费水平就会受到不利影响(Kochar,1999)。频繁遭受灾害冲击的农户会在"事前"进行储蓄以防止自然灾害对家庭维持正常生活的威胁(Rosenzweig 和 Wolpin,1993)。因此,在面对不确定的外部冲击时,中国的农户形成了谨慎性消费策略(郜秀军等,2009)。诸如气象灾害等对农户的影响首先体现在家庭收入冲击上(Rosenzweig 和 Wolpin,1993),病虫疫灾等导致农业损失加重(陈利和谢家智,2013),农户就会保持更加谨慎的消费支出和投资策略。

收入稳定性直接决定消费和投资决策,特别是对人力资本投资而言,收入波动的影响会更加明显。凯恩斯的绝对收入假说认为消费由当期收入决定,那么就短期而言,自然灾害给家庭造成的财产损失和收入冲击,会使家庭在人力资本投资上趋于谨慎,尤其是对于农村家庭或者贫困家庭而言,当期消费结构及消费水平取决于当前可支配收入,自然灾害的短期收入冲击会对当期消费支出产生重要影响。但是,根据弗里德曼(Friedman,1957)提出的永久收入假说,家庭的消费行为主要取决于家庭"永久性收入",该理论也暗含消费者对于所有收入变动会作出不同反应。当前可支配收入的变动虽然影响当期消费,但长期而言,影响家庭消费决策的主要是永久性收入,而永久性收入的变动则与家庭成员的持续性收入能力紧密相关。自然灾害的短期收入冲击虽然会降低家庭短期消费,但是从永久性收入角度出发,通过增加家庭人力资本进而提升持续性收入能力,则是家庭在面对自然灾害冲击时的另外一种可能选择,这一效应反而会在长期对人力资本投资支出产生正向影响。

自20世纪50年代舒尔茨和贝克尔提出"人力资本"概念以来,以前被认为只具有消费性的"教育"也被看作是一种提升永久性收入的投资活动,在长期具有生产性质。这是因为与物质资本相似,人力要素也是一种资本,在经过教育和技能培训之后,人的各方面能力和价值创造能力会得到提升,即人力资本的增值能力增强,对于价值创造和获取持久性收入产生积极作

用。对于家庭而言,人力资本投资的主要影响因素是收入,自然灾害对家庭收入造成的影响是其作用于人力资本积累的关键途径。基于上述分析,我们提出假说2:

假说2　无论在短期还是长期,自然灾害都会通过影响家庭收入从而作用于家庭人力资本投资,即存在收入中介效应。

三、政府补贴对自然灾害影响人力资本的调节效应

自然灾害会造成受灾家庭的短期收入冲击,但与此同时,政府的救助补助以及对受灾家庭的补贴则能够在短期缓解自然灾害对家庭收入带来的不利影响,降低受灾家庭的人力资本投资压力。自然灾害发生后,政府补贴对缓解受灾家庭收入冲击和促进人力资本投资的作用主要表现在以下两个方面:一是自然灾害紧急救援阶段的直接性转移支付;二是在恢复重建的过渡阶段给予受灾家庭人力资本投资的间接支持。

在自然灾害的紧急救援阶段,灾民迫切要满足衣、食、住、行、财产安全、人身安全以及健康保障等方面最基本的生活需求。在这一阶段,国家充当全面责任人角色,政府公权直接作用于灾民私权,灾民基本生活需求的保障能够获得市场不能够提供的特殊救济(陈桂明,2010),政府为受灾居民提供最基本的生活物资救助和资金救助,对受灾居民进行及时的救治,在缓解家庭收入压力的同时减少家庭的人力资本损失,这种在紧急救援阶段的政府补贴有助于克服短期收入冲击对家庭教育决策的不利影响。

在灾后恢复重建的过渡阶段,灾民不再仅仅局限于物质方面的诉求,而是逐渐转向自我实现的非物质需求。此时,在生计重建、人口重建、经济及社会关系重建等多个维度,灾民都表现出对实现自身价值等非物质需求的需要。在这一阶段,政府不仅会提供硬件方面的救助,诸如基础设施、公共服务设施等,还提供包括教育、医疗等在内的补贴,例如,针对受灾家庭子女减免学费并给予生活补助等。当灾后社会经济逐渐恢复常态时,公共教育设施逐步健全,受灾家庭在政府补贴政策的影响下逐渐恢复家庭正常的教育投资。那么,政府灾害补贴对受灾家庭人力资本投资的作用就主要体现在受灾家庭收入结构变化上,具体是家庭获得更多来自政府的灾害补贴转移性收入。因此,政府灾后补贴通过影响家庭收入从而影响家庭人力资本投资,政府在家庭人力资本投资中起到积极的促进作用。基于此,我们提出假说3:

假说3　灾后的政府补贴能缓解受灾地区的家庭人力资本投资压力,促进家庭人力资本积累。

第三节 数据来源与研究设计

一、数据来源与变量说明

(一) 数据来源

本章的实证分析使用了中国劳动力动态调查(China Labor-force Dynamic Survey,CLDS)数据,该数据源于中山大学社会科学调查中心从2012年开始在中国大陆进行的劳动力动态调查项目。中国劳动力动态调查数据样本覆盖中国29个省份(除港澳台、西藏、海南外),调查对象为样本家庭户中的全部劳动力(年龄15岁至64岁的家庭成员),在样本覆盖面上具有较强的代表性。

之所以选择中国劳动力动态调查数据,基于以下三方面考虑:第一,中国劳动力动态调查数据的村居问卷中涉及较多关于家庭遭受自然灾害状况的信息,这一信息是本书开展实证研究的基础,而在其他微观调查数据库中鲜有涉及。特别是,关于受灾状况的调查中,详细记录了最严重的自然灾害发生年份,最久远的距调查年份超过30年,这有助于我们对自然灾害的中长期影响展开分析,同时也是现有研究较少涉及的问题。第二,在家庭问卷层面,中国劳动力动态调查数据包括家庭具体的教育支出金额,以及每个家庭成员的年龄、身体健康状况、政治面貌以及受教育程度等基本信息,不仅设置了户主信息选项,而且还设置了家庭主事者信息选项,这有助于我们在较长时期内考察自然灾害冲击对家庭人力资本投资和人力资本构成的影响。第三,在村居层面,有村居规模和村居人均收入水平等调查统计,能够为本书在村居层面展开异质性和机制分析提供帮助。

从数据构成来看,中国劳动力动态调查数据包括村居问卷、家庭问卷以及个人问卷三部分,而本章所研究的自然灾害问题属于村居问卷统计内容,其他人力资本相关问题囊括在家庭问卷中。因此,在实证分析中,需要将每一年份的村居问卷与家庭问卷按照村居编码(CID)指标进行匹配,构成家庭与所在村居相匹配的数据集。从村居问卷中获取家庭遭受自然灾害的信息,从家庭问卷中获取家庭的人力资本投资以及其他家庭特征变量。由于该调查数据属于样本轮换调查数据,而且目前只能获取中国劳动力动态调查2012年、中国劳动力动态调查2014年、中国劳动力动态调查2016年三期数据,因此,将该数据整理为三期混合截面数据。

（二）变量说明

被解释变量。本章重点研究自然灾害冲击对家庭人力资本积累的影响，其中的被解释变量为家庭人力资本投资（humcap）。根据前文的理论分析以及周京奎等（2019）、汪伟和咸金坤（2020）的研究，我们选择家庭教育支出为替代指标，在稳健性检验中进一步选择家庭子女的受教育程度作为人力资本积累替代指标进行实证检验。

核心解释变量。本章实证分析的核心解释变量为家庭的自然灾害受灾状况（natdis），即问卷中是否遭受严重自然灾害的虚拟变量。短期自然灾害选取当年是否发生严重自然灾害指标，定义为 $natdis\_short_i$；中期①选取受灾年份距离调查年份的 1—4 年，用 $natdis\_mid_i$ 表示。对于自然灾害发生后的长期影响，参考卡瓦洛和诺伊（2010）的研究，将受灾时间超过五年界定为长期，用 $natdis\_long_i$ 度量。在关于严重自然灾害的问卷调查中，包含了气象灾害和地质灾害两类，其中气象灾害（wd）包括旱灾、洪涝、台风、冻害、冰雹、虫害和雪灾，地质灾害（gd）包括地震、滑坡、泥石流②。我们对不同类型的自然灾害进行了编码，便于后文基于自然灾害类型进行异质性分析。

控制变量及其他变量。控制变量包括两类：一是村居层面的社区规模及发展水平，分别选择"实际居住在本社区的总户数"（zhs）、"当年本社区户籍人口人均年收入"（perinc）作为替代变量；二是家庭层面选取家庭主事者个人信息作为控制变量，包括家庭主事者的年龄（age）、性别（gender）、婚姻状况（marriage）、政治面貌（polsta）、健康状况（phycon）、就业/就学状态（job）以及是否为独生子女（experi_a）等信息作为控制变量。已有文献（李军等，2020）选取户主信息作为控制变量，但户主并非一定是其家庭经济等重大事件的决策者，家庭主事者才是家庭收支内容及收支结构的重要决策者。因此，将家庭主事者信息作为控制变量更加合理。

在异质性分析中，我们根据家庭是否处于贫困地区进行了异质性讨论，其中贫困线标准（poorline），依照 2010 年的贫困标准 2300 元划分贫困地区与非贫困地区。国家统计局将贫困线与物价上涨挂钩，在不测定贫困线的年份，采用农村居民消费价格指数进行调整。因此，根据 2010 年的贫困线标准以及农村居民消费价格指数分别测算 2012 年、2014 年、2016 年的贫困线标准，将社区户籍人口人均年收入小于对应年份贫困线标准的地区视为

---

① 在此说明，中期不是本书主要关注的问题，因为中期是一个过渡阶段，本书主要研究短期和长期稳定时期的自然灾害对家庭人力资本的影响情况，中期只是本书的一个分析过程，因此不在本书假说的验证范围内，也不做详细讨论。

② 何爱平等：《中国灾害经济研究报告》，科学出版社 2017 年版，第 42—43 页。

贫困地区,否则为非贫困地区。2012 年、2014 年、2016 年的农村居民消费价格指数来自国家数据网站①。本书实证分析所使用的主要变量的描述性统计见表 5-1。

表 5-1　变量描述性统计

变量名称	变量含义	观测值	均值	标准差	最小值	最大值
lnedu	家庭教育支出取自然对数	15203	8.421	1.334	0	12.899
natdis_time	最严重的自然灾害发生年份距调查当年年数(年)	7729	12.100	10.451	0	37
natdis_short	natdis_long 小于 1 取值为 1;反之,取值 0	7729	0.050	0.217	0	1
natdis_long	natdis_long 不小于 5 取值为 1;反之,取值 0	7729	0.644	0.479	0	1
wd	发生气象灾害取 1,否则为 0	11456	0.887	0.316	0	1
gd	发生地质灾害取 1,否则为 0	11456	0.097	0.296	0	1
typreg	家庭主事者户口类型,农业户口为 1,非农户口为 0	30311	0.779	0.415	0	1
poorline	贫困线标准,标准以下取值 1,否则为 0	30734	0.115	0.319	0	1
lnhouinc	家庭总收入取自然对数	31841	10.267	1.183	0.693	15.607
govsub	收到政府补贴取值 1,否则取值 0	34203	0.812	0.391	0	1
zhs	实际居住在本社区的总户数(户)	33681	1525.413	2348.515	5	53459
lnperinc	社区户籍人口人均年收入取自然对数	30629	9.452	2.193	5.991	20.107
age	家庭主事者年龄	33016	51.275	12.956	20	80
gender	家庭主事者性别:男 1,女 0	34190	0.793	0.405	0	1

①　详见国家统计局 https://data.stats.gov.cn/。

变量名称	变量含义	观测值	均值	标准差	最小值	最大值
marriage	家庭主事者婚姻状况:1. 未婚;2. 初婚;3. 再婚;4. 离异;5. 丧偶;6. 同居	34192	2.251	0.875	1	6
polsta	家庭主事者政治面貌:1. 中共党员;2. 民主党派;3. 群众	34075	2.730	0.680	1	3
phycon	家庭主事者健康状况:1. 非常健康;2. 比较健康;3. 一般;4. 比较不健康;5. 非常不健康	34153	2.359	1.009	1	5
job	家庭主事者就业就学状态:1 到 12 经济收入能力逐渐递增	34150	9.156	3.205	1	12
experi_a	家庭主事者是否为独生子女,是 1;否 0	34196	0.104	0.305	0	1

二、计量模型设定

首先,本书基于跨期混合截面数据,研究家庭遭受严重自然灾害对其人力资本投资和家庭成员人力资本积累的影响,从人力资本积累角度揭示自然灾害对经济发展的影响。根据本章的研究目的,设定以下回归模型进行实证检验:

$$humcap_i = C_1 + \alpha\, natdis_i + a\, X_i + \mu_{i1} \tag{5-1}$$

其中,i 代表第 i 个家庭,$humcap_i$ 表示第 i 个家庭的人力资本投资,用家庭教育支出取自然对数 $lnedu_i$ 作为替代变量;$natdis_i$ 表示家庭是否经历严重自然灾害,是取值 1,否则取值 0;X_i 是控制变量,μ_{i1} 是随机误差项。在后文关于自然灾害长短期影响的分析中,根据上述关于短期、中期和长期的界定,我们对式(5-1)中的自然灾害变量进行相应的替换,以此来识别自然灾害在短期和长期对家庭人力资本投资的差异化影响。在稳健性检验中,我们将自然灾害发生与否的虚拟变量,替换为严重自然灾害发生的年份距调查年份的时间间隔连续变量,检验随着严重自然灾害发生时间的延长对家庭人力资本积累的边际影响。

其次,构建中介效应模型检验严重自然灾害对家庭收入冲击如何影响其人力资本投资决策。中介效应模型是在式(5-1)的基础上,进一步加入式(5-2)和式(5-3)后由三部分共同构成,式(5-1)检验严重自然灾害对被解释变量的直接影响,式(5-2)检验严重自然灾害对收入这一中介变量的影响。式(5-3)将严重自然灾害与中介变量同时放入对被解释变量人力资本投资的回归中,识别家庭收入冲击的中介效应。

$$houinc_i = C_2 + \beta \, natdis_i + b \, X_i + \mu_{i2} \tag{5-2}$$

$$humcap_i = C_3 + \alpha' \, natdis_i + \gamma \, houinc_i + c \, X_i + \mu_{i3} \tag{5-3}$$

其中,$houinc_i$为中介变量,代表第i个家庭的收入状况,在实证分析中采用取对数的家庭收入变量 $lnhouinc_i$ 度量。关于中介效应的检验,一般有三种方法:逐步检验回归系数(Baron 和 Kenny,1986;Judd 和 Kenny,1981;温忠麟等,2004)、Sobel 检验(Sobel,1982)、自举法(Bootstrap)检验(方杰和张敏强,2012;Preacher 和 Hayes,2008;Preacher 等,2007;温忠麟等,2012)。其中逐步回归检验难以检验系数 β 和 γ 的显著性,而索贝尔(Sobel)检验虽然克服了上述困难,但要求 $\hat{\beta}\hat{\gamma}$ 服从正态分布,这一点很难满足。相比之下,自举法检验不受上述条件制约。因此,本书选择该方法进行 500 次重复抽样的自举法检验。式(5-2)中,若严重自然灾害对家庭收入的估计系数显著,则说明家庭收入对自然灾害影响人力资本投资产生了中介效应。在式(5-3)中同时加入核心解释变量自然灾害和中介变量家庭收入后,若中介变量的估计系数仍然显著,则说明存在部分中介效应。

最后,考虑到家庭遭受灾害冲击后,政府会及时给予受灾家庭财政补贴,以帮助受灾家庭实现受灾前后的短期收入平滑。从这个角度来看,是否获得政府的灾后补贴会直接影响到严重自然灾害发生后家庭面临的收入冲击以及人力资本投资决策,并且可能成为灾害对不同受灾家庭人力资本积累差异化影响的来源。为了检验政府财政补贴的作用,基于混合截面数据,构建以下双重差分模型:

$$humcap_i = C_4 + \lambda \, natdis_i + \delta \, govsub_i + \varphi \, natdis_i \times govsub_i + d \, X_i + \mu_{i4} \tag{5-4}$$

其中,被解释变量仍为家庭人力资本投资支出,$govsub_i$表示是否获得了政府补贴,$natdis_i \times govsub_i$表示受灾家庭获得政府财政补贴的效应,其他设定均与式(5-1)相同。本书将享受政府补贴的家庭作为处理组,未享受政府补贴的家庭作为对照组。为分析灾后政府补贴作用,将所有家庭分为受灾家庭和未受灾家庭两类,而本书着重关注受灾家庭的政府补贴作用。为了克服处理组和对照组本身的差异对估计结果造成的影响,我们选择倾向得分匹配重新选择处理组和对照组,利用倾向得分匹配后的样本检验灾后政府补贴效应。

在上述识别过程中,灾后的政府补贴对于受灾家庭的人力资本投资而言发挥着来自收入端的积极调节作用,政府补贴的调节作用见图 5-2 所示。

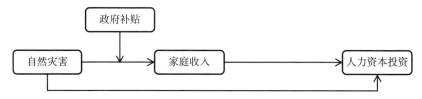

图 5-2　政府补贴的调节中介效应路径

政府补贴属于家庭非基本收入中的转移性收入,当自然灾害发生后,灾后政府补贴会通过增加家庭收入从而缓解短期内家庭人力资本的投资压力。为了识别政府在灾后对受灾家庭实行的财政补贴对其人力资本投资的调节作用,我们构建计量模型式(5-5)和式(5-6)来进行实证检验。

$$houinc_i = C'_4 + \lambda' \, natdis_i + \delta' \, govsub_i + \varphi' \, natdis_i \times govsub_i + d' \, X_i + \mu'_{i4}$$
$$(5-5)$$

$$humcap_i = C''_4 + \lambda'' \, natdis_i + \delta'' \, govsub_i + \varphi'' \, natdis_i \times govsub_i + \eta \, houinc_i + d'' \, X_i + \mu''_{i4}$$
$$(5-6)$$

其中,条件间接效应 $= \eta(\lambda' + \varphi' \, natdis_i \times govsub_i)$。若 φ' 显著,则说明调节变量会影响解释变量和中介变量之间的关系;若 $\varphi' \times \eta$ 显著,则说明政府补贴的调节作用也会通过影响家庭收入进而作用于家庭人力资本投资。

第四节　实证分析结果及其解释

一、自然灾害对家庭人力资本投资的直接影响

作为一个负向冲击,严重自然灾害对家庭人力资本投资的直接影响是本章关注的重点,也是从人力资本积累角度分析自然灾害影响经济发展的基础。在表 5-2 中,基于计量模型(5-1),我们首先检验遭受严重自然灾害对家庭人力资本投资支出的短期和长期影响。列(1)—列(2)是经历严重自然灾害对家庭教育支出的短期影响,根据前文的分析我们将短期界定为严重自然灾害发生一年后。估计结果显示,在加入了其他可能影响家庭教

育支出的因素后,在一年以内遭受严重自然灾害会导致家庭教育支出显著
下降,说明从短期来看严重自然灾害的确会对家庭人力资本投入产生挤出
效应,初步验证了假说1a。

表5-2　自然灾害对家庭人力资本投资的直接影响

变量	短期		中期		长期	
	（1）	（2）	（3）	（4）	（5）	（6）
	ln*edu*	ln*edu*	ln*edu*	ln*edu*	ln*edu*	ln*edu*
natdis_short	-0.4776***	-0.5127***	—	—	—	—
	（0.1359）	（0.1362）				
natdis_mid	—	—	-0.1290**	-0.0994*	—	—
			（0.0503）	（0.0518）		
natdis_long	—	—	—	—	0.2091***	0.1917***
					（0.0493）	（0.0508）
控制变量	否	是	否	是	否	是
观测值	3466	3221	3466	3221	3466	3221
R^2	0.0049	0.0185	0.0016	0.0135	0.0050	0.0168
F	12.3524	6.8415	6.5883	5.7709	17.9980	6.7472

注:(1)括号中为稳健标准误;(2)*、**、***分别表示在10%、5%和1%的水平下显著。

正如前文理论分析所揭示的,自然灾害对家庭的影响程度会随着灾害
发生以后政府的救助以及家庭自身的生产自救等逐渐降低,这也意味着灾
害发生后随着时间的推移,自然灾害对家庭人力资本投资的负向影响也会
发生变化。在列(3)—列(4)中,根据严重自然灾害发生的时间与调查年份
的时间间隔,将严重自然灾害发生后2—5年定义为严重自然灾害的中期影
响。估计结果显示在控制了家庭主事者个体特征以及家庭其他特征外,严
重自然灾害的估计系数仍然显著为负,这说明严重自然灾害对家庭人力资
本投资的负向影响存在时滞性。但是,如果观察自然灾害变量的估计系数,
会发现与短期相比,严重自然灾害对家庭人力资本投资的中期影响的负向
作用会明显减弱。

在列(5)—列(6)中,借鉴卡瓦洛和诺伊(2010)的做法,将严重自然灾
害发生五年以后定义为自然灾害的长期影响。如果严重自然灾害发生在5
年以前,将自然灾害变量定义为1,反之则为0。列(5)—列(6)的估计结果

显示,在排除了家庭主事者的个体特征以及其他影响家庭教育投入的因素外,5年以及在更多年前家庭经历的严重自然灾害反而会对家庭之后的人力资本投资产生显著的正向影响,说明从较长时期来看,家庭经历的严重自然灾害对人力资本积累反而产生了积极作用。

表5-2中根据严重自然灾害发生时间与调查年份的间隔,将家庭是否遭受严重自然灾害,区分为短期、中期和长期三个变量,分别检验严重自然灾害对家庭人力资本投资的影响。采取虚拟变量虽然有助于识别严重自然灾害发生后的不同时段对家庭人力资本投资的差异化影响,但这一做法假设在同一时间段内部的影响是一样的。比如,对严重自然灾害的长期影响来说,上述界定方法暗含的假设是家庭6年前经历严重自然灾害和10年前经历严重自然灾害对家庭人力资本投资的影响是一样的。在现实中,发生在不同时间段的严重自然灾害对当前的影响可能会存在差异。因此,在表5-3中,我们进一步利用距调查年份严重自然灾害发生的时间长短这一连续变量进行稳健性检验,严重自然灾害数值越大说明其发生的时间越长。如果长期来看严重自然灾害有助于提升家庭人力资本投资,那么严重自然灾害发生时段的估计系数应该显著为正。表5-3的估计结果表明随着严重自然灾害发生之后的时间推移,自然灾害对家庭人力资本投资的正向影响会越来越大,这说明家庭经历严重自然灾害后从长期来看反而会对其家庭人力资本投资产生正向影响。

表5-3　自然灾害发生时间对家庭人力资本投资的影响

变量	(1) lnedu	(2) lnedu
natdis_time	0.0073 ***	0.0065 ***
	(0.0023)	(0.0024)
zhs	—	0.0001 ***
	—	(0.0000)
lnperinc	—	0.0876 ***
	—	(0.0177)
age	—	0.0060 **
	—	(0.0025)

续表

变量	（1） ln*edu*	（2） ln*edu*
gender	—	0.0495
	—	（0.0767）
marriage	—	−0.0024
	—	（0.0392）
polsta	—	0.0956*
	—	（0.0515）
phycon	—	−0.0424
	—	（0.0261）
job	—	0.0100
	—	（0.0099）
experi_a	—	0.0125
	—	（0.0986）
_cons	8.0752***	6.6629***
	（0.0382）	（0.2997）
观测值	3163	2950
R^2	0.0029	0.0150

注：（1）括号中为稳健标准误；（2）*、**、*** 分别表示在10%、5%和1%的水平下显著。

二、家庭收入冲击的中介效应

自然灾害对家庭的收入冲击是影响短期内人力资本投资的重要原因。为了检验家庭收入冲击的中介效应，我们根据式（5-2）进行有放回重新抽样500次的自举法检验，估计结果见表5-4，无论短期还是长期，中介效应均在0.01水平下显著，不同的是中期存在完全中介效应，即直接效应不显著，而短期和长期均为部分中介效应。表5-4的逐步回归结果表明，在短期，中介效应 $\beta\gamma$ 为−0.1032（−0.346×0.2984），其占总效应的比重为20.14%（−0.1032/−0.5127）；在长期，家庭收入的中介效应为0.0539，占总效应比重为28.12%。中期中介效应则为−0.0344，占总效应的34.61%。因此，无论从短期、长期还是中期来看，都存在显著的收入中介效应，即自然灾害会通过影响家庭总收入从而影响家庭人力资本投资。

表 5-4　家庭收入中介效应

Panel A:短期收入中介效应				
变量	(1)	(2)	(3)	(4)
	lnhouinc	lnhouinc	lnedu	lnedu
natdis_short	−0.2646***	−0.3460***	−0.4029***	−0.4202***
	(0.0574)	(0.0541)	(0.1365)	(0.1374)
lnhouinc	—	—	0.3100***	0.2984***
	—	—	(0.0248)	(0.0274)
控制变量	否	是	否	是
观测值	7096	6610	3319	3106
R²	0.0024	0.1696	0.0557	0.0590
Panel B:中期收入中介效应				
变量	(1)	(2)	(3)	(4)
	lnhouinc	lnhouinc	lnedu	lnedu
natdis_mid	−0.2041***	−0.1134***	−0.0631	−0.0606
	(0.0302)	(0.0286)	(0.0505)	(0.0520)
lnhouinc	—	—	0.3121***	0.3034***
	—	—	(0.0248)	(0.0273)
控制变量	否	是	否	是
观测值	7096	6610	3319	3106
R²	0.0064	0.1671	0.0524	0.0552
Panel C:长期收入中介效应				
变量	(1)	(2)	(3)	(4)
	lnhouinc	lnhouinc	lnedu	lnedu
natdis_long	0.2451***	0.1805***	0.1371***	0.1405***
	(0.0288)	(0.0274)	(0.0498)	(0.0514)
lnhouinc	—	—	0.3072***	0.2987***
	—	—	(0.0248)	(0.0274)
控制变量	否	是	否	是
观测值	7096	6610	3319	3106
R²	0.0100	0.1706	0.0542	0.0572

注:(1)括号中为稳健标准误;(2)*、**、*** 分别表示在10%、5%和1%的水平下显著。

三、政府补贴对受灾家庭人力资本投资的调节作用

政府对受灾家庭的财政补贴可以在一定程度上降低严重自然灾害在短期内对家庭造成的不利影响,缓解灾后家庭人力资本的投资压力。政府补贴收入属于家庭非基本收入中的转移收入,在家庭总收入中所占比重较小,但在灾后所占比重随受灾严重程度不同而有所变化。考虑灾后补贴只是政府的短期救助行为,并非长期政策,因此该部分只分析短期内政府补贴的调节作用。

表5-5 的列(1)—列(2)是双重差分模型回归结果,结果显示,无论是否控制村居规模和发展水平以及家庭主事者个人信息,政府补贴和短期自然灾害的交叉项 gov_nat 系数在 0.01 的水平下显著为正。这说明,尽管严重自然灾害会在短期内对家庭人力资本投资产生不利影响,但受灾家庭灾后获得政府补贴使家庭人力资本投资压力得到缓解。政府对受灾家庭的财政补贴为家庭人力资本投资带来了正向拉伸作用,并且这一作用超过了自然灾害的负向冲击,从而缓解家庭人力资本投资压力,使家庭人力资本投资在灾后显著增加。

表 5-5　政府调节作用及调节中介效应①

变量	(1)	(2)	(3)	(4)	(5)	(6)
	lnedu	lnedu	lnhouinc	lnhouinc	lnedu	lnedu
gov_nat	0.9679 ***	0.9615 ***	−0.3163 *	−0.4192 **	0.9952 ***	1.0298 ***
	(0.3575)	(0.3643)	(0.1792)	(0.1666)	(0.3589)	(0.3652)
natdis_short	−0.9635 ***	−0.9932 ***	−0.1951	−0.1478	−0.8740 ***	−0.9211 ***
	(0.3113)	(0.3180)	(0.1341)	(0.1162)	(0.3147)	(0.3201)
govsub	0.1171	0.0978	0.0970 *	0.0218	0.1316 *	0.1320 *
	(0.0789)	(0.0779)	(0.0557)	(0.0514)	(0.0799)	(0.0793)

---

① 由于中国劳动力动态调查数据 2012 年与中国劳动力动态调查数据 2014 年和中国劳动力动态调查数据 2016 年调查问卷中关于政府补贴的统计口径有出入,即中国劳动力动态调查数据 2012 年中只统计了每个调查社区的政府补助情况,而并未统计家庭层面的政府补助,因此,这一部分只选取中国劳动力动态调查数据 2014 年和中国劳动力动态调查数据 2016 年。

变量	（1）	（2）	（3）	（4）	（5）	（6）
	lnedu	*lnedu*	*lnhouinc*	*lnhouinc*	*lnedu*	*lnedu*
lnhouinc	—	—	—	—	0.2655 ***	0.2663 ***
	—	—	—	—	（0.0313）	（0.0333）
控制变量	否	是	否	是	否	是
观测值	2177	2177	2090	2090	2090	2090
R^2	0.0092	0.0167	0.0085	0.1366	0.0474	0.0496

注:(1)括号中为稳健标准误;(2) $*$ 、$**$ 、$***$ 分别表示在 10%、5%和1%的水平下显著。

　　然而,实证结果显示,政府补贴的偏回归系数为正但是不显著,这可能是因为政府补贴对家庭人力资本投资的直接影响比较微弱,而对家庭收入的直接影响比较显著。基于此,我们继续分析家庭收入在这一调节作用中的中介效应。为进一步分析政府调节作用的作用机制,根据模型(5-5)和模型(5-6)检验政府补贴是否也是通过作用于家庭收入从而缓解灾后家庭人力资本投资压力。结果如表5-5中的列(3)—列(4)所示,灾后政府补贴均会对家庭收入产生显著影响,政府补贴影响家庭收入的中介效应存在。在列(5)—列(6)中的家庭收入变动率也在 0.01 水平下显著,而且由于政府补贴以及家庭收入的共同提升作用进而使交叉项的系数显著为正,进一步说明灾后政府补贴效应主要是通过家庭收入中介效应进而缓解受灾家庭人力资本投资压力。当加入家庭收入变量之后,政府补贴的偏回归系数在 0.1 水平下显著为正,政府补贴通过提升家庭收入对人力资本投资的正向作用抵消了由于灾害冲击所造成的家庭人力资本投资损失,从而缓解受灾家庭人力资本投资压力,表现为 *gov_nat* 的偏回归系数在 0.01 水平下显著为正,从而验证了前文提出的假说 3。

　　为检验上述实证结果的稳健性,我们替换核心解释变量,即重新界定短期、中期、长期时间段选取标准。具体而言,延长短期时间跨度,参考周侃等(2019)、张龙耀等(2019)的研究,选择两年为标准,即考察两年内是否发生过严重的自然灾害,如果发生赋值为1,否则为 0;长期则选择 8 年为划分界限,重复上述过程。实证结果表明,在替换核心解释变量后,自然灾害对家庭人力资本投资的直接影响依然在短期显著为负,在长期显著为正,只是长期的显著性水平有所下降,但假说 1 仍然成立。收入中介效应检验亦成立,即将短期年限延长至两年时,自然灾害依然通过影响家庭收入从而影响家庭人力资本投资;当将长期年限设置为8年及以上年份时,自然灾害仍然通过家庭收入中介效应促进家庭人力资本投资。在中期收入中介效应检验不稳定,即在未控制村居规模、发展水平以及家庭主事者个人信息时,自然灾害对家庭人力资本投资产生负向作用,但并不显著。当加入控制变量之后,这一影响转变为不显著的正向影响。由于中期是短期和长期的一个中间过渡阶段,由负向影响逐渐转变为正向影响,符合本书的理论逻辑。最后,在政府的调节作用中,虽然替换核心解释变量之后,政府补贴影响不显著,但是受灾家庭的政府补贴却显著缓解了家庭人力资本投资压力,而且这一影响也存在收入中介效应,调节中介效应也与前文分析一致。至此,说明本书的研究结论是稳健的。

第五节　异质性效应分析

在本书所使用的调查数据中,详细记录了家庭遭受的严重自然灾害的类型,而不同类型的自然灾害所造成的家庭收入冲击程度等存在差异(李军等,2020),对不同类型自然灾害的异质性分析也有助于更加精准化地实施自然灾害应对措施。因此,为了详细地探究不同类型自然灾害对家庭人力资本投资的影响,设定以下模型进行异质性检验:

$$humcap_i = C_5 + \tau type\_natdis_i + \pi type\_natdis_i \times period_i + e X_i + \mu_{i5}$$

$$(5-7)$$

其中,被解释变量为家庭人力资本投资,$type\_natdis_i$包括气象灾害(wd)以及地质灾害(gd)。将自然灾害类型划分为气象和地质灾害两类,一方面因为这两类自然灾害是最为常见的灾害类型,包含了家庭所遭受的绝大部分具体自然灾害事件。另一方面,受本章所用调查数据的限制,在原始数据的变量界定中只提供了关于气象灾害和地质灾害的分类。$period_i$分为短期($natdis\_short$)和长期($natdis\_long$),自然灾害类型与影响时期长短的交叉项表示不同类型自然灾害在短期和长期对家庭人力资本投资的影响。

一、气象灾害 VS 地质灾害

首先,将自然灾害类型划分为气象灾害和地质灾害,估计结果显示,气象灾害在0.01显著性水平下对家庭人力资本投资产生显著正向促进作用,并且主要体现在长期,即气象灾害与长期的交叉项系数显著为正,而在短期却产生了显著的抑制作用(见表5-6)。地质灾害对家庭人力资本投资也产生了显著的抑制作用,这一抑制作用在短期不显著,而在长期却具有一定的正向影响。在分析地质灾害对家庭人力资本投资的影响中,吴先华(2014)等与李军等(2020)的研究结论不一致,根据本书的研究结果,地质灾害对家庭人力投资的影响虽在总体上显著为负,但其短期影响和长期影响不同。由此说明,地质灾害对家庭人力资本投资的影响存在不确定性。总的来看,我们对气象灾害和地质灾害影响家庭人力资本的研究结论与斯基德莫尔和托亚(2002)基于非洲国家的研究结论一致,即气象和地质灾害均会在短期对家庭人力资本投资产生负向影响。但是,本书关于地质灾害影响长期人力资本积累的估计结果显示地质灾害在长期会对家庭人力资本积累产生正向作用,这是对斯基德莫尔和托亚(2002)研究结论的一个补充。

表5-6 气象灾害与地质灾害对家庭人力资本投资的影响

变量	气象灾害			地质灾害		
	(1)	(2)	(3)	(4)	(5)	(6)
	lnedu	lnedu	lnedu	lnedu	lnedu	lnedu
wd	0.2227***	0.1697**	0.0346	—	—	—
	(0.0665)	(0.0832)	(0.0924)	—	—	—
ns_wd	—	−0.6358***	—	—	—	—
	—	(0.1673)	—	—	—	—
nc_wd	—	—	0.1740***	—	—	—
	—	—	(0.0635)	—	—	—
gd	—	—	—	−0.2382***	−0.2099**	−0.2264*
	—	—	—	(0.0701)	(0.0933)	(0.1278)
ns_gd	—	—	—	—	−0.1998	—
	—	—	—	—	(0.2794)	—
nc_gd	—	—	—	—	—	0.0002
	—	—	—	—	—	(0.1682)
控制变量	是	是	是	是	是	是
观测值	4731	2519	2519	4731	2519	2519
R^2	0.0160	0.0184	0.0132	0.0160	0.0118	0.0116

注:(1)括号中为稳健标准误;(2)*、**、***分别表示在10%、5%和1%的水平下显著。

二、不同灾害类型对农业家庭人力资本投资的影响

气象灾害与地质灾害主要对农业家庭经济收入以及消费产生影响,也就是在家庭收入来源中对务农收入依赖度越高的家庭,自然灾害对其收入和人力资本投资的影响会更大。因此,进一步选取家庭主事者户口类型为农业户口的样本进行异质性分析。从样本数据结构来看,这一微观调查数据主要调查对象是农业家庭,即样本中家庭主事者户口为农业户口的占77.87%、非农户口的占22.13%。因此,当剔除非农户口家庭时,回归结果与上述结果保持一致(见表5-7)。但与全样本实证结果相比,气象灾害与地质灾害对农业家庭造成的影响更为严重。长期而言,对于经历过气象灾害冲击的家庭,其人力资本投资较未经历过自然灾害的家庭高出0.2025个百分点,而在全样本中这一数值仅为0.174。地质灾害降低农业家庭人力资本0.2567个百分点,而在全样本模型中,这一影响仅为0.2382,这说明对于更多依赖农业收入的家庭而言,自然灾害对其人力资本投资的短期负向影响更为明显,这表明加大对务农家庭的灾后补贴以及推动农户家庭收入的多样化是降低自然灾害对人力资本投资负向影响的重要措施。

表 5-7　气象灾害与地质灾害对农业家庭人力资本投资的影响

变量	气象灾害			地质灾害		
	(1)	**(2)**	**(3)**	**(4)**	**(5)**	**(6)**
	lnedu	**lnedu**	**lnedu**	**lnedu**	**lnedu**	**lnedu**
wd	0.2408 ***	0.1749 **	0.0261	—	—	—
	(0.0675)	(0.0846)	(0.0942)	—	—	—
ns_wd	—	−0.5893 ***	—	—	—	—
	—	(0.1726)	—	—	—	—
nc_wd	—	—	0.2025 ***	—	—	—
	—	—	(0.0661)	—	—	—
gd	—	—	—	−0.2567 ***	−0.2215 **	−0.2636 **
	—	—	—	(0.0711)	(0.0942)	(0.1308)
ns_gd	—	—	—	—	−0.1784	—
	—	—	—	—	(0.2906)	—

变量	气象灾害			地质灾害		
	（1）	（2）	（3）	（4）	（5）	（6）
	ln*edu*	ln*edu*	ln*edu*	ln*edu*	ln*edu*	ln*edu*
nc_gd	—	—	—	—	—	0.0451
	—	—	—	—	—	(0.1701)
控制变量	是	是	是	是	是	是
观测值	4368	2315	2315	4368	2315	2315
R^2	0.0154	0.0177	0.0150	0.0154	0.0125	0.0124

注：（1）括号中为稳健标准误；（2）*、**、*** 分别表示在 10%、5% 和 1% 的水平下显著。

三、贫困地区 VS 非贫困地区

　　前文的分析表明，政府的灾后补贴以及受灾家庭自身的收入能力会对自然灾害影响人力资本投资产生重要作用，而政府的灾后补贴能力和农户家庭收入的多样化程度则与地区经济发展水平密切相关。在较长的一段时期内，我国部分农村地区都处于贫困状态，即使是 2020 年如期完成消除绝对贫困这一目标后，我国仍然面临相对贫困以及返贫的压力，如何防止贫困地区因灾返贫是当下及未来亟须应对的问题之一。在我国，贫困人口主要集中在农村（汪三贵，2008），自然灾害的冲击下，贫困农户为了追求消费平滑，会更多地储存"预防性"资产，从而挤占家庭生产性资产，因此会使这些农户愈加贫穷（Jalan 和 Ravallion，2001）。罗森茨韦克（Rosenzweig，2003）研究表明为了维持平滑消费，遭受灾害冲击的农户会出售生产性资产，从而造成资产匮乏进而影响家庭收入。农户在收入波动等因素的约束下，生产行为偏离了利润最大化的要求，产生了贫困（邰秀军等，2008）。为详细分析气象灾害和地质灾害对农业家庭人力资本投资的影响，我们将农业家庭区分为贫困农户和非贫困农户，即对农业家庭子样本进一步细分，划分为贫困地区和非贫困地区的农业家庭，从而分析得出气象灾害和地质灾害对贫困地区和非贫困地区农业家庭人力资本投资的作用效果。

　　表 5-8 的回归结果显示，在列（1）和列（3）中，无论是贫困地区还是非贫困地区，气象灾害对农业家庭人力资本均产生促进作用。但是在短期，如列（2）和列（4）所示，无论是贫困地区还是非贫困地区，气象灾害都会对人力资本产生显著的抑制作用。列（5）和列（6）显示了气象灾害对非贫困地

区农业家庭长期人力资本投资产生了显著的促进作用,对贫困农户虽然也产生促进作用,但却不显著。从回归结果来看,进入回归模型的贫困地区样本量为444,远远低于非贫困地区的1871。另外,无论是在短期还是长期,与非贫困地区相比,贫困地区农业家庭人力资本投资受到气象灾害的影响更大,尤其是在短期,气象灾害使贫困地区农业家庭人力资本投资降低0.74个百分点,而使非贫困地区农业家庭人力资本投资降低0.56个百分点,这一点与世界银行的调查报告结果一致,即贫困人口比非贫困人口更容易遭受气象灾害的影响,这主要是因为贫困人口比非贫困人口在风险和脆弱性两方面均处于弱势。① 在长期,气象灾害促使非贫困地区农业家庭人力资本投资增加0.17个百分点,而使贫困地区农业家庭人力资本投资增加0.28个百分点。这一结果和前文的假说1基本一致,即自然灾害在长期会对家庭人力资本投资产生正向作用。气象灾害产生这一正向作用的可能原因是在经常发生气象灾害的地区,农户更倾向于提高自身及子女的知识文化水平,从而能更好地应对突如其来的气象灾害(杨浩等,2016)。

表5-8 气象灾害对贫困地区与非贫困地区农业家庭人力资本投资的影响

变量	贫困地区		非贫困地区		贫困地区	非贫困地区
	(1)	(2)	(3)	(4)	(5)	(6)
	lnedu	lnedu	lnedu	lnedu	lnedu	lnedu
wd	0.1189	−0.0384	0.2703***	0.1731*	−0.2414	0.0525
	(0.1278)	(0.1856)	(0.0784)	(0.0967)	(0.2065)	(0.1063)
ns_wd	—	−0.7426***	—	−0.5585**	—	—
	—	(0.2653)	—	(0.2224)	—	—
nc_wd	—	—	—	—	0.2829	0.1683**
	—	—	—	—	—	—
控制变量	是	是	是	是	是	是
观测值	939	444	3429	1871	444	1871
R²	0.0285	0.0483	0.0104	0.0129	0.0404	0.0102

注:(1)括号中为稳健标准误;(2)*、**、***分别表示在10%、5%和1%的水平下显著。

① 详见 https://openknowledge.worldbank.org/bitstream/handle/10986/22787/9781464806735. pdf? sequence = 13&isAllowed = y.

地质灾害对贫困地区和非贫困地区农业家庭的人力资本投资产生不确定性影响。虽然表5-7中显示地质灾害对农业家庭人力资本产生显著性抑制作用，但是长期和短期作用结果都不显著。如表5-9所示，地质灾害对非贫困地区农业家庭人力资本投资产生抑制作用，但无论是在短期还是长期均不显著，这一结果与斯基德莫尔和托亚（2002）的研究结果一致。地质灾害对贫困地区的家庭人力资本投资产生不显著的抑制作用。这也又一次印证了莱哈里和韦斯（1974）、陈升和孟庆国（2010）的研究，也就是地质灾害对人力资本的影响存在较大不确定性，这一结论无论是在贫困地区还是非贫困地区均成立。

表5-9　地质灾害对贫困地区与非贫困地区农业家庭人力资本投资的影响

变量	贫困地区	非贫困地区		贫困地区	非贫困地区
	（1）	（2）	（3）	（4）	（5）
	ln*edu*	ln*edu*	ln*edu*	ln*edu*	ln*edu*
gd	−0.1811	−0.2878 ***	−0.2123 **	−0.4072	−0.1862
	（0.1353）	（0.0824）	（0.1076）	（0.3379）	（0.1412）
*ns_gd*①	—	—	−0.2326	—	—
	—	—	（0.2949）	—	—
nc_gd	—	—	—	0.6192	−0.0913
	—	—	—	（0.4165）	（0.1906）
控制变量	是	是	是	是	是
观测值	939	3429	1871	444	1871
R²	0.0295	0.0103	0.0091	0.0389	0.0089

注：（1）括号中为稳健标准误差；（2）*、**、*** 分别表示在10%、5%和1%的水平下显著。

人力资本投资是实现经济高质量增长和经济绿色化转型必不可少的环节，其中人力资本积累水平的提升是推动技术创新和绿色发展的关键。然而自然灾害冲击会对家庭人力资本积累产生一定影响，现有文献关于这一影响的研究结论并未达成一致，主要原因在于研究者混淆了自然灾害的短期冲击和长期影响。本章的研究表明：（1）自然灾害在短期对家庭人力资

---

①　对农业家庭子样本进行贫困与非贫困划分之后，子样本中短期受灾地区并未出现地质灾害，因此未对贫困地区的短期地质灾害做回归分析。

本投资产生显著负影响,而在长期会产生显著促进作用;(2)自然灾害通过影响家庭收入进而影响家庭人力资本投资,即存在收入中介效应,这一中介效应无论是在短期还是长期均存在;(3)灾后政府补贴能缓解家庭人力资本投资压力,而且这一缓解作用也是通过收入中介效应实现;(4)气象灾害在短期抑制家庭人力资本投资,而在长期产生促进作用,这主要体现在农业家庭中,而且气象灾害对贫困地区的抑制与促进作用比非贫困地区更强,地质灾害对家庭人力资本投资的影响存在较大不确定性。

　　自然灾害不仅影响人力资本投资,还会增加贫困发生率,在减贫道路上,消除气象灾害引发的贫困是最复杂、最困难的(胡鞍钢,2010),从本书的样本数据结构来看,遭受地质灾害冲击的家庭占总样本的 9.72%,遭受气象灾害的家庭占据 88.74%。2020 年我国虽然完成了脱贫攻坚任务,消除了绝对贫困,但相对贫困仍未消除,而且真正的脱贫并非简单意义上的提高收入,而是提升贫困人口创造收入和抵抗不确定性风险的能力。为巩固脱贫攻坚成果,防止因灾返贫现象发生,进而提高地区人力资本积累和经济绿色发展水平,应该从以下三个方面推进灾区人力资本积累:

　　第一,增强贫困地区农户应灾防灾能力。从本书研究结果来看,无论是气象灾害还是地质灾害,均会对农户人力资本投资产生显著抑制作用,而且这一作用在贫困地区的影响力度更大,这无疑会动摇我国的扶贫成果。对于贫困地区农户而言,需要通过提升家庭成员知识文化水平以及身体健康状况,保证有效的劳动力供给,进而提升家庭综合实力,从而增强应灾防灾能力,但这面临较大困难。一方面,贫困农户家庭收入水平本身较低,虽然在义务教育年限内可以负担子女的教育费用,但超过义务教育年限后,自然灾害冲击下农户会更倾向于让子女回家从事农业劳动,从而缓解家庭经济压力。另一方面,贫困地区家庭主事者受教育程度普遍偏低,从本书样本数据来看,贫困地区家庭主事者的文盲率高达 22.99%,远远高于非贫困地区的 12.42%[①]。因此,政府除了给予灾后补贴之外,还应培养家庭主事者的人力资本投资意识,即在农业技术培训基础上,对贫困地区农业家庭主事者定期开展知识文化教育,主要传播人力资本投资效应,让其认识到人力资本投资会为家庭未来发展带来乘数效应。另外,对于易受灾贫困地区投资的公共基础设施,尤其是公共教育硬件设施和农户投资教育的思想意识需要进一步提升,从而能够更好地应对灾害冲击,减少人力资本损失。

---

①　根据样本数据中家庭主事者受教育程度字段计算,文盲率为家庭主事者未上过学的家庭数除以总家庭数。

　　第二,短期内可通过增加政府灾后补贴和教育免补政策缓解贫困农户经历自然灾害后的收入压力,进而改善灾后人力资本投资水平。根据本节研究结论,自然灾害对家庭人力资本投资的影响有一部分是受限于家庭收入压力。要缓解灾后家庭人力资本投资压力,要先降低家庭灾后收入压力,而灾后政府补贴能够缓解家庭收入压力。因此,灾后的政府补贴显得尤为重要。同时,要针对受灾家庭的子女教育,实施更加完善的受教育费用免补政策,通过减免学费,给予受灾家庭学生的持续性生活补助等措施,通过公共财政部分承担受灾家庭的人力资本投资成本。

　　第三,建立自然灾害数据库,准确划定气象灾害风险区域,提前做好农户预防灾害准备措施。从本书样本数据结构来看,80%以上的自然灾害为气象灾害,虽然受到政府补贴等因素的影响气象灾害在长期会对人力资本产生正向促进作用,但短期仍然是阻碍家庭收入增长和人力资本投资以及增加贫困发生率因素之一,气象灾害的减灾防灾仍是农业绿色发展的重中之重。相较于地质灾害而言,气象灾害发生的频率更高、波及范围更广,相关部门应提高各自辖区内气象灾害风险区域划定能力,精准定位定时,实时更新气象信息,为贫困农户提供及时而可靠的风险预报系统,以便农户提前做好预防措施,减轻气象灾害带来的农户收入损失,缓解人力资本投资压力,从而增强家庭未来风险抵御能力。

下　　篇

自然灾害的应对

在上篇内容中,本书主要在绿色发展视域下研究了自然灾害的社会经济影响,首先在构建绿色经济产出增长模型的基础上,利用省级绿色全要素生产率指标,实证分析了自然灾害对绿色发展的直接影响以及作用渠道。然后,从驱动灾区经济绿色转型的物质资本投入和人力资本积累两个方面,分别研究了自然灾害影响社会经济发展的作用机制和传导路径,为从绿色发展角度理解自然灾害对社会经济的影响提供了理论支撑与实证证据。

在下篇内容中,本书将从绿色发展的目标要求出发,重点讨论如何完善自然灾害的应对机制。首先,在第六章中,我们基于自然灾害应对问题的已有文献,从市场机制、政府救助和非正式制度三个方面进行文献梳理,并对经济学理论关于自然灾害应对问题的分析进行了总结。在此基础上,提出绿色发展视域下自然灾害应对问题的经济学分析思路。第七章中,我们对自然灾害应对中政府和市场两种自然灾害的应对方式的主要内容、历史演进以及路径进行比较分析,提出绿色发展视角下促进政府与市场相结合的自然灾害应对思路。第八章以汶川地震中的政府救灾为例,研究政府主导的灾害救助模式对灾区经济恢复和环境效率的影响。第九章立足于中国农业灾害频发且影响范围最广的事实,以农业灾害为研究对象,分析市场化进程以及农村保险市场发展对农业绿色全要素生产率以及农户消费波动的影响,从生产和消费两个维度分析农村市场化进程对应对灾害风险的作用。第十章将应对机制的分析延伸到非正式制度领域,从地方政府以及主政官员在灾害救助与公共资源配置中的重要作用出发,以官员受灾经历为视角,研究地方主政官员个体的早期受灾经历对地方政府灾害应对行为的影响。第十一章以黄河流域这一经济和生态均具有重要地位的区域为例,研究了绿色发展视域下重点区域的自然灾害成因及其应对机制。第十二章主要围绕促进绿色发展的自然灾害应对制度设计展开,在对前述理论与实证分析的基础上,从灾害应对的实施路径和政策支持维度提出绿色发展视域下提升灾害应对能力的相关政策建议。

第六章　自然灾害应对问题的
研究进展与理论分析

灾害经济研究从一开始就关注如何提升人类社会的自然灾害应对能力,关于自然灾害应对机制分析的分析也体现了从经济学角度研究灾害问题的重要性。在绿色发展视域下,自然灾害应对不仅体现为灾害事件发生后的灾害救助以及重建恢复,还体现为通过形成有助于减少自然灾害致灾因子的绿色发展道路来降低灾害风险。随着经济社会发展,人类应对自然灾害的方式也呈现出多元化的特征,但总的来看可以分为以市场为主体的正式制度、以政府为主导的国家救助和以社会资本为代表的非正式制度三大类。这三类应对机制各具优缺点,在不同的灾害类型和经济社会发展背景下发挥的灾害应对效应也不尽相同,三位一体共同构成自然灾害应对的体制机制。本章将在对自然灾害应对的文献述评基础上,梳理自然灾害应对问题的经济学理论演进脉络,在此基础上提出绿色发展视域下灾害应对机制的经济学分析思路。

第一节　自然灾害冲击的应对机制:文献述评

一、以市场为主体的正式制度的作用

在市场经济国家,市场化机制是经济主体应对外部冲击的主要手段,作为市场化制度的典型代表,保险和证券市场在应对灾害冲击中发挥的作用一直备受重视,也是既有研究关注的重点。克鲁蒂拉(Krutilla,1966)研究了强制性的洪水保险计划在改善洪灾地区灾后恢复和经济效率方面的重要作用,认为保险手段一方面为居民提供了灾后的有力补偿,同时也减少了政府用于洪泛区救灾所投入的土地和经济资源,优化了救灾过程中的资源配置。刘易斯和尼克森(Lewis 和 Nickerson,1989)发现个体购买保险可以帮助减轻灾害事件带来的损失,而政府的一些公共计划项目会降低个人参与市场保险的动机,政府的公共救灾计划与个体商业保险在居民的灾害应对行为中具有相互替代性。格拉夫(Graff,1999)对德国受灾家庭的研究表明,从 1991 年以来大概有 2/3 的私人投保者运用保险技术抵御了洪水灾

害,超过 80% 的个人财产因为参加了商业保险而免受灾害威胁。亚历克斯(Alex,2013)对不同国家和地区的分析也认为保险和灾害证券产品有助于帮助个体应对灾害冲击。杨汭华等(2021)对 2007—2016 年 10 年间中国种植业保险的赔付能力研究发现,我国农作物因灾损失风险较高,2016 年农业保险行业的赔付效率为 84.77%,有效缓解了农业灾害对农户的风险冲击。与大规模的社会灾害防御工作相比,完善的灾害保险市场在帮助居民应对灾害冲击时所能影响的覆盖面更广,所要耗费的政府支出较低。特别是随着绿色保险市场的发展,以巨灾保险、环境污染责任险、绿色建筑性能保险等为代表的绿色灾害保险为绿色发展背景下应对自然灾害冲击提供了重要支撑。

另外一些学者认为,保险市场帮助居民应对灾害冲击需要借助其他条件,外部条件的差异会影响保险制度作用的发挥,其中主要包括收入约束和信息约束。昆罗伊瑟(1996)指出,居民受经济条件和预期收益等因素限制,在灾害来临之前缺乏购买商业保险的动机。奇弗斯与弗洛雷斯(Chivers 和 Flores,2002)利用博尔德和科罗拉多州的调查数据,发现市场信息失灵对国家洪水保险项目实施有显著影响,居住在洪灾区的大部分居民表示他们对灾害风险的程度和保险费用并没有比较清楚的了解,信息匮乏导致居民对灾害保险的参与动机不足,降低了灾害保险项目的实际效果。市场信息不足导致的灾害保险失效更多的是资本市场的问题而并非仅存在于保险市场,巨灾期货和巨灾期权可以有效弥补保险市场上存在的逆向选择和保险公司巨灾保险储备不足的缺陷,但面临数目过大的灾害损失时巨灾期权和应急债券也不能够提供完全的补偿保障。因此,以保险和证券为代表的正式市场机制在应对自然灾害上的作用虽然存在一些争议,但总体来看,市场化的正式制度仍然是人们应对自然灾害冲击必不可少的手段。

我国的自然灾害保险市场发育较晚,直到进入 21 世纪自然灾害保险和债券市场才逐步发展完善起来。陈年红(1996)认为,我国是一个自然灾害频繁的农业大国,加强农业保险发展对于扭转我国农业基础薄弱地位、增强农业抵御自然灾害的能力、加速农业产业化和现代化建设具有十分重要的意义。张军慧等(1998)以长江和松花江流域特大洪水灾害为分析对象,结合我国保险市场发展的现实,提出了建立巨灾保险制度的构想。李冰清和田存志(2002)分析了在巨灾保险产品的市场定价中资产定价模型(CAPM)的应用,并指出通过设计价格合理的巨灾保险产品,能够使保险公司和投保者实现双赢,促进我国巨灾风险防范的市场化机制建设。施建祥和邬云玲(2006)从巨灾保险风险证券化的角度出发,以台风灾害为例,对台风灾害债券做了初步设计,强调通过将保险和证券相结合,逐步建立起中国灾害应对的市场机制。

关于农业保险在灾害应对中的作用,王韧(2012)对我国农业保险作用的研究表明,农业保险通过建立一种有效的风险转移机制在稳定农业发展、补偿农户收入、保障农户生活等方面发挥着重要的作用,而农业产值的增长、农户收入提高、灾害率以及政府财政补贴政策会进一步影响我国农业保险发展。邓道才和郑蓓(2015)基于日本农业的共济机制和日本"合作式"农业保险的成功经验,提出在我国构建"合作社式"农业保险体系。具体政策建议为:建立四级农业保险互助合作组织体系、设计灵活的农业保险承保制度、形成三级农业灾害赔偿和督查体系、建立有效的农业保险分保机制、健全农业巨灾风险分散机制。周振和沈田华(2012)、许荣等(2016)分析了农户对农业巨灾保险的需求意愿及其影响因素,发现政府的财政补贴可以有效地激发农业巨灾保险的潜在需求。祝伟和陈秉正(2015)以地震风险为例,选择北京、大理、成都进行抽样问卷调查,发现居民对于地震风险的认知是影响其保险需求的关键因素之一。

与上述观点不同,丁宇刚和孙祁祥(2021)的研究指出,农业保险可以降低自然灾害对农业生产的负面影响,但前提是农户购买农业保险过程中道德风险的影响较小。张龙耀等(2019)发现,正规信贷不能成为灾害频发区农户的有效风险管理策略,成本相对较低的农业保险等市场化抗风险工具更有助于改善灾害频发地农户的风险管理水平。张伟等(2020)研究发现,当农民遭受极端自然灾害时,单一的农业信贷政策并没有发挥任何减贫效应,反而导致农民的纯收入出现了大幅下降,农业保险虽然在一定程度上降低了农民无灾害条件下的收入上限,但却显著提高了极端灾害条件下农民的收入下限。

综上所述,无论是从发达国家自然灾害保险、证券等市场制度的发展及其灾害应对效果来看,还是立足于当前我国农业灾害和自然灾害应对的现实需要,建立健全我国自然灾害应对的市场化机制在提高我国整体灾害应对能力,促进灾害风险分担和推进经济社会稳定发展方面都具有重要意义,上述文献的研究为我国进一步完善灾害应对的市场化体制机制建设提供了重要参考。

二、以政府为主导的国家救助的作用

自然灾害冲击中政府救助对灾后经济恢复和社会发展的作用一直以来备受关注。一些研究发现自然灾害并未造成经济衰退,其中政府灾后救助是研究者解释自然灾害未对经济影响产生负向影响的重要视角。正如对灾害冲击阻碍经济增长持反对观点的学者所认为的，关于灾害冲击阻碍经济增长的研究仅仅关注了灾害冲击本身的负向作用，并未充分考虑灾后救助政策的影响，特别是国家大规模救助的政策效应。

阿尔巴拉—伯特兰（1993）最早从实证层面提出灾后救助和经济社会的恢复机制能够有效降低灾害对经济系统的负向冲击，自然灾害不会对经济发展产生不利影响。随后，大量学者基于熊彼特的"创造性破坏"理论，指出灾害冲击为改变原有的资本积累和技术水平提供了机会（Okuyama，2003；Fischer 和 Newell，2008），灾后大规模救助投入能够有效改善受灾地的资本投资水平和基础设施条件，政府政策支持会激励企业开发新技术（Hallegatte 和 Dumas，2009），灾害冲击对经济发展的影响是一种正向的颠覆性创造（Cavallo 等，2013；Qureshi 等，2019）。即便灾害冲击造成人口外流和人力资本下降，如果政府能够通过灾后救助为受灾地提供更好的生存条件和教育资源，满足劳动力对知识学习和技术提升的需求，从长期来看受灾地的人口数量和质量不仅没有显著下降，反而会逐渐提高（Skidmore 和 Toya，2002；Heylen 和 Pozzi，2007）。因此，灾害冲击对经济发展不仅不会产生负向作用，反而会成为受灾地区快速发展的机遇。大部分研究认为，国家救助确实会对受灾地及落后地区的物质资本投入、基础设施建设和公共服务产生积极影响，甚至提高地区的技术水平和对外贸易（Hatemi 和 Irandoust，2005；Bhavan 等，2010）。卓志和段胜（2012）的研究表明，国家防灾与救灾支出能够促进受灾地的资本恢复，通过资本建设和重构对受灾地的经济增长产生积极作用。但是，政府灾害救助支出存在最优合理规模，一旦超过这一规模水平，即使更多的救助投入也难以对受灾地经济发展产生明显的提升作用。布恩（Boone，1996）和克莱门特等（Clement 等，2012）的研究表明，以物质资本投入为主的灾害救助政策也会给受助地的制度环境造成不利影响。资本投入增加的同时也意味着政府财政支配权力的扩张，在缺乏约束机制的条件下，公共部门扩张会导致非生产性消费增加，并对非公共部门形成挤压，这会对非公共部门发展和人力资本积累产生不利影响，进而引起劳动力的部门和地区错配。

国家救助不仅是当前中国应对自然灾害风险的重要手段，也是历史上我国自然灾害应对的主要方式。王星光（2010）对春秋战国期间各国灾害救助的研究表明，春秋战国时期邦国之间订立的盟约多把灾害救助列入其中，更出现过像"泛舟之役"那样的灾害救助实例。对受害国家的灾难救助，总会或多或少地减轻灾民们的苦难，有利于缓解纷乱不息的社会矛盾冲突。在新中国成立初期,为克服严重的自然灾害,中国共产党和人民政府通过采取临时救济、生产救灾、安置灾民等措施遏制了灾害的进一步恶化,为党和政府积累了一定的灾害救助经验(赵朝峰,2011)。谢永刚(2017)认为我国每一次重大自然灾害如洪水、干旱、地震等,抗灾救灾工作的成功,都是以国家机器处于高度的有备状态为前提的,都是通过举国体制而发挥作用。在突发性特大灾害救助方面,更是需要以政府为主导统筹各类救助政策或措施,甚至创新性地提出一批新的政策来确保长期救助的有效性(周洪建和张弛,2017)。除作用于宏观经济因素外,国家救助还会对受灾者的微观行为产生直接作用。在2008年汶川地震期间,政府发放的生活补助款项对于受灾地居民收入下降起到弥补作用,也使农户的消费水平在震后保持较快增长(卢晶亮等,2014)。汶川地震当年中央政府下拨417.94亿元灾民生活救助金,尽可能降低了灾害对居民生活的影响,随后2至3年更是投入近1.7万亿元完成灾后重建,帮助受灾地区实现快速振兴。如此大规模的灾害救助彰显了中国"国家精神",见证了"中国力量"(张忠等,2013)。

也有学者认为,从中国古代灾害救助的历史经验来看,政府主导的国家救助虽然力度大、见效快,但由于官员贪污、地方政府的执行偏差和工程质量等问题(池子华和李红英,2001),国家减灾和救助政策的长期效果会大打折扣。即使是在当前国家治理水平不断提升的背景下,由于财政预算平衡、受灾地需求差异化、政府救助对市场机制的挤出等原因,举国救灾体制中也会出现"政府失灵"(许飞琼和华颖,2012)。张莉等(2017)的研究发现,自然灾害损失和财政分权度之间呈现倒"U"型关系,并且经济发展较为落后的地区,财政分权对政府防灾减灾的正面影响更为显著。从现实来看,汶川地震后尽管灾后重建取得了一定成效,但灾区群众对各级政府的满意度持续下降,特别是对地方政府满意度下降的程度最为严重,汶川地震后国家大规模救助投入的效果需要放在较长时间段内做进一步的考察(白新文等,2009;赵延东,2011;尉建文和谢镇荣;2015)。姚东旻等(2021)的研究发现,虽然汶川地震后政府救灾支出和银行信贷规模明显增加,但是由于灾害本身对四川省灾区经济的破坏度太大,震后四川省的经济增长还是出现了明显下降,考察政府灾害救助的政策效果需要从更长时段来分析,且现有文献的研究结论还未达成一致。

三、以社会资本为代表的非正式制度的作用

在很多发展中国家,灾害保险、证券等正规金融市场发展水平较低,并且各地区之间金融市场发展存在明显差异,居民通过正式制度获取灾后保

障的困难较大。同时,由于地区间经济发展和政府财政能力的差异,灾后政府救助政策的力度和实施效果也会明显不同,在经济较为落后且政府财政能力较弱的地区,政府灾害救助对提升灾民风险应对的作用较为有限。一些学者较早发现了发展中国家居民应对灾害风险的多元化手段,并形成了以社会资本和社会网络关系为主要对象的研究成果,表明非正式制度同样在应对灾害冲击中发挥着重要作用,特别是在发展中国家的农村地区体现得更加明显。

罗森茨韦克(Rosenzweig,1988)研究了印度的家庭结构在家庭应对外部灾害冲击时的作用,认为亲缘关系可以在面临风险冲击时提供保险机制。贝格斯等(Beggs 等,1996)认为,与单纯依靠社区组织的正式救助相比,个人的社会网络和所拥有的非正式资源可以更好地为受灾者提供灾后的援助。卡特和马鲁乔(Carter 和 Maluccio,2003)运用南非的家庭调查面板数据,发现在气候灾害来临时,对于没有良好社会资源的家庭,经济冲击会使儿童的营养状况发生恶化,但社区内部成员之间的信任可以帮助受灾家庭改善孩子的营养。戴恩斯(Dynes,2005)指出,在成员信任基础上公民能够在灾后快速形成自愿参与的公民组织。这类社会组织由于内嵌于受灾居民群体,对受灾程度和灾后恢复的具体安排会更加贴近需要,在应对各种突发事件和灾害冲击时都表现出很大的韧性,有助于灾后恢复和灾民的满意度的提高。卡特和卡斯蒂略(Carter 和 Castillo,2011)对南非的进一步研究表明,信任作为社区成员间的共同社会资本可以帮助经历了洪都拉斯飓风的家庭在灾后实现生产恢复和财富增长,但这种以社会资本为代表的非正式制度在灾害应对中存在局限性。格里芬(Griffin,2009)指出,性别在个体获得社会资本上有重要作用,总体上女性从社会网络中获得的灾后支援要高于男性。加纳帕蒂和伊内(Ganapati 和 Iuchi,2012)对格尔居克和土耳其的研究表明,社会资本可以为女性提供灾后援助,从而使她们免受公共援助的歧视。加纳帕蒂(2013)对土耳其地震的研究结果显示,由于初始的社会资本积累较低,灾害发生后女性更不懂得如何利用社会资本获取外部支持,这些问题都导致女性灾后利用非正式制度获得生存保障的可能性降低。与上述研究相反,弗雷德里克(Frederike,2018)研究了欧洲的 12 个不同灾害事件,发现在死亡人数至少为 9 人的灾难发生后,社会信任水平会明显下降,同时与区域性灾害事件相比,全国性的灾害冲击更加会导致社会信任的重大转变。

关于社会资本在我国灾害应对中的作用,赵延东(2007)分析了社会资本在受灾地居民灾后恢复方面的作用,发现社会网络对灾害冲击的抑制作用会因为社会网络自身的大小而变化,弱势群体更难以依靠社会网络获得消费平滑。刘杰(2017)指出在自然灾害的灾后恢复重建过程中社会公众力量存在"雷声大、雨点小、重形式、轻内容"等问题。张勤等(2018)指出公众在参与自然灾害应急救助时,对灾难心理救助服务体系的建设存在不足,因此灾害救助效果不佳。陆铭等(2010)基于2002年中国家庭收入调查(Chinese Household Income Project Survey,CHIPS)的农村数据进行经验研究,结果表明互助、公民参与及信任这三种社会资本并没能帮助中国农村家庭抵御自然灾害对消费的冲击,并且社会资本在帮助农户分担风险和平滑消费上的作用随着市场化的发展而减弱,自然灾害风险应对中社会资本的作用依赖于市场化进程。

与上述观点相反,陈迎欣等(2020)认为,公众参与到自然灾害应急救助中,不仅能有效弥补"政府失灵"带来的缺陷,也促进了社会的进步与发展。赵延东(2011)的研究表明,社会网络在灾后搜救幸存者、保证信息传播、提供社会支持和保持灾区群众心理健康等方面发挥了重要作用,社会资本作为一种非正式制度不仅会在经济能力方面提高受灾居民灾害应对水平,还会影响到其心理健康和精神等多个层次。陆奇斌等(2015)通过对2013年遭受芦山地震冲击的四川省雅安农村社区的研究发现,社区社会资本不仅会影响受灾个体的应对能力,还会对基层政府的灾害治理能力产生显著作用,这一效应会体现在对受灾区经济恢复和社会治理的多个方面。李后建(2016)认为,自然灾害冲击能够显著重构家庭资本存量、强化家庭间关系强度,促进农户家庭成员非农创业行为。徐选华和洪亨(2015)发现,村民的集体信任水平提升会削弱灾害应对努力和创后压力之间的正向关系,集体互动水平会削弱灾害支持和创后压力之间的负向关系,集体互动和信任作为一种社会资本会有效提高居民群体的灾害应对和灾后恢复能力。可见,以社会资本为代表的非正式制度通过影响受灾群体的灾害应对行为在提升社会灾害应对能力上发挥着重要作用。

通过对国内外关于自然灾害冲击下灾害风险应对机制相关文献的回顾,我们发现自然灾害的应对机制是当前灾害经济研究的一个核心领域。对比国内外的文献,可以发现国外对这两个领域的研究无论是在数量还是质量上都要明显高于国内研究,我国灾害经济的学术研究与中国面临的灾害冲击的现实情况明显相符,进一步加大对自然灾害应对机制的理论研究不仅是完善我国经济学和灾害学学术研究的重要方向,也是健全我国灾害防御和应对机制建设的必然要求。而要进一步推动关于中国自然灾害应对机制的经验研究,就需要对自然灾害应对的经济学理论阐释和问题属性进行总结分析。

第二节　绿色发展视域下自然灾害
应对问题的经济学属性

自然灾害的应对既受到自然界自身运动变化规律的影响,也与人类社会经济活动紧密相关。由于自然灾害的发生具有较低的可规避性,因此更重要的问题是提升社会经济系统在灾前预防、灾中救助和灾后恢复上的应对能力。从形成人与自然和谐共生的绿色发展模式出发,灾害预防涉及生产关系、人与自然关系的调整,马克思主义经济学对此有过系统论证。灾中救助和灾后恢复牵扯到各行为主体的利益关系,其重点在于发挥好救助主体的激励,形成多维度的应对机制以及制度支撑体系。因此,在绿色发展视域下提升自然灾害应对能力需要从经济学视角展开分析,总结提炼灾害应对过程的总体规律和具体问题的经济学属性。

一、马克思主义经济学有关自然灾变的论述

马克思第一次在人类思想史上实现了人类社会自然史与社会史、生态自然观与社会历史观的统一。在自然灾变问题尚未充分显现,人们对自然灾变问题缺乏认识时,马克思就敏锐地看到了资本主义发展所带来的自然环境方面的问题,针对掠夺式的开发和破坏自然的行为,指出了人类经济社会活动给自然界造成的诸如水污染和空气污染等不良影响。马克思在《1844年经济学哲学手稿》《资本论》《德意志意识形态》和《自然辩证法》等著作中开创性地研究了人类的经济活动与自然之间的辩证关系,指出"人作为自然的、肉体的、感性的、对象性的存在物,同动植物一样,是受动的、受制约的和受限制的存在物"①,人类的物质生产活动虽然能够创造出所谓的"人化自然",但是自然界本身的发展变化规律是人难以改变的,人类生产行为所能够影响的自然规律借以表现的具体条件和形式,对这些条件的干预最终通过自然事件的形式反映出来。

在马克思主义经济学创立与发展过程中,马克思和恩格斯开创性地研究了人类的经济活动与自然之间的辩证关系,并且阐述了关于人与人关系再生产对人与自然关系再生产的影响,这为关于自然灾害经济问题的研究提供了方法论指导。整个自然界中,各种物质以一定的结构关系构成人类生存与发展的外部环境。在这一系统中,任何一种物质的破坏与消失都会

① 《马克思恩格斯文集》第1卷,人民出版社2009年版,第209页。

引起整个自然界的连锁反应,并最终危及人类的生存与社会发展能力。恩格斯曾指出:"我们不要过分陶醉于我们对自然界的胜利。对于每一次这样的胜利,自然界都报复了我们。每一次胜利,在第一步都确实取得了我们预期的结果,但是在第二步和第三步却有了完全不同的、出乎预料的影响,常常把第一个结果又取消了。"①马克思认为:"不以伟大的自然规律为依据的人类计划,只会带来灾难"②。可见,在马克思主义经济学的分析范式下,人与人再生产关系的调整会影响到人与自然再生产关系的形成和演变,自然灾害正是在这两种再生产关系调整过程中自然界演变规律变化的一种体现。

人类作用于自然界的劳动实践活动作为"环境的改变和人的活动的一致"③,是人类社会存在和发展的基础,人类活动的一切过程和产物,都是人类与自然进行物质变换的结果,都是人们的劳动实践活动改变自然的结果。马克思指出:"在实践上,人的普遍性正是表现为这样的普遍性,它把整个自然界——首先作为人的直接的生活资料,其次作为人的生命活动的对象(材料)和工具——变成人的无机的身体。自然界,就它自身不是人的身体而言,是人的无机的身体。人靠自然界生活。"④"人和自然之间的物质变换即是人类生活得以实现的永恒的自然必然性"⑤。因此,"劳动首先是人和自然之间的过程,是人以自身的活动来中介、调整和控制人和自然之间的物质变换的过程"。⑥

在马克思主义经济学的理论体系中,自然、人、社会是一个统一的有机整体。马克思认为,自然、人与社会的统一是"人对自然以及个人之间历史地形成的关系"⑦,并将人与自然的关系放入社会发展的进程中,将社会的发展过程看成是自然和社会的统一运动,说明了自然的发展与人类及人类社会的发展是统一的历史过程。马克思指出:"人同自然界的关系直接就是人和人之间的关系,而人和人之间的关系直接就是人同自然界的关系。"⑧人与自然的关系是人与人之间社会关系形成的前提与中介。人类社会的"历史本身是自然史的一个现实部分,即自然界生成为人这一过程的

---

① 《马克思恩格斯文集》第 20 卷,人民出版社 1971 年版,第 519 页。
② 《马克思恩格斯全集》第 31 卷,人民出版社 1972 年版,第 251 页。
③ 《马克思恩格斯选集》第 1 卷,人民出版社 2012 年版,第 138 页。
④ 《马克思恩格斯选集》第 1 卷,人民出版社 2012 年版,第 55 页。
⑤ 《马克思恩格斯全集》第 23 卷,人民出版社 1972 年版,第 56 页。
⑥ 《资本论》第一卷,人民出版社 2018 年版,第 207—208 页。
⑦ 《马克思恩格斯选集》第 1 卷,人民出版社 2012 年版,第 172 页。
⑧ 《马克思恩格斯全集》第 42 卷,人民出版社 1979 年版,第 119 页。

一个现实部分","是自然界对人来说的生成过程"①。因此,社会关系以自然界为中介并通过人与自然之间的关系表现出来。人们在处理与自然关系的劳动实践活动过程中形成了人与人之间的各种社会关系。人们处理自身与自然关系的水平制约着社会关系的范围、形式与性质。进而指出人"自身和自然界的一体性"②、自然史与人类史统一的观点:"历史可以从两方面来考察,可以把它划分为自然史和人类史。但这两个方面是不可分割的;只要有人存在,自然史和人类史就彼此相互制约。"③

马克思主义经济学关于人与自然辩证关系的讨论为我们理解绿色发展视域下如何提升自然灾害应对能力提供了理论基础,而关于人与人、人与自然两种再生产关系的分析,则为分析自然灾害问题的经济影响以及提升灾害应对能力的着眼点提供了方法论指导。当然,马克思主义经济学关于自然灾变问题的讨论,主要集中在对人与自然生产关系等基本理论问题的分析上,对于自然灾害应对中具体问题的分析相对较少,而随着经济学发展在现代西方经济学中关于这一问题的分析逐渐增多。

二、西方经济学对灾害经济问题的思考

在新古典经济学框架中,土地、劳动力、资本等资源配置是其研究的核心内容,对自然环境和灾变问题的讨论较少。随着生态环境和自然灾变问题加剧导致人类社会经济损失加重,自然环境和灾变问题逐步进入西方主流经济学的研究范畴。特别是从 20 世纪 50 年代开始,在全球气候变暖和生态恶化的背景下,人与自然可持续发展的价值理念逐渐形成并进入到主流经济学的研究范畴,在新古典框架下被人们所忽视的自然灾害、环境公害等问题逐步进入到西方主流经济学家的研究视野,并推动了现代西方经济学关于灾害经济问题的研究。

西方经济学经典理论中早期关于灾害问题的讨论,主要将其作为外部冲击因素,讨论其对社会经济系统的影响。马尔萨斯的人口理论中,灾害被认为是与战争相类似地,对人口增长会起到"积极抑制"的手段,较少涉及对灾害治理和应对问题的分析。关于减少环境破坏和自然灾变对经济运行的重要性,赫尔曼·E.戴利等经济学家在其提出的"稳态经济"中得到了体现。他认为,追求 GNP 的最大化相当于资源利用与环境污染的最大化,在

---

① 《马克思恩格斯文集》第 1 卷,人民出版社 2009 年版,第 194、196 页。
② 《马克思恩格斯选集》第 3 卷,人民出版社 2012 年版,第 999 页。
③ 《马克思恩格斯选集》第 1 卷,人民出版社 2012 年版,第 146 页。

经济效率上是失败的。无视生态学、物理学规律而盲目追求经济数量的增长和规模的扩大，从科学上讲是有害的，是不可能长久的，现今的自然灾害正是这一物质财富最大化的增长路径导致人类生存风险的具体表现，在经济发展上要减少资源消耗和能源利用，重视生态环境问题，降低对自然灾变的诱发。

较早系统讨论灾害经济问题的经济学家是阿马蒂亚·森，他着重研究了大饥荒问题，并在交换权利思想中将饥荒的问题放在权利体系之中，认为必须通过权利体系理解饥荒，并将权力交换的分析思路应用到对饥荒问题应对的讨论中。阿马蒂亚·森的权利交换理论指出，在市场经济中，人们所拥有的权利关系包括以生产为基础的权利、以贸易为基础的权利、以自身劳动为基础的权利以及继承与转移的权利。正是由于具有了市场经济所赋予的相关权利，个人可以通过交换将自己所拥有的商品转换为另一组商品，进而获得拥有商品"交换权利"。然而，个人拥有的交换权利取决于其在社会经济结构中的地位以及生产方式等因素影响。在此基础上，阿马蒂亚·森通过对孟加拉国等国灾荒问题的研究，在不否认粮食匮乏能够触发饥荒的前提下，他认为因旱灾、洪灾等自然灾害所引起的粮食供应减少并不是饥荒出现的唯一因素，起决定作用的是包括制度缺陷等因素而致使一些群体丧失了获得食物的"权利"。因此，他强调当灾荒发生时不能只采取发放救济品、搬迁迁徙等一般的措施，应深入到一国的社会、经济、政治等层面寻求灾荒出现并加剧的深层原因，通过特殊的政策干预以保证灾民拥有获得食物的权利。

随着经济学研究的进步，特别是应用微观经济学的快速发展，现代经济学关于自然灾害经济问题的研究不断细化，一部分研究着重讨论自然灾害导致的社会经济后果，集中体现在对自然灾害社会经济效应的分析上，涌现了一大批利用现代经济学方法评估自然灾害短期和长期经济影响的是实证文献，为全面理解自然灾害的社会经济后果提供了证据支撑。另外一部分研究则重点关注缓解自然灾害社会经济冲击的制度体系建设，其中包括政府的财政救灾支出制度、灾害保险制度以及围绕欠发达国家和地区开展的社会资本网络对灾害应对作用的研究，从多个维度为提升社会对自然灾害的应对能力提供了研究支持。

三、运用经济学分析自然灾害应对机制的必要性

自然灾害的发生在大多数情况下是自然规律作用的结果，因此自然灾害具有不可避免性。在自然灾害的预警和防御阶段，主要依赖自然科学和

技术领域的突破,来提高对自然灾害风险的预警和防御能力。但从自然灾害的应对出发,自然灾害的诱发因素中包含着人类不合理生产生活行为的影响,在灾后的救助和建设阶段,救助制度的建立、运行和完善以及救助资源的配置等问题更多属于社会经济范畴,因此对于自然灾害应对问题的研究,离不开经济学视角的分析,自然灾害应对问题也就带有一定的经济学属性。总的来看,对于自然灾害应对问题的经济学分析必要性体现在三个方面:一是从经济社会因素考虑自然灾害诱因的必要性;二是从经济主体利益行为角度完善自然灾害应对制度体系的必要性;三是完善灾害学与经济学理论体系的必要性。

尽管自然灾害的发生与自然界自身的运动规律密切相关,但是人类的生产生活行为也会诱发自然灾害或者加剧自然灾害带来的风险程度,因此有必要从经济学角度分析自然灾害产生的原因。例如,在我国发生频率较高的洪涝、滑坡、泥石流等自然灾害,一方面与这些自然灾害多发地区的气候环境有关,另一方面也与人类对森林植被、大气环境的破坏密不可分。而在人类不合理的生产生活行为背后,都体现了理性的经济个体为了自身物质利益所采取的会损坏生态环境等公共利益的负外部性行为,对这一问题的分析自然就包括在经济学范畴内。因此,从经济学的研究视角出发,理解自然灾害的人为性诱发因素不仅对于做好自然灾害的防御与治理具有重要意义,也是通过完善社会经济制度降低自然灾害发生率的关键。

自然灾害的发生虽然带有不可避免性,但人类社会对于灾害发生后的应对行为则具有较强能动性,因此从经济学角度研究自然灾害的应对体系是必要的。通过建立完善的自然灾害应对机制,发挥政府、市场以及社会网络等多渠道的灾害应对手段,能够为实现人类在自然灾害冲击下持续发展提供保障。而如何更好地发挥政府救灾的功能,更好地提升政府在灾害防御和灾害应对中的制度设计和行为激励,对这一问题的分析带有明显的经济学特征。进一步地,从发挥市场机制来应对自然灾害冲击的角度来看,诸如灾害保险、巨灾债券等市场化灾害应对方式都属于经济学的研究和分析范畴,因此关于如何在社会经济的市场化进程中提升自然灾害的应对能力,需要从经济学的视角给出相应的分析和政策启示。即使对灾害应对中具有较强社会属性的社会网络而言,对灾害应对中社会网络和社会资本的分析背后也暗含着网络内各行为主体的物质利益关系等经济问题,对这一灾害应对机制的研究也自然离不开经济学视角的分析。

人类社会的发展史就是一部与自然灾害斗争且谋求与其共存的奋斗史。对自然灾害防御和应对进行经验总结的过程中,灾害问题的经济分析为筑造完善的灾害学科体系提供了重要支撑。在相当长一段时期内，关于自然灾害问题的研究大多集中在自然科学领域，主要体现在对灾前防御技术以及自然诱发因素的研究。而随着社会经济发展以及对自然灾害防御和应对实践的深入，自然灾害问题的研究中对社会经济因素的关注越来越多，尤其是在灾后救助和重建领域的研究中，经济、公共管理等视角的分析越发重要。因此，从经济学视角研究自然灾害的应对问题，对于形成系统完善的灾害学科是必要的，也是不断总结完善人类社会灾害应对经验的现实要求。

第三节　绿色发展视域下自然灾害应对问题的经济学解释

从绿色发展视域出发研究自然灾害的应对问题，其关键在于立足绿色发展对人与自然形成命运共同体的内在要求，从形成绿色可持续的经济发展方式角度促进人类社会自然灾害应对能力的提升。其主要内涵包括：以减少人类经济活动对生态系统稳定性的不利影响降低自然灾害的发生风险，以规范人类经济开发活动边界降低自然灾害造成的社会经济损失，以实施绿色生态化灾后修复推动灾区社会经济的绿色可持续发展。这三个方面不仅体现了从经济学视角研究绿色发展背景下自然灾害应对问题的必要性，也能够为如何在绿色发展视域下提升自然灾害应对能力提供理论指引。

一、生态友好型经济模式减少自然灾害致灾因子

灾害学和资源环境学对于自然灾害发生风险的研究，更多地将视角放在对自然界和生态系统自身运动规律的分析上，在自然灾害致灾因子的研究中更加注重对自然界自身运行过程中灾变因素的讨论。当然，从自然生态系统运行本身去理解自然灾害的成因和致灾因子是灾害风险分析和灾害应对的重要基础。但是自然灾害事件的成因复杂，在自然因素之外，一方面，人类不合理的经济活动给生态系统稳定性造成的影响可能会直接诱发自然灾害事件，加剧自然灾害发生的风险。另一方面，即使在那些由于自然界自身运动规律发生突变所产生的灾害事件中，自然界运动规律的突变也与人类破坏生态环境的经济活动具有密切关系。因此，从自然灾害发生风险的角度来看，人类经济活动会从以下两个方面发挥作用，也是从降低自然灾害致灾因子角度提升灾害风险应对能力的关键所在。

一方面，不合理的经济活动会直接诱发自然灾害。在众多类型的自然灾害中，地震灾害通常被认为主要是由于地壳在板块运动中受到挤压或者

拉伸导致岩层发生断裂所导致的,地震的致灾因子具有非常明显的自然性特征。但是,随着关于地震成因研究的深入,越来越多的学者发现地震灾害的发生与人类修建水库、矿产采掘导致的地下水系统破坏等行为具有重要关系。赵纪东和杨景宁(2015)详细总结了人为因素诱发地震的 6 个典型事实,他们发现在矿产资源开发和生产生活废水处理过程中,将废水注入地下会引发更高的地震发生率。还有学者对大型水库建设所诱发的地震灾害风险进行了研究,发现水库建设会对岩石圈内部结构脆弱性产生重要影响,水库建设选址是否会诱发地震风险与水库建设地点的岩石圈地质状况密切相关(郭凌冬等,2021),一些在选址和建造过程中不符合地质条件的水利项目会提高区域地震灾害发生的频率。可见,即使是对于地震这样主要由地壳运动引发的自然灾害事件,其致灾因子中也不可避免地包含着人类不合理的经济社会的影响。

其他自然灾害,诸如泥石流、滑坡、洪涝干旱等,由于其成灾过程与地震相比更为缓慢,这些自然灾害的致灾因子更容易受到人类经济活动的影响。例如森林砍伐和建筑取石加剧泥石流和滑坡,河流砂石开采使雨季的正常降水演变为洪涝灾害的风险变大等。因此,从人类不合理的经济行为增加自然灾害发生风险的角度来看,在绿色发展视域下形成人与自然可持续发展的绿色经济模式,可以直接降低自然灾害事件的发生频率,从减少自然灾害致灾因子的角度提升人类社会的灾害应对能力。

另一方面,粗放式经济活动加剧自然系统自身的不确定性。即使是从自然界自身运动规律的角度出发,人类对生态环境造成负向影响的粗放式经济活动也是导致自然系统运行不稳定性增强的重要原因,这一点在由气候变暖导致的气象灾害中体现得尤为明显。根据联合国政府间气候变化专门委员会(Intergovernmental Panel on Climate Change,IPCC)发布的报告《气候变化 2021:自然科学基础》,2011—2020 年全球地表温度比工业革命时期(1850—1900 年)的平均值上升了 1.09 摄氏度,其中约 1.07 摄氏度的增温是人类经济活动造成的。自 20 世纪 70 年代以来热浪、强降水、干旱和台风等极端事件频发与全球气候变暖直接相关,全球变暖对整个气候系统的影响是过去几个世纪甚至几千年来前所未有的,气候变暖加剧了气象环境的不稳定性,是气象灾害频发的关键原因。

如果人类社会的自然灾害应对机制在自然灾害的成灾环节能够发挥作用那么摒弃高污染、高耗能和高排放的粗放式经济增长方式就显得尤为重要。从全球气候变暖导致近年来全球范围内气象类灾害频发的事实来看,粗放式的经济增长方式使人类物质财富快速增长的同时,向自然界排放的污染物也大幅增加,加剧了自然生态系统运行中的不确定性因素。当前,碳减排、碳中和已经成为影响全球生态治理和气象灾害应对的重要途径,从形成生态环境友好型的经济发展模式出发,以绿色发展引导人类经济行为对于通过减少致灾因子提升人类灾害应对能力具有重要意义。

二、规范经济活动边界降低自然灾害因灾损失

自然灾害对人类社会生存发展的重要影响,主要是通过对人类造成的经济社会损失来体现的,自然事件是否演变为自然灾害,关键在于自然生态系统运动是否给人类社会造成了不利影响。从这个意义上讲,那些发生在人类非活动区域的自然事件,即使其破坏力很大也无法构成自然灾害。例如,与发生在陆地上的地震相比,海洋深处的地震发生频率更高,海洋中的岛屿也会出现火山爆发等自然事件,但是这些自然现象并不会直接被看作是自然灾害,因为它们并未对人类社会造成直接影响,此时发生在海洋深处的地震或者火山爆发更多被认为是一种自然现象,并不构成实质性的灾害。因此,自然灾害应对的另外一层含义是减少自然灾害对人类社会的影响范围,其中的关键在于规范人类经济活动的边界。

尽管近年来我国对生态环境治理和自然灾害应对的重视程度和资源投入不断提升,但是从自然灾害造成的损失来看,却呈现不断加重的趋势,这种反差背后与人类经济活动快速扩张导致自然灾害波及范围扩大密切相关。特别是随着人类经济和生活水平的提升,对于美好生态环境的消费需求不断增加,这导致很多之前无人类活动轨迹的地区逐渐被进行旅游开发,间接增大了自然事件转变为自然灾害的可能性,其中,无居民海岛的开发利用就是一个典型代表。无居民海岛本身的生态环境系统较为脆弱,并且处在自然灾害的多发地,经济开发活动一方面使无居民海岛自身的生态系统风险增加,另一方面,无居民海岛的开发使处在灾害风险范围内的海岛上存在的人类社会经济活动密度增加,这直接导致了自然灾害发生后带来严重的因灾损失。

2004年爆发的印度洋海啸是进入21世纪以来造成人口死亡和经济损失最为严重的一次自然灾害事件,这一自然灾害所造成的严重社会经济损失,一方面与灾害本身的强度较大有关,但另一方面与东南亚大规模的海岛旅游开发具有密切关系。东南亚的海岛旅游开发一直是各国经济发展的重要支撑,在经济利益的驱使下,大量无居民海岛被开发为旅游度假地,这导致原本处在地震活跃带的大量无居民海岛上承载起越来越多的人口和经济活动。海啸发生后,由于大量的海岛在地理上都处于相对孤立的状态,使自然灾害发生后灾害救援的难度增加,大量前往海岛旅游度假的游客无法在

灾害发生时得到及时救助,造成严重的人口死亡和经济损失。例如,在这次海啸中泰国著名的旅游地皮皮(PP)岛有超过 200 家度假屋被巨浪卷入海中,大部分的人员伤亡都是由于在浮潜时被突如其来的巨浪抛高而摔死,一些死者主要是到石灰洞探险时,因为海水突然涌入而溺毙或窒息而死。在此次海啸灾害引发的死亡人口中,非受灾国的游客死亡人数占比也明显高于其他自然灾害事件,这进一步说明了人类经济活动的无序扩张是导致自然灾害损失增加的重要原因。

如果说降低自然灾害损失是灾害应对能力提升的一个重要表现,那么从这一目标出发,规范人类经济开发活动的边界则是降低自然灾害损失的关键所在。在传统的以经济增长速度和物质财富创造为主的经济发展方式下,人类经济开发活动逐渐向不适宜人类居住和生活的区域扩展,这些地区往往生态环境脆弱且面临着较高的自然灾害风险,人类经济活动向这些区域的无序扩张在增加自然灾害发生风险的同时,经济活动密度的提升也会导致自然灾害造成的社会经济损失加大。因此,从绿色发展的角度出发,降低自然灾害的因灾损失,提升自然灾害风险应对水平,规范人类经济活动的边界,减少经济开发向生态脆弱地区和自然灾害风险多发地的蔓延是绿色发展视域下灾害应对的内在要求。

三、重视灾后生态修复建设促进绿色可持续发展

站在绿色发展视域理解自然灾害应对问题的经济学属性,除以转变经济发展方式降低灾害发生风险和以规范经济开发活动降低因灾损失外,还体现在灾后恢复重建过程中由经济恢复为主向经济与生态恢复并重转变,甚至可以用较高的经济恢复成本来换取良好的生态恢复效益,体现出绿色发展视域下以灾区生态建设为基础支撑的灾后可持续发展思想。

自然灾害应对中的一个关键是灾后恢复重建的资源配置问题,这一问题带有明显的经济学属性,也体现了从经济学角度研究自然灾害应对问题的必要性。在传统的自然灾害灾后恢复重建中,以恢复灾民居住场所和生产条件为主的经济重建占据主导地位。在这一重建思想的指引下,灾后重建资金大多被投向经济建设领域,重点以基础设施建设、灾民房屋修缮和生产资料的恢复为主,对于受灾地生态环境建设的投入明显不足。在灾区的建设规划上,也主要体现出以能够促进灾区灾后经济快速恢复的产业为主,对具有长期可持续发展效益但是短期投入成本较高的绿色生态产业的关注不够,这使灾区在重建之后仍然面临着较大的二次灾害风险。

并且,在传统的经济重建为主的导向下,甚至会出现为了降低重建成本

而掠夺生态环境资源和忽视生态环境效益的问题。一方面,对灾民个体而言,灾后重建中建筑原材料的获取是重建过程中的一项重要成本,就地取材就成为降低重建成本的一个理性选择。这导致灾民重建受灾房屋的过程中对河道沙石、森林树木等生态资源的过度消耗,从而导致灾区本就脆弱的生态环境进一步恶化,从而加剧了二次灾害风险。另一方面,对受灾地企业而言,经济重建过程中对建筑材料等大量需求催生了经济利益,企业在支持灾区经济重建的名义下为了牟利会加大对灾区自然资源的采掘。例如,在玉树地震灾区的重建中,为满足玉树重建中的砂石需求,上百家采砂场进驻三江源自然保护区的核心区和缓冲区地带,位于长江干流源头的通天河河道破碎不堪,而由于采砂场的填河、围堰行为和大量砂石的卸入,通天河部分河段截面被大大压缩,河水的实际流动范围锐减。一些河段,堆积入河的砂石已几近堵塞河道,宽阔的河道被压缩为不足 20 米,导致河水湍急,流速明显高于附近河段,增加了次生灾害风险。玉树重建工作 3 年来,由人为因素造成的生态破坏却几近失控,伴随大规模重建产生的扬尘、尾气、垃圾已成为高原净土上无法忽视的毒瘤。[①]

事实上,无论是灾民灾后重建中对自然资源的过度消耗,还是企业在灾区重建名义下对生态环境的破坏行为,一方面与以经济恢复为核心的重建思想密切相关,在这一理念指引下,加快恢复经济和生产成为首要任务,就容易导致为了经济恢复而牺牲生态效率的问题。另一方面,灾民和企业对灾区生态环境资源的过度开发,也与其难以承受较高的重建费用密切相关。玉树重建中对本地砂石过度开采的一个重要原因是,外地运送进入灾区的砂石原材料成本过高,灾民家庭难以负担(见图 6-1)。因此,通过政府补助和市场化手段来提升灾民家庭灾后的重建能力是绿色发展视域下提升家庭灾害风险应对能力的关键。

在绿色发展视域下自然灾害的灾后重建要实现以经济重建向经济与生态双重建设转变,在优先次序上应该以生态恢复和环境建设为首要目标,这是绿色发展视域下在灾后恢复建设环节提升自然灾害应对能力的内在要求。传统的经济发展路径下,经济增长与生态建设之间存在冲突,但是坚持绿色发展理念,就是要通过发展绿色生态经济来实现灾区经济建设与生态恢复的双赢。当然,要实现这一目标,关键在于通过完善政府的灾害救助机制和灾民灾害应对的市场化机制,降低灾区重建过程中灾民的成本负担以

---

① 《百家采砂场进驻三江源　通天河河道破碎不堪》,《中国环境报》2012 年 6 月 8 日,见 http://news.sina.com.cn/green/news/roll/2012-06-08/102224558569.shtml。

图 6-1　玉树地震重建中对通天河沿岸的砂石采掘　（刘虹桥摄）

资料来源:《百家采砂场进驻三江源　通天河河道破碎不堪》,《中国环境报》2012 年 6 月 8 日。

及灾区对传统经济增长路径的依赖。

要实现绿色发展目标下灾区生态重建,一方面,需要加强政府灾害救助力度和灾后生态重建规划。通过大规模的建设资金投入,通过公共资金帮助灾民降低经济重建中的成本,减少灾民迫于灾后重建经济压力所实施破坏生态环境的行为。同时,政府灾害救助机制和生态重建规划能力的增强,可以在经济发展条件上为灾区灾后通过经济绿色发展步入经济快速恢复阶段提升支撑,通过规划适宜灾区生态和文化资源优势的绿色生态产业,使灾区重建摆脱传统粗放式增长的制约。另一方面,需要更好发挥市场化风险分担机制在灾民家庭经济恢复中的风险分担作用。要在根本上约束灾民在灾后重建中对本地生态环境资源的过度消耗,关键在于降低灾民经济恢复中家庭自身支付的成本。在这一问题上,除了要加强政府的财政资金补助外,还需要更好发挥灾害保险、债权等市场调节手段的作用,通过更加完善的市场化机制使灾后家庭的经济恢复中面临的重建成本能够被市场力量部分所分担,从而减少灾民为了降低灾后重建的经济负担而过度消耗灾区生态资源的行为,为实现灾后的生态重建提供微观基础。对于这两方面的应对机制是否能够真正对灾区灾后的绿色发展产生作用,我们将在第七章和第八章中分别进行研究。

第七章 绿色发展视域下政府与市场两种 自然灾害应对方式的历史演进

作为一种外部冲击,自然灾害始终会伴随人类社会发展进程,具有不可避免性。提升自然灾害的应对能力既是灾害工作的重点,也是灾害经济研究的重要领域。总的来看,在自然灾害的应对中主要存在政府主导和市场调节两种方式,政府主导集中体现为国家力量在灾前预警、灾中救助和灾后重建的多环节干预,但其缺点在于难以兼顾不同受灾个体的差异性且干预时间较短。市场调节主要是依赖于灾害保险市场以及市场经济机制来缓解灾害冲击对社会经济的负向影响,其行为主体主要是微观企业和居民家庭,能够兼顾不同主体的差异化需求。在人类社会的灾害应对实践中,政府与市场两种灾害应对方式都取得了长足发展。在绿色发展背景下,政府主导的灾害救助由原本的灾后安置与经济重建向更加注重灾后生态恢复和灾区经济绿色可持续发展转变,市场化的应对方式则通过灾害保险市场以及更加完备的市场经济运行机制促进受灾企业和家庭的灾后发展。

第一节 政府主导灾害应对方式的发展历程

一、国家力量参与灾害应对的历史分析

中华文明的发展史也是一部灾害应对史,灾害应对一直是中国历代政府的重要工作,关于自然灾害的灾情、赈灾管理等信息已有 3000 余年的历史文献纪录和考古证据,历史上留存至今的很多伟大工程其最初建造目标也都是为了应对自然灾害。正如魏特夫在《东方专制主义》中所提到的,治水社会与东方专制主义的形成具有互动逻辑,治水的经济需求为专制主义政治提供了市场,也为政府权力的扩张提供了机会。正是由于东方农业社会中洪涝灾害频发,百姓对治水的需求促进了专制主义政治的形成,政府同时也承担起了自然灾害应对中的主要职责,使以中国为代表的东方国家的灾害应对中的以政府为主的国家救助一直发挥着关键作用。

在中国古代,灾害救助一直是关系国家安定的重要政治事务,虽然中央政府没有成立专门负责救灾的常设机构,但自然灾害发生后君主往往都亲

自过问救灾工作。特别是在重大灾害发生后,君主会临时委派中央政府官员到地方主持救灾,代表君主处理灾害应对事宜。地方政府在灾害应对中扮演着主要执行者的角色,也是灾害应对全过程的主管机构。从封建社会出现到1911年之前,中国的灾害应对都依赖于以封建君主政治为中心的集权体制,但又缺乏自中央到地方政府的专门组织管理机构,政府灾害应对的实际效果对明君仁政、清官廉吏的依赖度较高,体现出不确定性和非制度化特征。1912—1949年,中国初步建立起了以总统制为核心的中央一级专职救灾和防灾体制,灾害救助和应对在国家层面有了中央政府的归口业务部门管理,开始以制度化的形式将灾害应对作为一项重要的政府行为确定下来。

新中国成立后,中国共产党和人民政府高度重视灾害应对和救助工作,形成了"政府统一领导、部门分工、上下级分级管理"的灾害救助管理体制。经过长期的灾害应对和灾后管理实践,中国逐渐形成了以灾害情况统计(计灾、查灾、报灾)、灾害救助资金统筹拨付、灾后重建方案设计与工程实施、国家灾害援助接收管理等为主的较为完整的政府灾害应对制度体系。在灾害应对工作的领导机构上,也经历了由内务部社会司—中央救灾委员会—内务部—民政部农村救济司—中国国际减灾十年委员会—民政部+国家减灾委员会的演变过程。组织领导机构的演变反映了灾害应对在中国政府工作中的角色变化,参与部门由原来的内务部社会司扩展到民政、水利、财政、农业等多部门共同参与,到形成具有统一联合性特征的国家减灾委员会和应急管理部,不断加强政府灾害应对的协调统一能力,提升了中国政府主导的灾害应对机制的防灾、减灾和救灾效率。

二、政府主导下中国灾害应对体系演进及现状

我国作为世界上灾害事件频发、因灾损失最严重的国家之一,自然灾害种类多,影响范围广。并且随着社会经济的快速发展,各种灾害所造成的社会经济损失也呈现出不断加大的趋势。党和政府一直高度重视防灾减灾工作,从新中国成立到社会主义建设时期、改革开放以后以及党的十八大以来的不同历史阶段,党和政府都出台并实施了针对不同时期具体国情的防灾减灾和灾害应对举措,也推动着我国政府主导的灾害应对制度体系不断完善。

(一)新中国成立初期政府的灾害应对举措

在新中国成立之初,我国政府就立即出台并实施了防灾减灾的相关制度。由于这一时期全国处于百废待兴的状态,国家整体的经济状况较差,在

自然灾害应对上主要采取国家支持下生产救灾的方针,强调依靠群众的力量进行生产自救。1949 年 12 月,政务院通过的《关于生产救灾的指示》中指出,灾区的各级政府及群众必须将生产救灾作为中心,并建立生产救灾委员会,以帮助灾民制订相应的计划,同时向灾民提供适当的贷款与救济粮。在当时的国情下,提出开展节约互助的救灾运动,在生产自救大方针的指导下,我国政府的减灾举措主要包括灾前防灾、灾后救助和社会捐赠三个方面。

在灾前的预防上,强调积极建设水利工程。1950 年 6 月 3 日,中央防汛总指挥部成立,1952 年 3 月政务院通过了《中央人民政府政务院关于一九五二年水利工作的决定》,指出水利建设应由临时性向永久性的工程转变,由消极地除害转向积极地兴修水利。1953 年 12 月,全国水利会议指出水利建设应从服务于工业化和农业的社会主义改造的大背景出发,逐步战胜水旱等灾害,以促进农业的增产。1954 年的政府工作报告强调,与自然灾害的斗争是人民长期的任务,尤其在水利方面必须作出更大的努力。这一时期分别建成了诸如淮河、黄河和长江的治理工程以及农田水利等多项水利工程。截至 1953 年年底,全国共整修了 4.2 万多千米的堤防,500 多千米的海塘,疏浚了 6000 千米的河道,建筑了 3 座水库,修建了灌溉工程建筑物约 15371 座,群众性的谷坊工程 21 万多座。据不完全统计,这一时期共完成的土方工程达到 26.8 亿立方米,石方工程 1700 多万立方米,混凝土工程 63 万多立方米。其次,在预警系统建设方面,因受当时国力所限主要集中在对气象的预报上。1954 年 3 月,政务院发布了《关于加强灾害性天气的预报、警报和预防工作的指示》,要求有关部门重视对灾害性天气的预报,通过提升气象条件预报的准确性帮助人民群众做好自然灾害的预防工作。

在灾后救助方面,首先是成立了灾害应对的组织领导机构,以加强对减灾工作的统一领导。1950 年 2 月,中央成立了中央救灾委员会,并提出"不许饿死一人"的赈灾原则。随后在中央的指示下,各省也陆续建立了生产救灾委员会。其次,出台了有关救灾物资管理的政策。面对物资匮乏的局面,在抢险救灾中最为重要的就是粮食的供应。1954 年出台的《关于粮食征购工作的指示》中指出,国家必须储备一定量的粮食以应对灾荒的发生。关于物资的募集,1950 年内务部发布了《关于处理节约募集救灾物资的规定》,指出各地将募集的救灾物资应用于灾民的生产上,尽量少作或不作单纯的放赈救济,捐募工作的进行情况及群众的反映应报中央并应及时公布,以使人们了解募集的粮款去向(赵朝峰,2013)。最后,减免灾区的税收。

为了保证灾区尽快地恢复生产,中央通常会采取税收减免的政策,以帮助并支持灾区的恢复重建。1952年8月14日,政务院通过了《受灾农户农业税减免办法》,其中明确规定农作物因旱、风、雹等灾害而歉收的农户,应根据受灾的情况减免农业税收。1953年6月5日,在政务院第181次政务会议通过的《关于1953年农业税工作的指示》中明确规定了减免的范围,具体包括"灾情减免"和"社会减免",在确定减免户时应在调查的基础上进行群众评议,并通过政府核定的方法。同时,《关于1953年农业税工作的指示》要求各地应将减免的办法对外布告,做到家喻户晓,确保政府对受灾地区的税收减免政策得到有效执行。

在社会捐赠方面,加强了社会灾害救济捐赠的组织管理。社会互济作为群众自觉的互助行为,是救治灾荒非常重要的举措。1950年4月,中国人民救灾总会正式成立,明确了其性质为中央人民政府领导下的群众性的救济组织,水、旱、风、雹、虫、瘟疫及其他灾害发生后的紧急救济工作是其首要任务。1950年,河南、河北等洪灾地区群众出现缺乏棉衣过冬的问题,中国人民救灾总会、中国红十字总会等团体于1950年9月向全国人民提出募集寒衣600万套以支援受灾同胞的号召。为加强对社会救济组织的领导,7个影响较大的群众团体又于1950年9月18日在北京成立了灾民寒衣劝募总会。在对待国外的援助方面,坚持欢迎国外善意援助的原则。1954年8月21日,内务部办公厅在《答外国记者问》中提出了我国在救灾过程中对于国外援助的态度,表示对国际友人真正的援助是欢迎的,但这一时期整体上接受的国外救灾援助的资金和物资规模较小。

（二）社会主义建设时期政府的灾害应对举措

1956年,随着社会主义改造的完成,我国进入了全面探索社会主义建设的新时期。从1956年到1976年,我国先后经历了一些重大事件,动荡的政治环境不仅对社会经济建设造成严重的影响,对我国的防灾减灾工作也产生了一定的负面作用,这一时期我国的防灾减灾事业在取得一定成就的同时,防灾减灾政策的执行效果也受到了一定影响。

1963年9月21日,《中共中央、国务院关于生产救灾工作的决定》中指出,要依靠集体的力量、采取生产自救和国家救济相结合的方式。与新中国成立初期相比较,该时期我国的救灾仍然注重生产自救,但更加强调集体的力量。与此同时,政治运动的浪潮对我国灾害的救助产生了不良的影响。1956年1月,中共中央政治局发布的《一九五六年到一九六七年全国农业发展纲要（草案）》中提出,从1956年到1967年,必须在7年到12年之内基本上消灭普通的水灾和旱灾的救灾目标。1958年、1959年和1960年先后召开的第四次、第五次、第六次全国民政会议提出,灾区的农业生产已不是如何恢复的问题,而是要把产量翻几番的问题,强调救灾必须要为生产"大跃进"服务,必须将灾区的人民全部调动起来以消灭所有的自然灾害。加上灾荒的影响,在这一时期我国的粮食一直处于紧缺的状态,使整个自然灾害应对工作的效果相对减弱。

（三）改革开放时期政府的灾害应对举措

随着 1978 年党的十一届三中全会的召开,我国步入改革开放时期,我国的减灾政策也发生了变化,并初步形成了政府主导下现代灾害应对体系的制度框架。

首先,确立了新的减灾思想与方针。1983 年全国民政工作会议上肯定了无偿救济与有偿扶持相结合的措施。1988 年的全国民政工作会议上指出救灾方式向保险过渡。与此同时,我国的减灾思想逐渐由单一的救灾向全面的减灾转变。1989 年,国务院同意成立我国的"国际减灾十年"委员会（即国家减灾委员会前身）,在积极响应联合国倡议的同时广泛开展减灾活动,提高我国减灾的整体能力和水平,减轻自然灾害造成的损失。

其次,加强灾害的信息管理。改革开放之前以及改革开放初期对灾害信息管理没有严格的政策性的规定和要求,出于获得更多的救济款项、逃避责任等目的,全国各地存在严重的虚报现象。为了应对这一情况,1989 年 5 月,《民政部关于加强灾情信息工作及时准确上报灾情的通知》发布,对报灾中所涉及的问题作出了具体规定,要求各地要从灾害发生日起,每天向民政部报告具体的灾情,尤其是向新闻媒体所提供的情况,要事先向民政部通知。同时,为了强化灾情公布的时效性,1990 年 6 月,发布了《民政部关于加强灾情信息工作的通知》,指出对于灾情汇报不及时的问题,应强化相应领导责任与体制;在灾害预报信息的管理过程中中央应强调口径的统一,防止混乱的出现。1992 年 7 月,国家气象局发布了《发布天气预报管理暂行办法》,规定国家对公开发布的灾害性天气预警应实行统一发布的原则,其他组织或个人都不得公开发布灾害性天气的警报。

最后,建立灾害应对中的国内外互助制度。一方面,改革开放后,我国开始接受国际上的救灾援助。1980 年 10 月,外经部、民政部和外交部向国务院呈送的《关于接受联合国救灾署援助的请示》明确指出,欢迎国际社会向我国的灾区提供人道性的援助。另一方面,在接受来自国际上的救灾援助的同时,我国也对内发动国内跨地区的救灾捐赠活动。1986 年 10 月,国务院同意并转发了民政部的《关于在全国大中城市募集多余衣被支援贫困地区的请示》,尽管该请示的规定只限于大城市的干部职工,并且募集的对象仅局限于衣被,但以此为基点,我国减灾捐助的社会化进程得以加快。1989 年 9 月,民政部发布的《民政部办公厅关于在国内募集衣被等物资支援灾区有关问题的通知》中,决定将募集作为我国救灾工作的重要补充,并将其划入日常工作范畴之中。

（四）党的十八大以前政府的灾害应对举措

1992 年党的十四大召开之后,我国进入了现代化建设的新时期。在这一时期随着国家经济水平的提高,政府防灾减灾政策也加速完善。1998 年,中国国际减灾十年委员会提出了详细的减灾规划,指出经济的持续发展是深化减灾的基础,减灾工作的加强又能够为经济的稳定发展提供坚实的后盾,要坚持减灾与经济建设一起抓的灾害应对思路。与此同时,在具体的防灾减灾当中,相较于前几个时期,也有着以下几个方面的新变化。

第一,在救灾力量上,建立人民军队参与抢险救灾的规范化制度。我国的人民军队参与灾害救助在人民军队建立之初就广泛存在,这取决于人民军队紧紧地和人民站在一起,全心全意为人民服务的伟大宗旨。随着党的十四大以后我国灾害应对制度体系的逐步完善,人民军队参与抢险救灾也被逐渐制度化和规范化。1997 年 3 月 14 日,《中华人民共和国国防法》中指出,军人应发挥人民军队的优良传统,完成经济发展中抢险救灾等任务。2005 年 6 月 7 日,国务院和军事委员会颁布了《军队参加抢险救灾条例》,其中对军队在救灾中的职责任务、物资装备、奖励抚恤等内容作出了详细的规定。2007 年 8 月 30 日,十届全国人大第二十九次会议通过的《中华人民共和国突发事件应对法》中规定,人民解放军、武装警察部队和民兵组织应按照本法和其他相关规定,积极参与到突发事件的救援和处置中。这一时期人民军队参与灾害救助的一个突出体现就是在 1998 年长江和松花江抗洪中,1998 年的抗洪抢险中人民军队发挥了主力军作用,全军共出动了 30多万名官兵,1. 25 万台车辆,200 多架飞机。2002—2004 年,军队总共参加地震、洪涝等灾害 120 多次,仅武装部队就出动了 24 万多人次。2006—2008 年,军队共出动了 60 多万人次,车辆 63 万台次,飞机 6500 余架次。可见,随着人民军队参与灾害应对的制度建设不断完善,人民军队在灾害应对中的作用也不断增强,成为中国灾害应对制度的一个重要特征。

第二,在组织管理上,推动灾害应急预案管理体系建设。自然灾害的突发性特征要求灾害发生后各级政府要能够快速启动应急响应机制,这使在灾害风险应对中应急预案体系建设至关重要。党的十四大以后,随着我国加快社会主义市场经济建设步伐,各级政府在经济和社会发展中的职能不断完善,从中央到各级地方政府在社会经济事务上的事权责任进一步明确,各级政府在灾害发生后的应急响应职能也逐渐被制度化。2003年6月17日,颁布了《民政部应对突发性自然灾害工作规程》,指出应根据灾情的大小,将减灾工作划定为三个响应等级,明确了各等级响应的具体工作规程,以此为基点使我国的灾害应急体系步入了正轨。2005年5月14日,国务院颁布了《国家自然灾害救助应急预案》,对预案适用的范围、启动的条件、应急的准备和信息的管理等作出了具体的规定。同年,在此基础上国务院又发布了防汛抗旱应急预案、地质灾害应急预案等自然灾害应急预案,进而我国的灾害应急体系得以基本建立并逐渐完善。2008年11月,在总结南方低温雨雪冰冻灾害和汶川地震应对经验与教训的基础上,民政部发出了《民政部关于加强自然灾害救助应急预案体系建设的指导意见》,要求各地区在2009年3月之前完成相关预案的制定。2011年新修订的《国家自然灾害救助应急预案》将灾害的预警响应、过渡性救灾等措施纳入到了预案之中,推动了法制化、制度化的灾害应急预案体系建设。

第三,在社会参与上,促进慈善捐赠救灾模式的快速发展。慈善救灾在中国灾害应对史上长期存在,古代的士绅、乡绅救灾曾在灾民救济中发挥着重要作用。随着改革开放后的经济快速发展和居民收入水平提升,民间慈善组织也快速发展起来,慈善捐赠在灾害应对中的作用也不断凸显。但是,长期以来慈善捐赠救灾面临的一个重要问题是慈善捐赠的组织管理水平不足,对于个人或者公益组织参与灾害应对的制度建设相对滞后,制约了慈善捐赠参与灾害救助的作用。2005年3月,支持慈善事业发展被写入了政府工作报告,2005年10月举行的党的十六届五中全会中进一步强调支持社会慈善等社会扶助的活动。2005年11月,民政部发布了《中国慈善事业发展指导纲要(2006—2010年)》,不仅明确了我国慈善发展的目标和原则,还对自然灾害应对中慈善捐赠的政策支持和组织管理等作出了进一步规定,使慈善捐赠参与灾害应对的制度化建设步伐加快,为自然灾害应对中慈善捐赠力量的成长奠定了制度基础,也促进了慈善捐赠救灾事业的快速发展。

第四,在应对方式上,加快以保险业为代表的防灾减灾市场机制建设。党的十四大以后我国社会主义市场经济步入快速发展阶段,这一时期灾害应对的机制建设也呈现出由政府主导向市场化要素广泛参与转变,其中的一个典型特征就是以巨灾保险、巨灾债券等为代表的金融市场快速发展。2004年中央"一号文件"指出,农业保险应坚持政府引导、市场运作等原则,更好发挥农业保险在灾害应对中的积极作用,中国也开始在新疆等地进行农业保险试点。2008年中央政策性农业保险的保费补贴高达数十亿元,农业保险逐步覆盖了农业生产的全过程,自然灾害和意外事故等都纳入了农业保险的保障范围,自然灾害防灾减灾中市场化应对机制的作用也不断增强。

第五,在救灾合作上,提升灾害应对国际合作能力。随着改革开放的深入和社会主义市场经济发展,我国经济社会运行与国外的联系不断紧密,自然灾害应对中也更加注重国际合作。在这一时期,我国积极参与了国际减灾合作机制的构建,成立了国际减轻旱灾风险中心。2005 年 3 月,我国与联合国国际减灾战略签署了合作备忘录,以合作的方式构建减轻旱灾风险中心。2007 年 5 月 24 日,我国和欧洲航天局签署了重大灾害的国际宪章,推动在重大自然灾害预警和救助上的国际交流合作。同时,更加积极地接受海外灾害援助,建立国外灾害救助的信息公开制度,将国际援助资金和物资使用的具体情况及时向社会公开。特别是在汶川地震期间,我国受到了大量来自国际社会的救灾援助,国际救灾合作逐渐成为政府灾害救助的重要方式。

(五) 党的十八大以来自然灾害应对新变化

党的十八大以来我国社会经济发展进入高质量发展阶段,经济发展与生态建设的协调推进被提升到新的高度,特别是在习近平生态文明思想的指引下,我国自然灾害应对的指导思想、组织机构、运行机制等都发生了新变化。

首先,在指导思想上更加强调自然灾害应对中理顺人与自然关系的重要性。习近平总书记 2016 年 7 月在河北唐山市考察时强调:“同自然灾害抗争是人类生存发展的永恒课题。要更加自觉地处理好人和自然的关系,正确处理防灾减灾救灾和经济社会发展的关系,不断从抵御各种自然灾害的实践中总结经验,落实责任、完善体系、整合资源、统筹力量,提高全民防灾抗灾意识,全面提高国家综合防灾减灾救灾能力。”①习近平总书记从自觉处理好人与自然关系的角度指出了在新时代积极应对自然灾害的着力点,将自然灾害应对从传统的灾后救助拓展到降低自然灾害致灾因子环节上,为通过走经济绿色发展道路提升自然灾害应对水平提供了思想指引。

其次,在自然灾害应对的组织制度上,组建应急管理部加强灾害应对的统筹协调能力。2018 年 3 月,根据第十三届全国人民代表大会第一次会议批准的国务院机构改革方案,成立了中华人民共和国应急管理部,应急管理部成为统筹我国自然灾害应对的组织机构。根据应急管理部的成立组织方

---

① 习近平:《习近平在河北唐山市考察时强调,落实责任,完善体系,整合资源,统筹力量,全面提高国家综合防灾减灾救灾能力》,《人民日报》2016 年 7 月 29 日。

案,将多个国家部委的职责整合,组建应急管理部,作为国务院组成部门统筹各类灾害以及突发事件的应对和救援。可见,应急管理部集合了多个部门原来分散的灾害事件防御和应对职能,提高了自然灾害应对中各部门之间的组织协调能力,使具有联动性特征的自然灾害应对能够实现统一组织,降低了原有部门分割式组织制度可能带来的应对不及时等问题,对于提升政府自然灾害应对效率具有重要意义。

最后,在运行机制上强调应急管理体系和应急能力现代化建设,突出从源头上防范化解重大灾害风险。党的十八大以来,在促进国家治理体系和治理能力现代化的背景下,自然灾害应对也被提高到国家治理能力现代化的高度。2019 年 11 月 29 日,习近平总书记在主持中共中央政治局第十九次集体学习时强调:"应急管理是国家治理体系和治理能力的重要组成部分,承担防范化解重大安全风险、及时应对处置各类灾害事故的重要职责,担负保护人民群众生命财产安全和维护社会稳定的重要使命。要发挥我国应急管理体系的特色和优势,借鉴国外应急管理有益做法,积极推进我国应急管理体系和能力现代化。"[1]对于自然灾害应对问题,党的十八大以来更加强调"要健全风险防范化解机制,坚持从源头上防范化解重大安全风险,真正把问题解决在萌芽之时、成灾之前。要加强应急救援队伍建设,建设一支专常兼备、反应灵敏、作风过硬、本领高强的应急救援队伍。要强化应急管理装备技术支撑,优化整合各类科技资源,推进应急管理科技自主创新,依靠科技提高应急管理的科学化、专业化、智能化、精细化水平。"[2]以灾前预警防御为重点,建设更加强大专业的应急救援队伍,强化应急管理的准备技术支撑,形成从灾前防御提升—专业化队伍建设—现代化装备技术为一体的现代化自然灾害应急管理机制。

三、绿色发展目标下政府灾害应对方式的转变

长期以来,中国的灾害救助和灾后建设主要围绕灾民安置以及灾后的经济恢复展开,对于灾后灾区经济结构的转型升级以及生态环境系统的抗灾害风险能力的关注相对不足。随着绿色发展理念的提出,在政府主导的灾害应对中更加强调由灾民安置和灾后经济恢复向受灾地绿色可持续发展转变,灾后应对措施也发生了相应改变。

---

① 习近平:《习近平在中央政治局第十九次集体学习时强调　充分发挥我国应急管理体系特色和优势　积极推进我国应急管理体系和能力现代化》,《人民日报》2019 年 12 月 1 日。

② 习近平:《习近平在中央政治局第十九次集体学习时强调　充分发挥我国应急管理体系特色和优势　积极推进我国应急管理体系和能力现代化》,《人民日报》2019 年 12 月 1 日。

　　首先,在灾害应对的指导思想上更加注重灾区灾后绿色可持续发展。绿色发展理念是党的十八大以来指导我国社会经济可持续发展的重要思想,重大自然灾害在造成受灾地社会经济资源毁坏的同时,也给灾区的生态环境系统造成了巨大冲击,因此协调好灾区经济恢复与生态建设的关系,形成更加具有生态可持续性的灾后重建模式就成为绿色发展理念下灾害应对指导思想上的一个重要转变。在汶川地震灾区重建上,习近平总书记指出:"灾后重建既要考虑灾区原有的发展基础、资源禀赋,又要充分利用恢复重建提供的机遇,高起点、高标准建设,高度重视产业升级、节能环保,努力促进灾区经济社会全面协调发展"。① 习近平总书记关于促进灾区重建中社会经济与生态建设相结合的指导思想,在近年来我国重大自然灾害灾后重建的规划中得到了充分体现。国务院印发的《芦山地震灾后恢复重建总体规划》中,不仅在特色产业建设上,强调将文化旅游、特色农林业等绿色经济作为灾后支柱产业建设,还专门单列一章"生态家园"分别从地质灾害防治、生态修复、珍稀濒危物种保护、人居环境改善等多个方面规划灾区重建中的生态环境建设问题,这说明在绿色发展理念下自然灾害应对更加注重向灾区可持续发展的方向转变。

　　其次,在具体的灾害应对过程中更加注重改善生态资源环境。绿色发展理念下的自然灾害应对,特别是灾后恢复重建的一个重要转变是更加注重对灾区生态环境恢复以及环境友好型产业的支持。在芦山地震的灾后恢复重建中,生态环境修复不仅是重建规划的重要内容,也在实际重建过程中得到了大量资源投入并取得了明显成效。在芦山地震发生一年后,按照《芦山地震灾后恢复重建生态环境修复专项规划》,芦山地震的灾后重建生态环境修复项目累计开工 153 个,开工率 100%,累计完工 15 个,完工率9.8%,累计完成投资 3.83 亿元,投资完成率 16.2%。累计恢复震损林地植被 24.1 万亩、大熊猫基因交流走廊带 1 万亩,修复大熊猫栖息地 6.9 万亩、草地 2 万亩,水土保持 0.28 万亩,恢复重建林区公路 126 千米、林区防火及作业便道 55 千米,兼顾经济恢复与生态建设的灾后重建模式成为绿色发展视域下政府灾害救助的重要转变。

　　最后,学术研究方面对于灾后低碳重建和绿色发展的关注越来越多。学者们关于灾害应对的研究议题在一定程度上体现了灾害应对方式和实施思路的转变。在较长一段时期内,对灾害应对的研究大多集中于灾后经济恢复和灾民安置,随着生态环境可持续以及绿色发展理念的深入,有关低碳

---

① 《新时代抗震救灾和灾后重建的行动指南》,《川观新闻》2018 年 5 月 8 日。

绿色灾后重建的研究也逐渐增多。胡正明等(2009)基于可持续发展的视角,研究了地震灾区生态重建路径与机制,强调在重建中关注新建家园以及相关产业与灾区生态环境的可持续。徐玖平和何源(2010)较早提出了地震灾后生态低碳均衡的统筹重建模式,何源(2013)则在低碳生态视角下研究了汶川地震的灾后统筹重建模式。随着越来越多的学者关注灾后建设中的人与自然可持续发展,重建模式的低碳性以及灾区生态环境承载力等问题,绿色发展视域下的灾害应对将会朝着更加绿色、可持续和高质量发展方向演进。

第二节　市场化灾害应对方式的产生及发展历程

灾害应对的市场化机制与市场经济发展水平密不可分,以巨灾保险、灾害债券等为代表的金融产品是灾害应对市场机制的主要组成内容。从全世界范围来看,以灾害保险、巨灾债券等为代表的灾害金融市场是在20世纪中后期逐渐建立并发展起来的,以美国、日本等为代表的发达市场经济国家最早在国家自然灾害保障体系中引入特殊灾害(地震、洪涝)保险计划,通过政府支持鼓励商业保险公司开展灾害保险和债券业务,并取得了良好的灾害风险应对效果。进入20世纪90年代后,随着中国金融市场的逐渐开放和改革,中国的商业保险市场中逐渐出现针对企业的灾害保险产品。经过二十多年的发展,以灾害保险为主,巨灾债券、灾害期货等多类型灾害金融产品共同成为当前企业和居民规避灾害风险的重要市场化手段,灾害保险的产生和发展历程也体现了我国灾害应对市场化机制的建立和成长过程。在我国,农业灾害一直以来都是影响社会经济发展的重要因素,从我国农业灾害保险的发展过程中可以窥探出我国灾害保险和市场化应对机制的演变历程和存在的问题。

新中国成立后,以中国人民保险公司的成立为标志,农业保险业务开始起步。农业保险不同于人寿保险、财产保险等常规险种,因其涉及民生保障,具有政策性强、敏感度高、保费金额较大、涉保人员较多、赔付程序复杂等特征。历经超过半个世纪的发展,在借鉴国际成功经验和国内数十年试验试点的基础上,中国农业保险的目标定位、产品模式、保障机制等日渐清晰,逐步形成了具有中国特色的农业保险制度体系(张倩和刘义诚,2016)。总的来看,中国农业灾害保险的发展主要经历了试办阶段、起步发展阶段、恢复试办阶段、短期衰退期和新一轮保险实验发展阶段。

农业保险的探索和试办阶段(20世纪30—40年代)。中国农业保险的产生是农业生产和农业灾害催生的结果,1934年为了促进试验区贷款资金的安全发放,上海银行和金陵大学农学院在安徽和县成立了乌江耕牛保险会,推出耕牛保险产品,这是中国现代保险史上最早的保险组织之一,1936年江西省在临川也组织了耕牛保险社。1939年国民政府在重庆农业试验区开办了生猪保险,并于1944年在重庆成立了中国农业特种保险股份有限公司,开办牲畜险和农业险,这是中国现代农业保险开始发展成型重要标志,也为新中国成立后中国农业灾害保险的建立和发展提供了借鉴。

起步发展阶段(20世纪50年代)。新中国成立后,中国就面临了严重的自然灾害,为了促进农业经济稳定发展,政府开始兴办农业保险。1950年中国人民保险公司开始在全国部分地区试点开办农业保险业务,开办牲畜保险和棉花保险,第二年农业保险的试点地区和保险类型都逐步加大,农业保险增开水稻保险和油菜保险。1953年在全国机构精简的大背景下,中国人民保险公司停办了一些非紧急的保险业务,农业保险业务大部分被停办。1954年中国人民保险公司又开始重新办理农业保险业务,并在1956年召开了第五次全国农业保险大会,中国农业保险取得了较大发展。但是,随着1958年人民公社的出现,农业集体化生产的背景下全国农业保险业务开始了长达24年的停办期。

恢复试办阶段(1982—1992年)。改革开放后,各项事业重新恢复发展,农业保险也开始重新办理。在发展初期,为了鼓励保险公司加大农业保险的开办力度,政府给予保险公司免征营业税等政策优惠。在政府的政策支持下,中国农业保险获得了快速发展,保险公司的营业收入、农业保险产品的覆盖范围和种类都有了明显提升,中国农业保险进入了快速发展的黄金时期,为抵御农业灾害风险和促进中国农业经济稳定发展发挥了重要作用。但是,这一阶段农业保险公司较多承担了我国促进农村和农业经济发展的政策负担,保险开办原则是主要服务于农业发展,保险公司的盈利能力普遍较低。

短期衰退阶段(1993—2003年)。自1992年邓小平同志南方谈话开始,中国市场经济发展的浪潮开始加快,人们逐渐认识到市场在经济发展和资源配置中的重要作用。在这样的背景下,中国人民保险公司也逐渐从原来的政策性农业保险业务向根据市场化特征的财产保险等转变,并且政府也逐步取消了对农业保险和保险公司的政策优惠和财政补贴。出于企业经济效益的考量,保险公司对经济效益较差的农业保险进行了调整,很多农业保险被取消,中国农业保险的规模逐年萎缩,陷入了短期的衰退阶段。

新一轮发展试验阶段(2004—2007年)。由于保险公司商业化经营战略的调整,加上农业保险自身的特殊性质,要求政府对农业保险进行相应的补贴和政策支持。从 2004 年开始国家启动了政策性农业保险试点,通过财政支持引导保险公司开办具有政策性质的农业保险。2007 年中央财政选取 6 个省份进行 10 亿元的农业保险政策补贴,并不断将试点范围扩大。直到 2013 年我国政策性农业保险补贴试点扩大到了 10 个省份,逐渐形成了较为完善的政策性农业保险制度体系。

灾害保险市场的快速发展阶段(2008 年以后)。2008 年的汶川地震给人民生命财产安全和社会经济造成了巨大损失,地震灾害的发生也使以巨灾保险为代表的灾害保险、债权等市场化机制的建设步伐加快。2014 年《国务院关于加快发展现代保险服务业的若干意见》颁布,提出完善保险经济补偿机制,提高灾害救助参与度。将保险纳入灾害事故防范救助体系,通过完善灾害保险市场来提升企业和居民利用商业保险等市场化手段应对灾害风险的意识和水平。提出建立巨灾保险制度,以商业保险为平台,以多层次风险分担为保障,建立巨灾保险制度。逐步建立巨灾保险基金、巨灾再保险等制度,形成财政支持下的多层次巨灾风险分散机制。

当前,我国已经逐步形成了以灾害保险为主的灾害应对市场化机制。据财政部数据显示,2020 年我国农业保险保费收入为 815 亿元,我国已成为全球农业保险保费规模最大的国家。2021 年我国农业保险保费规模为 965.18 亿元,同比增长 18.4%,为 1.88 亿户次农户提供风险保障共计 4.78 万亿元,我国连续两年保持全球农业保险保费收入第一大国的地位。自中央财政实施农业保险保费补贴政策以来,补贴品种逐步扩大,已由 2007 年的 5 个品种扩大至天然橡胶、油料作物等 16 个大宗农产品及 60 余个地方优势特色农产品,基本覆盖关系国计民生和粮食安全的主要大宗农产品。结合区域、险种情况实施差异化补贴政策,补贴比例逐步提高。中国政策性农业保险扩容提升,在帮助农户规避灾害风险、降低灾害损失方面发挥了重要作用,也进一步提高了农民种田的积极性。

通过回顾我国农业保险的产生和发展历程,并结合当前农业保险的发展现状,可以发现,我国灾害风险应对的市场化机制建设不断完善,在这一过程中体现出政府支持与市场发育相结合的特征,并且在特定的历史发展背景下,政府的政策支持是维持农业保险和灾害应对市场化机制发展的重要基础。历史的经验和中国灾害保险成长的现状表明,在进一步推进我国灾害应对市场化机制建设过程中,还应该要继续充分发挥政府支持的作用,通过将政府支持和市场调节相结合,促进我国灾害应对市场化机制的不断完善和成熟。

第三节　绿色发展视域下中国灾害
应对方式的路径分析

一、市场化灾害应对方式的路径分析

随着市场经济的发展,市场化的灾害应对机制日趋成熟。市场机制参与灾害应对主要是由自然灾害的本质特征所决定的。灾害具有突发性特征,尤其是以地震、洪涝等为代表的重大自然灾害还具有强毁坏性。由于突发性和毁坏性,灾害应对机制就需要体现出及时性、灵活性特征。市场化机制提供了以灾害保险、巨灾证券等为代表的灾害应对产品,一旦灾害事件发生,居民和企业等受灾主体可以及时地获得来自保险公司等市场主体的补偿,具有较强的灵活性。市场机制的这种灵活性尽可能地降低了灾害应对中受灾主体对政府救助的依赖,提升了居民、家庭和企业的灾害应对能力。

灾害应对的市场化机制发挥作用的核心在于其自发调节机制,其路径主要体现在对微观经济主体的行为影响上。居民、家庭和企业通过购买保险、期货公司等金融机构开发的灾害金融产品,将自身面临的灾害风险部分转嫁给金融机构。为了实现经营利润,降低灾害赔付率,金融机构有动机对投保对象的灾害风险诱发因素进行评估,帮助灾害风险者提高灾害防范能力,间接降低了灾害冲击造成的不利影响。市场机制的自发性特征能够有效调节经济主体的行为选择。一些人为灾害如火灾、交通事故等,其发生原因与个人行为直接相关,保险公司依据参保者以往面临的灾害风险水平制定参保费用,这种市场机制可以帮助经济主体规范自身行为,提升经济主体灾害风险防范能力。

在灾害发生后,市场化机制也能够给予受灾主体较好的补偿,降低灾害冲击造成的不利影响。来自保险公司灾后赔偿有助于平滑个人、家庭和企业在灾后面临的收入风险,支撑受灾地居民的正常生产和消费行为。受灾地居民的灾后生产和消费状况不仅会影响居民个人及其家庭的福利,同样会对受灾地的灾后重建和经济恢复具有重要作用。总而言之,市场化机制通过对居民、家庭和企业行为产生作用,最终影响灾害应对的成效。

二、灾害应对中政府救助的路径分析

一直以来,政府灾害救助都是中国灾害应对的主导力量。由于灾害具有突发性,且自然灾害的毁坏性较大,单纯依靠个人难以形成及时有效的应

对。政府灾害救助以政府财政收入和全国性资源调配机制为基础,具有及时性、有效性。首先,市场化的灾害救助效应具有明显的个体差异,但政府救助旨在保障所有受灾居民能够均等地获得基本生活资料,能够为受灾地居民的基本生活提供全方位保障,有助于实现灾害应对中的社会稳定目标。其次,政府灾害救助具有整体特征,有助于促进受灾群体和受灾地的整体恢复。自然灾害会对受灾地的物质资本积累造成毁坏,政府灾害救助通过大规模的财政投入、政策优惠等,推动受灾地居民的生产生活恢复和灾后重建。灾后的短期财政投入为受灾地的整体恢复和发展提供了资金支撑,大量针对受灾地的税收和土地优惠政策为吸引外部投资及企业进驻提供了条件。灾害应对中,政府救助从影响地区生产恢复和经济发展的要素出发,为受灾地的宏观经济稳定和社会整体发展提供了保障。最后,灾害应对中的政府救助不仅关注受灾地居民的物质生活保障,还关注居民的心理健康以及长期人力资本积累等问题。灾害应对中,政府救助机制在保障居民基本生活和生产恢复的基础上,还注重对受灾地居民人力资本要素和长期发展条件的培育。在汶川地震中,国家对受灾地居民进行了大量的心理健康治疗,尽可能减少地震灾害给灾民带来的心理创伤,促进灾民生理和心理的双重健全。

三、两种灾害应对方式路径的比较

相较于市场化灾害应对机制,政府灾害救助产生的时间更早,制度和管理体系更为完善,并且长期以来在中国的自然灾害应对中占据着主导地位。特别是在近现代社会以前,无论是在国家层面,还是居民个体层面,市场化的灾害应对机制都严重缺失,在灾害应对中的作用相对不足。而政府灾害救助效应的发挥高度依赖于国家的财政能力以及官员的执行情况,受灾主体处于被动接受的弱势方,一旦政府灾害救助出现缺位,受灾主体将面临较大的灾后生存风险。

20世纪中后期以来,随着世界范围内市场经济的逐渐成熟以及保险金融市场的扩展,灾害应对的市场化机制日益发展、完善。与政府主导的救助机制不同,市场化机制更为灵活和主动,更能够有效地实现经济主体的灾前防御。当更多的企业和个人选择购买商业保险以及其他金融产品来规避灾害风险时,灾害发生后,受灾企业和个人能够及时获得来自保险公司等第三方主体的赔偿,降低了受灾主体对政府救助的依赖度。市场机制在一定程度上较好地替代了传统的政府灾害救助职能,也提高了受灾主体应对灾害冲击的能力。政府灾害救助具有及时性、规模性和统一性特征,在应对重大自然灾害和保障灾害及时救助中发挥主要作用。但对于受灾主体而言,这种灾后救助具有被动性和短期性。市场化机制主动灵活,能够充分考虑经济主体的主观意愿和个体状况,但在应对重大灾害时,及时性和救助力度较低。因此,就政府与市场在灾害应对中的关系而言,两者之间相互补充,但又各有侧重,共同组成了人类应对灾害冲击的体制机制。

政府救助和市场化机制在灾害应对中的作用既有相同之处,也存在较大差异。第一,从基本原则上来看,政府灾害救助主要体现公平原则,保障受灾地居民平等享有灾害救助权利。而市场化机制的补偿效应依赖于个体在灾害发生之前的投资行为,对受灾个体而言,体现了效率原则。第二,从实现方式和作用对象上来看,政府灾害救助主要以财政拨款、物资调配和政策优惠等方式进行,受益对象为整个受灾地区、企业及居民,具有整体性和统一性,缺乏个体区分。市场化机制主要以保险赔付、证券收益等方式实现,受益对象为具体的个人、家庭和企业,具有明显的个体指向,缺乏统一整体性。第三,从救助力度和持续性上来看,政府灾害救助力度大,且涉及除居民生活生产恢复之外的多个方面,但灾害救助的持续性受到政府财政收入和政策力度的直接影响。市场化机制较为灵活,可以长期存续,救助力度依赖于受灾居民灾前的防灾投入状况,在灾前投入和灾后应对收益上具有较好的对称性。第四,在目标选择上。政府救助在实现受灾地居民生活保障的同时,更加着眼于受灾地宏观层面的灾害应对,如地区生产建设和经济恢复。市场化机制以居民、家庭和企业为行为主体,其作用目标更多集中在微观层次。

可见,政府救助以公平为基本原则,具有规模大、统一性强的特征,但难以兼顾不同受灾居民的个体差异,更会受到政府财政和资源调配能力的直接影响。市场化机制注重效率原则,虽然从灾害应对的宏观角度来看,规模较小,但对居民、家庭和企业等个体而言,所能获得的灾害救助要高于政府救助的平均水平,并且能够兼顾受灾主体的个体差异。因此,灾害应对中,需要充分发挥政府救助和市场化机制各自的优势,形成政府灾害救助与市场化灾害应对机制的良性互补。

第四节　绿色发展视域下政府与市场两种灾害应对方式的互补关系

绿色发展视域下的自然灾害应对,更加强调在灾后重建中对生态环境恢复以及经济的绿色可持续性发展,更加重视对灾区经济恢复中环境友好型绿色经济和产业结构的转型升级。从绿色发展目标下灾害应对的两方面要求出发,政府与市场两种灾害应对方式在灾害发生的不同环节发挥的作用不同,这就意味着两种应对方式存在互补关系,并且这种互补作用将在绿色灾害应对的要求下进一步得到加强,能够共同促进具有绿色发展特征的自然灾害应对体系建设。

一、政府救灾对灾后重建中经济主体环境行为外部性的矫正

政府主导的灾害救助机制中灾后救助向绿色可持续重建的转变可以矫正经济主体灾害风险应对中的负外部性行为。严重自然灾害会给灾民的生产生活环境造成毁坏,而灾后的恢复建设过程中,由于灾民自身存在社会经济条件差异,这就导致基于灾民个体在市场化灾后建设中会存在环境负外部性问题。例如,灾后重建过程中需要消耗大量的建筑原材料,特别是在农村灾后重建中,灾民的住房以及生产设施重建中所需要的大量沙石等很多取自当地,对于建筑废料的处理也缺乏统一的场所和流程。此时,以居民个体行为为主实施灾后重建,将不可避免地导致属于环境公共产品诸如沙石过度采掘、建筑废弃物的任意排放。这种灾民个体的灾后重建行为会给集体的生态环境造成明显的负外部性,给绿色可持续的灾后重建和灾区的绿色发展带来不利影响。事实上,在青川县的灾后重建中,鹅卵石是农村最廉价的建筑材料,河滩中的鹅卵石大量被用于农村道路恢复和宅基地建设,导致河流水污染和河床变化,埋下洪灾隐患。除此之外,为了满足重建的建材需求,青川县新增了一些自建砖厂,砖厂为了取土而挖山,部分山体植被遭到破坏,岩石直接裸露在外,造成地质破坏,且烧砖消耗大量的森林植被,加剧了灾区的生态环境脆弱性,不利于灾区绿色可持续发展(见图7-1和图7-2)。

个体经济行为对生态环境的负外部性,不仅是生态环境治理中面临的重要问题,在诸如上述灾区灾后重建中,居民个人和企业的经济行为所造成的灾区生态破坏,也会给灾区的可持续发展和经济绿色转型等造成不利影响。例如,在上述案例中,青川县灾民对河道沙石的胡乱开采,部分村民自办砖厂对土壤以及森林植被的破坏,其背后的关键原因是灾后重建中需要大量使用的建筑原材料相对短缺,灾民在市场上购买的成本较高,从而诱发其对灾后生态环境产生破坏行为。因此,从绿色发展的目标要求出发,要减少灾民基于灾后重建的经济需求所产生的市场行为对灾区生态环境的负外部性,需要政府主导的生态救灾模式发挥其统筹协调作用。

灾后重建是一个涉及政府、企业和居民的庞大工程系统,政府主导的救

图7-1　青川县灾后重建河道沙石乱采　（陈天晗摄）

资料来源:《灾后重建与环境保护出现矛盾　生存生活难以取舍》,搜狐网,2009年1月9日。

图7-2　青川县自建砖厂满足重建用料　（陈天晗摄）

资料来源:《灾后重建与环境保护出现矛盾　生存生活难以取舍》,搜狐网,2009年1月9日。

灾模式是确保这一系统顺利运行的基础。在企业和居民分散化的灾后重建行为中，个体的行为目标主导服从于重建成本的最小化，这就容易导致个体缺乏对生态环境这一公共产品的关注，甚至会引发将灾后重建的经济成本转嫁到消耗生态环境公共产品上的行为。政府主导的低碳生态救灾模式，能够统筹灾后重建的物质资料投入和经济、生态恢复规划，通过政府统一协调和财政补贴，帮助降低受灾主体在灾后恢复重建中面临的经济成本，从而避免受灾个体将私人的灾后重建成本通过破坏生态环境的行为转移到生态公共产品上，矫正灾后重建中经济主体经济行为对生态环境造成的负外部性，为灾后低碳重建和绿色发展提供实现条件，弥补灾民个体从自身经济利益出发所采取的不合理灾害应对行为对灾区社会经济绿色发展造成的损失。可见，在绿色发展视域下，政府主导的救灾模式能够通过矫正受灾个体行为的负外部性，对市场化救灾方式形成有益补充。

二、市场化方式促进政府救灾由"输血"向"造血"转变

政府主导的灾害应对模式在灾害救助和灾后重建中均发挥着重要作用，特别是大规模的灾后物质资本投入和生态恢复建设，为灾区在较短时间内实现社会经济秩序恢复和灾后重建提供了强大支撑，这也是中国特色救灾模式的典型特征。但是，政府主导的灾害应对模式需要以大规模的财政资金投入为支撑，这虽然能在短期内推动灾后重建的快速启动，但是也给各级政府带来了较大的财政压力，并且会导致经济运行中政府干预程度提升。因此，财政资金投入的可持续性以及财政资金"输血"以后灾区能否形成可持续发展的"造血"功能就成为影响灾区长期发展的关键因素。

财政救灾资金的投入具有短时间内大规模投放的特征，例如，汶川地震后三年灾后重建中各级政府共投入 1.4 万亿元用于灾区灾后建设，但是在灾后重建完成后，灾区社会经济发展的财政资金投入则逐步回归到了正常水平，依靠大规模财政投入的灾后发展路径失去了资金来源。此时，促进灾区在灾后的可持续发展，就需要依靠市场化方式。一方面，借助灾害保险市场发展，提高灾区居民对灾害风险的应对能力，降低灾害对家庭收入冲击的影响。另一方面，通过引入外部力量，合作投资和开发灾区的特色生态和文化资源，促进灾区灾后经济绿色转型，形成重建阶段财政资金"输血"到发展建设阶段市场机制"造血"的转变。

市场化机制促进灾区灾后的绿色可持续发展，首先体现在通过保险市场的进入和干预提升灾民后续的灾害风险应对能力。黄颖等（2021）研究了政策性农业保险对降低农户致贫和返贫风险的影响，发现政策性农业保

险的推广以及农户参保程度提升,会显著降低风险型和资本型脆弱家庭的贫困率,并且对风险型贫困脆弱性的作用力度更强。灾区社会经济的可持续发展依赖于受灾家庭抗风险能力和生产生活水平的提升,而保险市场的发展则为受灾家庭提升抗风险能力提供了条件。从这个角度来讲,市场化机制能够在政府灾害救助结束后,为受灾家庭长期抗风险能力的提升提供支撑,也说明市场化机制能够从提升受灾个体灾害风险应对持续性的角度对政府主导的短期救灾方式形成补充。

市场化机制促进灾区的长期绿色可持续发展还体现在市场力量参与灾后建设对灾区经济运行机制的积极影响。遭受严重自然灾害影响的灾区,其社会经济系统遭受了毁灭性破坏,灾后的经济体系恢复需要在新的环境下重新规划。政府的大规模重建投入为灾区经济恢复提供了更高水平的基础物质条件,而灾后的经济恢复,例如新兴产业的扶持与发展,特色产业项目的规划与管理等,都需要以市场为导向开展。在汶川地震灾区的灾后经济恢复中,北川县、青川县的旅游产业发展迅速,快速成长为拉动灾区经济绿色转型的支柱产业。而在这些地区旅游产业的重新规划和发展中,来自对口支援地区相关企业的进入为受灾地旅游资源的整合重组以及景区的重新规划等注入了活力。特别是,来自发达地区更先进的管理和运营模式为灾区建设高起点的现代旅游产业提供了帮助,形成了灾前旅游业发展本地化向灾后管理运营多元化的转变,这种市场化机制的参与为灾区形成具有竞争力的经济运行体系提供了帮助,实现了灾区长期绿色可持续发展的"造血"功能。

第八章　政府灾害救助对灾区经济绿色增长的影响研究

自然灾害具有突发性特征,在短时间内会对社会经济、居民生产生活造成不利影响,居民和单个家庭往往难以应对这种短期灾害冲击。自然灾害的这种突发性特征要求在灾害发生后国家必须要给予及时的灾害救助,帮助受灾地居民恢复生产生活状态。但是,由于不同国家和地区的经济发展、政治制度和自然环境存在差异,国家灾害救助对受灾地长期发展产生的影响并不一致。那么,在中国的灾害应对中,政府主导的国家灾害救助机制的效果到底如何? 从受灾地绿色发展的角度出发,中国的国家灾害救助机制还存在哪些尚待完善的地方? 本章主要围绕上述两个问题,以 2008 年的汶川地震为例,研究国家灾害救助对受灾地长期经济增长和绿色发展的影响,并以此为完善中国灾害应对机制提供经验参考。

第一节　政府救助在灾害应对中的主导性地位与中国举国救灾体制

政府强大的资源统筹和组织调配能力是我国集中力量办大事这一体制优势的典型体现,这一制度优势在自然灾害应对中表现得尤为明显。特别是 21 世纪以来,在全球范围内自然灾害事件频发的背景下,中国各级政府在组织灾害救援和灾后社会经济重建等方面显示出的强大应对能力使中国特色的举国救灾体制在全球范围内不断得到认可,彰显了以政府救助为主导的举国救灾体制的制度优势,也成为我国自然灾害应对的重要机制支撑。

中国特色社会主义的举国体制,是以中国共产党为领导核心,以服务人民根本利益为宗旨,以中央人民政府主导和社会团结和谐为特征,以全国强大物质和精神资源为后盾,依据宪法及法律授权和行政程序,在科学决策与民主决策的基础上,实施全国性的集中统一协调行动的工作体系和运行机制(谢永刚和高建国,2013),这一体制的核心表现是"集中力量办大事"的能力。具体到自然灾害应对上,就是形成了中央统筹、分级负责、属地管理为主,各地区协调配合的全国抗灾救灾管理体制,这一体制机制能够较好地克服受灾地自身在灾害救援力量组织、救援物资投入和灾后重建恢复等方面存在的不足,抓住灾害救援和风险应对的黄金期,提升灾害救助的整体效率。

中国政府主导的举国救灾体制的形成,一方面与中国数千年来中央政府集权下治水社会的治理传统有关。著名的东方问题专家魏特夫在其专著《东方专制主义》中,从治水社会的角度揭示了东方中央集权式制度产生和发展的内在逻辑,他强调以中国为代表的东方国家长期处在治水社会中,单独的个人无法承担大型的水利灌溉与防洪工程,必须有大规模的社会统一组织和集中控制,这体现了中国传统社会文化和治理中对统一集中的需求,也说明了在东方文化和社会治理传统中政府统筹的历史印记,表明以政府主导的灾害应对模式在中国具有丰厚的历史文化沃土和治理传统。

另一方面,政府主导的举国救灾体制体现了中国共产党以人民群众根本利益为核心的执政理念。自然灾害直接对人民群众的生命和财产安全造成了威胁,在自然灾害应对中"救人第一,生命至上"的指导思想要求下,通过统筹协调各项资源确保人民群众根本利益,体现了以人为本的治理原则,这符合中国共产党的执政理念。2013年习近平总书记在芦山地震灾区考察时就强调:"大灾大难是检验党组织和党员干部的时候,也是锻炼提高党组织和党员干部的时候,要引导各级党组织强化整体功能,做到哪里危险多、哪里困难大、哪里有群众需要,哪里就有共产党员的身影、哪里就有共产党人的奋斗。"[1]可见,政府主导的举国灾害应对机制不仅具有长期的历史文化和社会治理传统作为支撑,还是中国共产党以人民群众根本利益为执政理念的本质要求。

中国政府主导的举国救灾体制在应对2008年汶川地震中得到了充分体现。2008年5月12日汶川地震发生后,13分钟内中央政府就启动应急方案,震后1小时,1.6万名部队战士紧急投入救援,震后72小时之内,先后调集陆海空及武警部队,共14.6万人参与灾害救助。同时,铁路部门在汶川地震后的40小时内开行军运列车25列,运送抢险部队1.5万人,开运到达成都灾区的抗震救灾专用物资416个车皮。地震发生后的黄金抢救时间内,数十万救援人员以及救援物资的快速输入体现了中国政府主导的灾害救助体制强大的组织和动员能力。在灾后重建过程中,在中央财政和受灾地各级财政专项投入的同时,中国还实施了"对口援建"机制,中央政府要求全国21个省份对口支援地震的21个重灾县市,按不低于其上一年度

---

① 习近平:《习近平21日至23日在芦山地震灾区看望慰问受灾群众》,人民网,2013年5月24日。

财政收入 1% 的比例,对口支援受灾县市 3 年。而在 2021 年 7 月河南省郑州市水灾救援中,在水灾发生后,应急管理部第一时间启动消防救援队伍跨区域增援预案,连夜调派河北、山西、江苏、安徽、江西、山东、湖北 7 省消防救援水上救援专业队伍 1800 名指战员、250 艘舟艇、7 套"龙吸水"大功率排涝车、11 套远程供水系统、1.85 万余件(套)抗洪抢险救援装备紧急驰援河南防汛抢险救灾。这种跨地区由中央统一控制的资源筹措和调配方式是自然灾害应对中举国体制的一个集中表现,也体现了中央政府统筹组织,各级地方政府协调配合的政府主导型救灾体制的特征。

中国以政府救助为主导的举国救灾体制不仅在中国应对自然灾害冲击的实践中产生了良好效果,也得到了世界范围内的广泛认可。在 2008 年汶川地震的救援工作中,非洲联盟委员会主席让·平在 2008 年 5 月 15 日发表声明说:"非盟委员会对中国政府和人民应对地震付出的努力,以及正在进行的搜救行动表示赞赏和支持",2008 年 5 月 15 日,联合国网站报道世界卫生组织疾病控制和人道主义紧急事件项目专家斯蒂芬·马丁认为中国政府的救灾工作迅速有力,红十字会与红新月会国际联合会灾害预防与应对部门官员科克伦 2008 年 5 月 15 日在日内瓦总部接受新华社记者采访时表明:"中国政府的行动非常迅速,及时调动了军队等各方面的资源,使许多困难得以克服,搜救行动非常有效。"①事实上,中国政府主导的举国灾害应对体制形成了自上而下高效协调的运行机制,充分发挥了社会主义制度集中力量办大事的政治优势,也通过灾害应对向全世界展示了中国特色社会主义制度在处理自然灾害等外部风险冲击时具有独特优势。

第二节 绿色发展视域下国家灾害 救助政策的理论分析

对于政府主导的国家灾害救助体制的政策效果,现有研究主要从政府灾害救助对促进灾区灾后重建和经济增长的角度进行了研究,在结论上则表现为由于灾后国家的大规模救助,自然灾害并不会对经济增长产生太大的负面作用(Albala-Bertrand,1993)。并且,从熊彼特的"创造性破坏"理论来看,灾害冲击为改变原有的资本积累和技术水平提供了机会(Okuyama,2003;Fischer 和 Newell,2008),灾后大规模救助投入能够有效改善受灾地的资本投资水平和基础设施条件,灾害冲击对经济发展的影响是正向的一

---

① 《一些国际组织认为:中国的抗震救灾行动迅速有效》,《经济日报》2008 年 5 月 17 日。

种颠覆性创造(Cuaresma 等,2008;Cavallo 等,2013)。因此,从物质资本和技术升级重塑的角度来看,自然灾害这一外部冲击能够通过政府的大规模救助改变灾区经济发展转型升级的路径,对于灾区的长期发展会起到积极作用。

当然,关于政府灾害救助的实际效果,还有一些研究者认为政府灾害救助是否能够真正促进灾区发展,在很大程度上依赖于政策的执行状况以及灾区本身的受灾程度。以物质资本投入为主的救助政策可能会给受助地的制度环境造成不利影响,资本投入增加的同时也意味着政府财政支配权力的扩张,在缺乏约束机制的条件下,公共部门扩张会导致非生产性消费增加,并对非公共部门形成挤压(Boone,1996;Clement 等,2012),从而会恶化地区经济活力。具体到政府灾害救助上,以财政投入为主的国家救助存在政策偏向,其更多关注基础设施建设和建筑物恢复,对经济结构和制度环境等关注不够,这可能导致灾害救助政策推动灾区经济发展的作用受限。可见,从理论上来看,政府主导的灾害救助究竟会对灾区的经济增长产生何种影响,现有研究并未达成共识,两种主流观点所依托的理论机制也都存在相应的实证证据支撑,因此还需要利用新的经验证据做进一步检验。

早期关于自然灾害以及国家灾害救助政策的研究,大多集中于经济增长的视角上,且在研究结论上没有达成统一。随着生态环境问题日益得到重视,如果将研究视角从灾后单纯的经济增长延伸到受灾地的绿色可持续发展上,严重自然灾害给生态环境系统造成的重要影响逐渐成为分析的重点,也凸显了从绿色发展角度研究国家救助对灾害应对效果的重要性。事实上,自然灾害给受灾地造成的影响,一方面体现在直接的生产资料和物质资本损坏上,另一方面也会对受灾地的自然生态环境造成严重破坏,并通过影响受灾地灾后发展路径对灾区产生更深层次的作用。因此,站在绿色发展的目标要求下,如何更加全面地理解和评估政府灾害救助政策的效果就显得尤为重要。

在理论研究上,自然灾害造成的生态环境问题在近年来得到了广泛关注。李运彩等(2009)以汶川地震为例,研究了地震灾害后导致的环境污染问题以及其治理对策,发现地震带来的生态环境污染问题体现在多个方面,物体污染物能随溶沥水进入土壤,污染地下水,也可随雨水渗入水网,流入水井、河流等被动植物摄入,滑坡、地震等次生灾害会导致粉尘在重力作用下以降尘形式进入土壤,形成半径 2—3 千米范围的点状污染,导致受灾地的水环境、土壤环境等受到较大污染。沃飞等(2009)以汶川地震灾区的农业环境污染事故为例,研究地震后震区可能出现农业环境污染事故的类型、途径以及危害,发现地震灾害对农业污染的影响具有长期持续性特征。任丙南和卢海强(2021)以洪涝灾害为例,研究发现洪涝灾害发生后,大量洪水会携带污水与各类垃圾以及形成径流冲刷,导致水体中的污染物明显增加,严重破坏生态环境。

考虑到自然灾害对灾区生态环境造成的严重影响,因此在灾后重建过程中要发挥国家在城乡重建规划中的主导作用,促进重建中的环境保护,构建战略环评制度并鼓励灾区建设环境友好型项目(郑显芳,2009)。在政府主导的灾害救助和重建模式下,以低碳均衡发展思想指导灾后重建,制定灾区生态低碳发展路径,加大节能减排和灾区产业结构调整,推进生态农业低碳建设,通过政府整体规划推动灾区生态系统全面可持续发展(何源,2013)。丁一和俞雅乖(2012)以四川省广元市在震后的低碳农业为例,研究了政府统筹规划低碳农业项目对灾区灾后低碳产业发展的作用,详细分析了灾后低碳农业建设的产业规划、资本投入、市场开拓以及碳汇贸易等环节中低碳农业发展模式。总的来看,探索形成灾后生态低碳均衡的统筹重建模式,从生态城市、生态工业、生态农业三个维度实施灾后低碳重建工程(徐玖平和何源,2010),是政府主导的灾后救助过程中实现灾区向绿色发展转型的关键。

从现有研究来看,关于政府主导灾害救助的政策效应,一方面,学者们在研究过程中面临着如何将灾害的负向效应与国家灾害救助正向效应相分离的实证识别难题,这导致关于自然灾害对经济的影响以及政府灾害救助效应的分析成为研究的难点。另一方面,在自然灾害导致生态环境系统变化的背景下,国家灾害救助政策也逐渐加大了对灾后生态修复以及绿色产业、低碳重建的重视。在这样的情况下,国家灾害救助政策将会对灾区经济的绿色转型产生积极作用,但现有研究关于国家灾害救助机制政策效果评估时却较少涉及。因此,本章通过构造重灾区灾后重建的财政支出指标,识别以财政投入为主的国家灾害救助对灾后经济恢复的影响,并结合灾区的环境污染和能源消耗指标,讨论国家灾害救助对灾区社会经济绿色发展的影响。

第三节　国家灾害救助影响灾区
经济增长的实证分析

一、数据选择与指标设计

本章以汶川地震为例,利用四川省181个县(区)2003—2013年的面板数据,首先研究灾害冲击对经济增长的直接影响和动态效应,并基于财政支出数据构造国家救助变量,分析灾害救助对受灾地经济增长的作用,识别国家救助发挥作用的具体途径。本书所用到的数据来源于历年《四川统计年鉴》和《中国区域经济统计年鉴》。关于县级灾区变量的设置,本书根据国家 2008 年的《汶川地震灾害范围评估报告》中公布的四川省 39 个重灾县(名单)和 10 个四川省确定的重灾县以及 3 个攀枝花市重灾县名单,设置地震灾区变量。各变量的具体含义与计算方法见表 8-1。

表 8-1　主要变量的含义及计算方法

变量性质	变量名称	具体含义	计算方法
被解释变量	lngdp	地区实际 GDP	地区实际 GDP 取对数
	lnpergdp	地区实际人均 GDP	地区实际人均 GDP 取对数
核心解释变量	earthquake	汶川地震	虚拟变量(0,1)
	lnaid	国家救助	(实际财政支出−潜在财政支出)取对数
控制变量	thirdindustry	第三产业占比	地区第三产业产值/地区 GDP
	industry	工业化	地区第二产业产值/地区 GDP
	urban	城市化	地区非农业人口/总人口×100
	edu	教育水平	普通高等学校在校生数/总人口×10000
	lnfisical	财政支出水平	地区财政支出总额取对数
	far	固定资产投资水平	地区固定资产投资额/地区国内生产总值
	private	民营经济发展	地区民营经济产值/地区国内生产总值
	traffic	交通条件	地区公路里程数/地区行政面积
	lnpop	人口数	地区年末总人口

为了度量地区经济发展,按照文献中的普遍做法,本书将地区实际 GDP 的对数值 lngdp 和地区实际人均 GDP 对数值 lnpergdp 作为被解释变量。其中,各县(区)名义 GDP 的数据来源于《四川统计年鉴》,考虑到数据的可比性,本书以 2003 年为基年,利用 GDP 增长率测算得到实际 GDP 数据。地区人均 GDP 的数据用地区实际 GDP 除以当年地区年末总人口,所

有原始数据均来源于历年《四川统计年鉴》。汶川地震虚拟变量（*earthquake*），借鉴已有文献，在本书的样本范围内，如果该县（区）在 2008 年及以后属于汶川地震重灾区，则赋值为 1，否则为 0。后文的稳健性检验中，采用双重差分倾向得分匹配方法时，指定县（区）变量为个体 ID，使用 Logit 估计倾向得分，进行基于倾向得分的核匹配（Kernel Matching）。为了控制其他因素的影响，我们还选取了一系列控制变量，包括政府财政支出（ln*fisical*）、固定资产投资水平（*far*）、城市化率（*urban*）、地区工业化（*industry*）和第三产业比重（*thirdindustry*）、每万人高等教育在校生人数（*edu*）、民营经济发展（*private*）、地区交通条件（*traffic*）和年末总人口（ln*pop*）等。表 8-2 是各变量的描述性统计结果。

表 8-2　主要变量描述性统计

变量名称	最大值	最小值	均值	标准差
ln*gdp*	15.178	8.971	12.624	1.392
ln*pergdp*	11.584	7.647	9.178	0.772
earthquake	1	0	0.298	0.458
ln*rescue*	13.187	0	3.418	3.980
far	6.621	0.096	0.786	0.685
ln*fisical*	13.744	5.878	11.148	0.995
industry	0.811	0.006	0.342	0.191
thirdindustry	0.851	0.094	0.322	0.110
urban	100	4.600	34.629	22.095
edu	4366.417	30.151	520.869	265.896
private	0.894	0.098	0.508	0.079
traffic	17.094	0.032	0.877	0.802
ln*pop*	5.091	0.875	3.481	1.024

这里需要重点说明的是本书的灾害救助变量。大量文献指出，以财政资金投入为主要方式的灾害救助会直接对受灾地经济增长和居民收入、消费产生影响（Raschky 和 Schwindt，2012；Guglielmo 和 Sauro，2014；卓志和段胜，2012；卢晶亮等，2014；张文彬等，2015）。并且，灾害救助往往在灾害发生后立即产生。在研究灾害冲击对经济增长的影响时，如果不能有效控制救助因素的信息，可能会导致估计结果的偏差。以汶川地震为例，灾害发生后的当年中央财政就下拨 417.94 亿元救助款，在随后的三年灾后重建中各

级政府更是投入资金1.7万亿元,如此大规模的资金投入必然会影响灾害对经济增长净效应的识别。除此之外,研究国家救助对受灾地经济增长的影响具有更加重要的意义,通过控制救助变量,有助于更加清楚地研究灾害与救助分别对经济增长的作用。遗憾的是,至今为止国家和各级政府均未公布关于汶川地震各受灾县(区)获得灾害救助的详细数据。但是,如前文所述,汶川地震后国家救助主要采取财政资金投入的形式,各地区灾后的财政支出状况在很大程度上反映了地区受到的国家救助力度,为此,我们基于财政支出数据测算国家救助变量。具体地,我们首先根据各地区2003—2007年的实际财政支出,测算这五年内地区财政支出的平均增长率。其次,基于这一增长率,我们以2007年为基年,计算各地区在2008—2013年的潜在财政支出数据,这一数据反映了在没有灾害冲击时财政支出的潜在状况。最后,将受灾地2008—2013年实际财政支出减去潜在财政支出,其差值就是本书中受灾地灾后获得国家救助的力度。

二、计量模型构建与实证策略

自然灾害可以看作是影响地区经济发展的外在冲击,在评价这种外部冲击的影响时,使用双重差分法(Difference in Difference)进行分析更为有效(Gruber 和 Poterba,1994)。借鉴已有文献(张文彬等,2015),结合2008年国家年公布的《汶川地震灾害范围评估报告》。汶川地震中,四川省共51个重灾县(区),其中有10个极重灾区(县)。本书将2008年被确认为地震重灾县的样本作为灾害冲击的处理组,其他非重灾县样本则构成对照组。然后,进一步将2003—2013年181个县(区)划分为4个子样本,即地震前的处理组、地震后的处理组、地震前的对照组和地震后的对照组。通过设置 du 和 dt 这两个虚拟变量将上述4组子样本区别开来,其中,变量 du 在处理组的赋值是1,在控制组的赋值是0,也即 $du=1$ 代表被认定为重灾区的样本,$du=0$ 代表非重灾区样本;变量 dt 在地震前是0,地震之后的赋值是1,也即 $dt=0$ 代表地震之前的年份,$dt=1$ 代表地震之后的年份。根据上述的样本界定,可以将双重差分法的基准回归模型设定为以下形式:

$$Y_{it} = \beta_0 + \beta_1 du_{it} + \beta_2 dt_{it} + \beta_3 du_{it} \times dt_{it} + \beta_4 rescue_{it} + \beta_5 X_{it} + \varepsilon_{it}$$

$$(8-1)$$

其中,下标 i 和 t 分别表示第 i 个县(区)的第 t 年,β_1 度量了重灾县(区)自身的效应,β_2 代表了时间趋势效应,β_3 度量了灾害冲击对经济增长的影响,如果地震给受灾地经济发展造成了不利影响,则 β_3 的系数应该显著为负,反之则为正。$Hescue_{it}$ 表示第 i 个受灾县 t 年获得的国家救助,如果国家救助有助于推动受灾地经济发展,那么 β_4 的系数应该显著为正。X 是一系列控制变量,ε 是随机扰动项,被解释变量 Y 度量了受灾县(区)的经济发展,具体指标包括实际 GDP 对数值和实际人均 GDP 的对数值。

表 8-3 中明确了双重差分模型中各参数的具体含义,根据式(8-1),对于地震重灾区(即 $du=1$ 的样本),在地震灾害前后,其经济发展状况分别是 $\beta_0+\beta_1$ 和 $\beta_0+\beta_1+\beta_2+\beta_3$。可见,地震前后受灾地区经济发展的变化为 $\Delta Y_t=\beta_2+\beta_3$,这一变化包含了灾害冲击和其他因素的共同作用。同样,对于其他非重灾区(控制组,即 $du=0$ 的样本)来说,地震前后的经济发展水平分别是 β_0 和 $\beta_0+\beta_2$。可以发现,不是重灾区的县(区)在地震灾害前后经济发展的变化是 $\Delta Y_0=\beta_2$,这个差异并没有包含地震灾害对地区经济增长的影响,因此用处理组在地震前后经济发展水平的差异 $\Delta Y_t=\beta_2+\beta_3$ 减去控制组在地震前后经济发展水平的差异 $\Delta Y_0=\beta_2$,就可以得到地震灾害对受灾地区经济发展的净影响 $\Delta Y=\beta_3$,这是本书运用双重差分方法估计的重点。如果地震真的降低了受灾地的经济发展水平,那么 β_3 的系数应该显著为负。并且,如果国家救助政策对灾区经济发展产生了推动作用,在控制了救助政策的效应后,β_3 系数的绝对值应该显著增大。

表 8-3　双重差分模型各参数含义示意表

组别	地震前,$dt=0$	地震后 $dt=1$	*Difference*
受灾地区(处理组,$du=1$)	$\beta_0+\beta_1$	$\beta_0+\beta_1+\beta_2+\beta_3$	$\Delta Y_t=\beta_2+\beta_3$
其他地区(对照组,$du=0$)	β_0	$\beta_0+\beta_2$	$\Delta Y_0=\beta_2$
Difference in Difference			$\Delta\Delta Y_0=\beta_3$

除此之外,灾害冲击对经济发展的影响可能存在长期效应(Guglielmo 和 Sauro,2014)。即随着时间的推移,灾害冲击对经济增长的短期影响可能逐渐消失,也可能在长期内仍然存在。因此,地震对受灾地长期经济发展的影响会存在动态效应。也就是随着国家灾害救助和灾后重建政策的实施,地区经济发展的要素不断完善,地震对灾区经济发展带来的不利影响会逐渐消失。为了检验这一推测,我们将式(8-1)变形如下:

$$Y_{it}=a_0+a_1 du_{it}+a_2 dt_{it}+\sum_k a_k du_{it}\times dt_{it}^k+\sum_j a_j\times X+\varepsilon_{it}\quad(8-2)$$

其中,$du_{it}\times dt_{it}^k$ 表示汶川地震重灾区受到灾害冲击的第 k 年的年度哑变量($k=-3,-2,0,\cdots,5$)。例如,在汶川地震发生的前两年,那么在 2006 年时 $k=1$,变量 $du_{it}\times dt_{it}^1=1$,在其余年份则赋值为 0。因此,系数 a_k 度量了在地震灾害发生的第 k 年,灾害冲击对受灾地经济发展的影响。同时,在进行动态效应检验时还需要控制其他控制变量。本部分所利用的双重差分方法具有一个重要前提,即在没有汶川地震时,地震重灾县(区)与非重灾县的经济增长随时间的变动趋势并不存在系统性差异。然而,从地震重灾区与其他地区的经济发展现实来看,地震越严重的地区其自然地理和经济发展条件往往较差,原有的经济发展水平可能更低。因此,双重差分方法所要求的共同趋势假设很有可能难以满足。针对这一问题,我们采用双重差分倾向得分匹配法(PSM-DID)来进行稳健性检验。具体来说,在未受到地震灾害的对照组中找到某个县(区) j,使 j 与受到地震灾害的处理组中的县(区) i 的可观测变量相似(匹配),即 $X_i \approx X_j$,匹配后的处理组和对照组受地震灾害的概率相近,就能够相互比较。具体操作中,我们首先根据处理组变量与控制变量估计倾向得分,一般运用 Logit 回归实现;然后再计算地震重灾区中每个县(区)其结果变量在地震前后的变化,对于地震重灾区中的每个县(区) i,计算与其相匹配的全部非地震重灾区的县(区)在地震前后的变化;最后,将地震重灾区的县(区)在地震前后的变化减去匹配后非地震重灾区县(区)的变化就得到灾害冲击的平均处理效应(ATT),而平均处理效应可以有效度量灾害冲击对地震重灾区经济发展的实际影响,也是本部分利用双重差分倾向得分匹配法进行检验的根据。

三、实证结果及其解释

(一) 灾害冲击对受灾地经济发展的直接影响

我们首先检验汶川地震对受灾地经济发展的直接影响。地震灾害具有突发性、自然性特征,对此可以将地震灾害看作是对特定地区经济发展的"准自然试验"。因此,根据式(8-1),本书首先利用双重差分方法来研究地震对受灾地经济发展的影响。回归结果如表8-4所示:

表8-4　灾害冲击对经济发展的直接影响

变量	(1)	(2)	(3)	(4)	(5)	(6)
	lngdp	ln$pergdp$	lngdp	ln$pergdp$	lngdp	ln$pergdp$
$disa$	0.254*** (2.590)	0.172*** (3.192)	0.267*** (4.706)	0.163*** (4.136)	0.237*** (4.392)	0.155*** (4.420)
dt	0.715*** (9.862)	0.644*** (16.135)	-0.711*** (-12.906)	0.446*** (11.624)	-0.258*** (-2.851)	0.884*** (15.026)

续表

变量	（1）	（2）	（3）	（4）	（5）	（6）
	ln*gdp*	ln*pergdp*	ln*gdp*	ln*pergdp*	ln*gdp*	ln*pergdp*
du×*dt*	−0.125 （−0.940）	−0.089 （−1.216）	−0.270*** （−3.787）	−0.103** （−2.084）	−0.116** （−2.059）	−0.055** （−2.399）
ln*rescue*	—	—	—	—	0.010 （0.289）	0.531** （2.122）
industry	—	—	1.975*** （12.862）	2.139*** （20.003）	2.039*** （12.833）	2.151*** （20.827）
structure	—	—	0.593** （2.249）	2.054*** （11.192）	0.715*** （2.640）	2.124*** （12.071）
ln*fisical*	—	—	0.796*** （28.732）	0.005 （0.258）	0.800*** （28.205）	0.009 （0.514）
traffic	—	—	0.330*** （13.623）	0.079*** （4.681）	0.290*** （11.970）	0.053*** （3.383）
urban	—	—	0.015*** （11.390）	0.014*** （15.317）	0.014*** （10.546）	0.013*** （15.066）
private	—	—	2.245*** （11.899）	0.136 （1.032）	2.245*** （11.246）	0.187 （1.443）
edu	—	—	0.000* （1.914）	0.001*** （10.436）	0.000** （2.015）	0.001*** （11.035）
far	—	—	−0.260*** （−10.583）	0.039** （2.265）	−0.265*** （−10.274）	0.019 （1.161）
ln*pop*	—	—	0.408*** （6.844）	−0.047 （−1.125）	0.462*** （7.758）	−0.063 （−1.635）
常数项	12.178*** （227.183）	8.743*** （296.378）	−0.767* （−1.852）	6.799*** （23.584）	−1.319*** （−3.188）	6.666*** （24.786）
N	1989	1978	1554	1554	1357	1357
R²	0.063	0.152	0.803	0.713	0.815	0.745

注：（1）括号中为 t 值；（2）*、**、*** 分别表示在 10%、5%和 1%的水平下显著。

　　表 8-4 的结果表明，在加入了其他控制变量后，列（3）—列（4）的结果显示地震灾害确实对受灾地的 GDP 和人均 GDP 产生了显著的负向作用。列（3）和列（4）的回归并未控制国家救助的效应，而汶川地震的国家救助在地震发生后就立即展开，因此 *du*×*dt* 的交互项还可能包含着国家救助的政策效应。理论上，如果国家救助有助于推动灾后地区经济增长，那么在控制了救助政策后，灾害冲击对经济发展的不利影响会更大。然而，在列（5）和

列(6)加入国家救助政策后,交互项的系数并未明显增大。这一结果可能由于两方面的原因,一方面,基于财政投入的国家救助可能与当期的经济发展程度存在直接关系,我们的回归也存在由于这种反向因果导致的误差。另一方面,国家救助政策要发挥作用,可能存在一定的时滞,当期的救助政策可能会对以后的经济发展产生显著作用,却难以在当期发挥明显效应。为了检验这一猜想,我们采用国家救助政策的滞后两期变量作为其代理变量,根据式(8-1)重新进行回归。结果如表8-5所示。

表 8-5　灾害冲击、国家救助对经济发展的直接影响

变量	(1)	(2)	(3)	(4)
	ln*gdp*	ln*pergdp*	ln*gdp*	ln*pergdp*
du	0.256** (2.048)	0.187*** (2.764)	0.280*** (3.917)	0.155*** (3.215)
dt	0.509*** (5.940)	0.475*** (10.237)	−0.796*** (−12.169)	0.349*** (7.896)
du×*dt*	−0.374** (−2.014)	−0.306*** (−3.050)	−0.489*** (−4.914)	−0.268*** (−3.993)
ln*rescueL.*2	0.041*** (2.879)	0.034*** (4.391)	0.029*** (4.025)	0.027*** (5.626)
industry	—	—	2.100*** (12.237)	2.145*** (18.507)
structure	—	—	0.761** (2.568)	2.064*** (10.310)
ln*fisical*	—	—	0.793*** (25.284)	−0.009 (−0.435)
traffic	—	—	0.310*** (11.915)	0.060*** (3.385)
urban	—	—	0.014*** (9.649)	0.013*** (13.172)
private	—	—	2.168*** (10.034)	2.447*** (10.565)
edu	—	—	0.000* (1.778)	0.001*** (8.213)
far	—	—	−0.274*** (−10.061)	0.010 (0.556)
ln*pop*	—	—	0.382*** (5.272)	−0.096*** (−3.269)

续表

变量	(1)	(2)	(3)	(4)
	ln*gdp*	ln*pergdp*	ln*gdp*	ln*pergdp*
常数项	12.302*** (180.080)	8.850*** (239.005)	5.924*** (17.651)	6.682*** (19.845)
N	1519	1512	1231	1231
R²	0.040	0.104	0.790	0.691

注:(1)括号中为 t 值;(2) *、**、*** 分别表示在 10%、5%和 1%的水平下显著。

可以发现,在控制了滞后两期的国家救助政策后,与表 8-4 中列(3)—列(4)的回归系数相比,灾害冲击对经济发展的不利影响确实显著增大了。这表明汶川地震确实对受灾地的经济发展产生了负向冲击,而国家基于财政投入的救助政策则有助于推动受灾地的 GDP 和人均 GDP 提升,并且灾害救助政策要发挥作用会存在一定的时滞,这也与国家救助政策的实际运行状况和现有关于国家救助政策相关文献的研究结论较为一致。控制变量的信息表明,工业化、城市化水平提升对于经济发展具有重要作用,交通条件改善和人力资本积累有助于推动地区经济增长,财政支出的提升能够显著提升 GDP,但对人均 GDP 并无显著作用。在经济结构方面,产业结构优化和民营经济发展会显著促进地区经济发展,优化经济结构是推动受灾地灾后经济长期增长的重要抓手。

（二）灾害冲击对经济发展的长期动态影响

表 8-4 和表 8-5 得出的都是自然灾害冲击对经济发展的直接影响。然而,大量文献的研究表明自然灾害对经济增长的影响在长期和短期存在较大差异,并且会随着时间推移和灾后救助政策的不断完善出现动态变化。因此,为了进一步识别灾害冲击对经济发展的长期动态影响,我们根据式(8-2),估计地震对受灾地 GDP 和人均 GDP 的动态效应。表 8-6 的回归结果表明,在不控制国家救助变量时,地震灾害对灾区 GDP 和人均 GDP 的不利影响并不存在动态变化趋势,即随着时间变化,灾害冲击对经济发展产生显著的负向作用会逐渐消失。但是,这一结果在加入了国家救助变量后发生了明显变化。当我们单独控制了国家救助的效应后,发现即使在汶川地震过去的五年内,地震灾害对受灾地经济发展也一直存在明显的不利影响,并且随时间推移,这一负向作用甚至会逐渐增大。而国家救助本身对地区经济发展仍然具有显著的提升作用,其余控制变量的信息并无明显变化。动态效应检验的结果进一步支持了表 8-5 得出的结论:汶川地震本身会对

受灾地经济发展产生不利影响,但国家救助同样会起到积极作用,当我们不单独控制国家救助的效应时,灾害冲击与国家救助的作用会混杂在一起,难以准确评估灾害冲击和国家救助各自对受灾地经济发展的影响。因此,通过加入国家救助变量,不仅有助于更加准确地估计灾害对经济发展的影响,同样也有助于理解国家灾害救助的作用。

表 8-6　灾害冲击影响经济发展的动态效应

变量	（1）	（2）	（3）	（4）	（5）	（6）
	lngdp	ln$pergdp$	lngdp	ln$pergdp$	lngdp	ln$pergdp$
du	0.257 * (1.827)	0.174 ** (2.262)	0.400 ** (2.262)	0.218 ** (2.279)	0.588 *** (6.046)	0.159 ** (2.390)
dt	0.715 *** (9.843)	0.644 *** (16.108)	0.509 *** (5.928)	0.475 *** (10.215)	−0.838 *** (−12.845)	0.350 *** (7.841)
$dt^{-3} \times du$	−0.019 (−0.084)	−0.017 (−0.140)	−0.229 (−0.770)	−0.032 (−0.200)	−0.132 (−0.557)	0.003 (0.028)
$dt^{-2} \times du$	0.019 (0.083)	0.022 (0.179)	−0.203 (−0.727)	−0.013 (−0.089)	0.163 (1.119)	−0.033 (−0.326)
$dt^{-1} \times du$	−0.016 (−0.070)	−0.019 (−0.151)	−0.311 (−1.073)	−0.117 (−0.750)	−0.345 ** (−2.070)	0.019 (0.176)
$dt^{0} \times du$	−0.077 (−0.325)	−0.037 (−0.289)	−0.499 * (−1.738)	−0.287 * (−1.852)	−0.693 *** (−4.704)	−0.208 ** (−2.069)
$dt^{1} \times du$	−0.202 (−0.853)	−0.148 (−1.138)	−0.504 * (−1.830)	−0.322 ** (−2.167)	−0.801 *** (−5.628)	−0.263 *** (−2.704)
$dt^{2} \times du$	−0.089 (−0.377)	−0.041 (−0.319)	−0.480 * (−1.696)	−0.296 * (−1.935)	−0.933 *** (−6.405)	−0.240 ** (−2.414)
$dt^{3} \times du$	−0.134 (−0.567)	−0.122 (−0.941)	−0.572 ** (−2.035)	−0.386 ** (−2.542)	−0.688 *** (−4.841)	−0.313 *** (−3.219)
$dt^{4} \times du$	−0.134 (−0.565)	−0.133 (−1.023)	−0.512 * (−1.827)	−0.390 ** (−2.576)	−0.809 *** (−5.559)	−0.321 *** (−3.225)
$dt^{5} \times du$	−0.132 (−0.557)	−0.066 (−0.512)	−0.540 * (−1.915)	−0.329 ** (−2.165)	−0.953 *** (−6.470)	−0.262 *** (−2.601)
ln$rescueL.2$	—	—	0.041 *** (2.850)	0.033 *** (4.322)	0.028 *** (4.029)	0.027 *** (5.503)
$industry$	—	—	—	—	2.097 *** (12.327)	2.152 *** (18.506)
$structure$	—	—	—	—	0.750 ** (2.554)	2.073 *** (10.326)

续表

变量	（1） ln*gdp*	（2） ln*pergdp*	（3） ln*gdp*	（4） ln*pergdp*	（5） ln*gdp*	（6） ln*pergdp*
ln*fisical*	—	—	—	—	0.827*** （26.115）	−0.010 （−0.468）
traffic	—	—	—	—	0.303*** （11.705）	0.060*** （3.403）
urban	—	—	—	—	0.014*** （9.664）	0.013*** （13.098）
private	—	—	—	—	2.106*** （9.823）	2.362*** （11.677）
edu	—	—	—	—	0.000* （1.831）	0.001*** （8.170）
far	—	—	—	—	−0.269*** （−9.941）	0.011 （0.582）
ln*pop*	—	—	—	—	0.375*** （5.220）	0.026 （0.522）
常数项	12.178*** （226.743）	8.743*** （295.873）	12.302*** （179.699）	8.850*** （238.492）	7.791 （23.594）	6.690*** （19.720）
N	1989	1978	1519	1512	1231	1231
R²	0.063	0.153	0.041	0.104	0.796	0.691

注:(1)括号中为 t 值;(2) *、**、*** 分别表示在10%、5%和1%的水平下显著。

动态效应的回归结果也为本书运用双重差分方法的合理性提供了有力支撑。双重差分方法的使用前提是当不存在外部政策冲击时,处理组和对照组并不存在随时间变化的系统性差异。动态效应检验结果表明,在汶川地震的前三年、两年处理组和对照组的实际 GDP 并不存在明显差异,实际人均 GDP 在地震发生的前三年内也均不存在显著差异。这表明,地震灾害对于本书的处理组和对照组而言完全是一种外生的冲击,运用双重差分方法评价灾害冲击对经济发展的影响是合理的。

（三）国家救助推动受灾地经济发展的机制检验

前文的研究表明灾害冲击确实会对经济发展产生不利影响,而国家救助则有助于推动受灾地的 GDP 和人均 GDP 增长。那么,进一步的问题在于国家救助是通过何种路径对受灾地经济恢复产生作用。厘清这一问题,不仅可以进一步验证上述结论的稳健性,同时更能够为我们准确认识国家灾害救助的作用机理,完善国家灾害救助政策提供经验支撑。表 8-7 显示了灾害冲击和国家救助政策对经济发展各要素的具体影响。

表 8-7　灾害冲击与国家救助对经济发展的作用机制

变量	（1）	（2）	（3）	（4）	（5）	（6）	（7）
	traffic	*urban*	ln*fisical*	*industry*	*structure*	*private*	*educate*
du	−0.116 **	−2.756 **	0.108 **	0.008	−0.004	−0.010	81.527 ***
	（−2.059）	（−2.013）	（2.234）	（0.570）	（−0.531）	（−1.204）	（4.288）
dt	0.254 ***	−0.196	1.297 ***	0.072 ***	−0.022 ***	0.060 ***	24.282
	（5.632）	（−0.181）	（34.134）	（6.871）	（−3.635）	（10.031）	（1.615）
du×*dt*	−1.347 ***	−19.746 *	−1.989 ***	−0.110	−0.082 *	−0.110 *	−172.869
	（−2.920）	（−1.738）	（−5.007）	（−1.671）	（1.891）	（−1.921）	（−1.104）
ln*rescue*	0.126 ***	2.076 **	0.212 ***	0.249 *	0.010 *	0.006	17.270
	（3.023）	（2.016）	（5.894）	（1.809）	（1.846）	（1.025）	（1.216）
常数项	0.730 ***	24.170 ***	10.328 ***	0.294 ***	0.336 ***	0.473 ***	79.137 ***
	（23.387）	（32.306）	（392.46）	（40.267）	（80.909）	（105.79）	（45.962）
N	1713	1766	1768	1766	1766	1418	1757
R²	0.037	0.055	0.543	0.040	0.017	0.093	0.029

注：（1）括号中为 t 值；（2）*、**、*** 分别表在 10%、5% 和 1% 的水平下显著。

　　可以发现，地震灾害对所有与经济发展相关因素均产生了不利影响。国家救助有助于改善受灾地灾后的交通条件、增加地区财政总支出、提高地区的城市化水平和第三产业占比，而这些变量对经济发展均有正向作用。事实上，严重自然灾害发生以后，政府会在较短时间内给予灾区大规模的救灾投入，并且在灾后重建期内投入大量财政资金，这些财政资金能够对灾后的经济恢复起到拉动作用，这是国家灾害救助促进受灾地灾后经济增长的重要原因。从灾后重建资金的使用来看，主要用于灾后的基础设施建设和配套产业规划，机制分析的结果也显示在财政资金更容易发挥作用的基础设施以及城镇化建设领域，其对灾后经济发展的正向影响更为明显。

　　国家灾害救助除了通过直接投资效应促进灾后经济增长外，基础设施投资以及产业结构升级配套条件的改善，第四章的研究表明汶川地震后的国家灾害救助促进了极重灾区的第三产业发展，带动了以旅游业为主的经济绿色增长，体现了国家灾害救助促进受灾地经济发展的结构转型效应。在表 8-7 的机制检验中，我们也发现尽管地震灾害对受灾地第三产业发展产生了不利影响，但国家的灾后救助支出促进了受灾地灾后第三产业占比上升，整体而言有助于推动灾后经济结构优化。

四、稳健性检验

(一) 基于双重差分倾向得分匹配法的稳健性检验

虽然动态效应的检验结果表明在地震发生之前处理组和对照组的经济发展水平并不存在显著差异,但为了进一步降低双重差分方法的估计偏误,本书采用双重差分倾向得分匹配法进行稳健性检验。首先,通过 earthquake 对所有控制变量进行 Logit 回归,得到倾向得分,结果表明 lnrescue、private、gov、lnfisical、traffic、edu、urban 都对被解释变量 earthquake 具有显著影响,其中 private、traffic 和 urban 水平低表明重灾区的经济增长确实落后于其他地区,需要运用倾向得分匹配法(PSM)进行匹配。其次,双重差分倾向得分匹配法要求在匹配前后各变量在处理组和控制组的分布是平衡的。有效性检验的结果表明在匹配前后,除工业化水平外其余变量在匹配前后并无显著变化,符合双重差分倾向得分匹配法的使用条件。基于核匹配(Kernel Matching)的估计结果见表 8-8,在运用双重差分倾向得分匹配法进行稳健性检验后,灾害冲击对地区 GDP、人均 GDP 增长仍然具有显著的不利影响。这一结果表明,在克服了处理组和对照组变动趋势的系统性差异后,表 8-4 和表 8-5 基于双重差分方法的估计结果是稳健的。

表 8-8　灾害冲击对受灾地经济发展的影响:双重差分倾向得分匹配法稳健性检验

指标	control	treated	Diff(BL)	control	treated	Diff(FU)	Diff-In-Diff
lngdp	12.227	12.520	0.294	13.016	13.081	0.065	−0.228
标准误	—	—	0.100	—	—	0.094	0.137
t 值	—	—	2.92	—	—	0.69	−1.660
P>|t|	—	—	0.004***	—	—	0.487	0.097*
lnpergdp	8.727	8.915	0.189	9.491	9.502	0.010	−0.178
标准误	—	—	0.069	—	—	0.052	0.079
t 值	—	—	3.190	—	—	0.200	−2.260
P>|t|	—	—	0.001***	—	—	0.842	0.024**

注:(1)括号中为 t 值;(2)*、**、*** 分别表示在 10%、5% 和 1% 的水平下显著。在 lngdp、lnpergdp 两个指标下,参与匹配的样本数分别为 1248、1240,其中对照组样本分别为 707、725,处理组样本分别为 541、515,R^2 分别为 0.081、0.190。

(二) 分样本回归结果

除受到双重差分方法共同趋势假设的影响外,本书的结论还可能受到样本选择偏误的影响。首先,在总样本的选择上,不同于(张文彬等,2015)

只选择了以县为名称的县级行政单位,本书的受灾地样本还包括了区。这虽然扩大了样本容量,但从县域经济发展的现实来看,以区命名的县级行政单位往往毗邻城市,经济社会发展水平较高,而在 52 个重灾县中只包含 7 个区,基于全样本的回归可能人为扩大了处理组和对照组的差别,导致估计偏误。为此,本书首先剔除了包含区的样本,其次进一步剔除县级市样本,对表 8-5 的结果进行稳健性检验。如表 8-9 所示,即使在剔除了区样本和县级市样本后,在县样本中,地震灾害仍然会对地区经济发展产生显著的不利影响,而国家救助有助于推动受灾地灾后经济恢复。

表 8-9　国家灾害救助对经济发展的影响:分样本回归

变量	县样本（含县级市）	县样本（含县级市）	县样本	县样本
	ln*gdp*	ln*pergdp*	ln*gdp*	ln*pergdp*
du	0.283 *** (3.504)	0.137 ** (2.478)	0.220 ** (2.490)	0.086 (1.460)
dt	−0.851 *** (−11.335)	0.378 *** (7.326)	−0.775 *** (−9.901)	0.429 *** (8.186)
du×dt	−0.464 *** (−4.182)	−0.223 *** (−2.931)	−0.432 *** (−3.551)	−0.211 *** (−2.588)
ln*rescueL.2*	0.027 *** (3.458)	0.027 *** (5.007)	0.025 *** (2.885)	0.026 *** (4.508)
控制变量	控制	控制	控制	控制
N	964	964	863	863
R^2	0.796	0.634	0.785	0.628

注:(1)括号中为 t 值;(2) *、**、*** 分别表示在 10%、5% 和 1% 的水平下显著。

第四节　国家灾害救助对灾区环境污染的影响

在本章第三节的分析中,我们重点研究了汶川地震灾害中国家灾害救助对灾区灾后经济增长的影响,发现尽管地震灾害会对经济增长产生不利影响,但是国家大规模灾害救助支出则有助于降低地震灾害对经济增长的负向冲击,并在整体上改善受灾地的产业结构。本节将在国家灾害救助的经济增长效应分析基础上,从灾区生态环境治理和能源消耗的角度,研究政府主导的灾害救助模式对灾区经济绿色增长的影响,为现有关于灾区低碳重建的案例分析提供实证支撑。

一、灾区环境污染的测度指标

绿色发展的概念内涵广泛,但总的来看主要包括两方面:一方面是环境污染程度降低;另一方面是经济产出的资源能源消耗下降。环境污染程度降低体现了绿色发展中的生态治理效果,是贯彻绿色发展理念的重要体现,而经济产出或者说经济活动中能源资源消耗程度下降,则体现了经济增长的绿色化水平提升。从这两个方面开展实证分析,能够帮助我们更好地理解自然灾害后国家灾害救助机制带来的绿色发展效应。

由于本章主要围绕汶川地震展开分析,前文关于经济增长的讨论是在县级层面,并且汶川地震中灾区的划分也是在县级层面。因此,为了确保研究对象的一致性,在本节关于绿色发展效应的分析中,仍然采用四川省县级层面的指标。受县级层面环境污染以及能源消耗等统计数据的限制,本节关于受灾县灾后绿色发展的分析中,我们分别选择县级 $PM_{2.5}$ 指数和二氧化硫排放量作为环境污染的度量指标,选择经济活动中化石能源消耗产生的碳排放强度指标来度量经济发展的绿色化水平。

采用 2005—2018 年的县级 $PM_{2.5}$ 均值和二氧化硫浓度指标度量环境污染状况,其中四川省县级 $PM_{2.5}$ 的原始数据来源于美国国家航空航天局(NASA)维护的基于卫星的气溶胶光学厚度(AOD)检索平台。我们根据原始数据中报告的经纬度信息,结合本书样本中各县(区)的行政面积,通过经纬度划分县(区)面积栅格,得到每个月各县(区)的 $PM_{2.5}$ 数据,然后通过月度数据求均值得到本书使用的县级年度 $PM_{2.5}$ 数据。同样地,各县的二氧化硫浓度年均值数据也来自基于卫星的气溶胶光学厚度检索平台,我们将每个月度的二氧化硫浓度指标进行全年平均,得到其年度均值指标。作为少有的可以度量县级层面环境污染的指标,$PM_{2.5}$ 和二氧化硫浓度近年来被广泛应用于中国地区环境污染的测度。

采用经济活动中化石能源消耗产生的二氧化碳排放量作为经济产出能耗的度量指标。其中,2005—2018 年四川省 180 个县的化石能源燃料燃烧产生的二氧化碳排放量数据来自已有文献(Chen 等,2020)的研究[①]。该原始数据包含了地区化石能源消耗以及碳化物的排放强度,并基于粒子群优化—反向传播(PSO-BP)算法推演得到县级化石燃料燃烧产生二氧化碳排放量,该指标比较好地反映了地区化石能源消耗以及碳排放情况。而化石

[①]　该数据产生的具体过程和详细结果请见:https://www.ceads.net/data/county/。

能源消耗强度是反映经济产出能耗的重要指标,化石能源消耗排放的二氧化碳量则体现了经济活动的节能减排水平。

为了控制气象因素对地区雾霾污染的影响,在控制变量中我们还加入了地区平均温度、平均风速、年降雨量、湿度等指标。气象变量的原始数据来自美国国家海洋和大气局(National Oceanic and Atmospheric Administration,NOAA)的国家气候数据中心(National Climate Data Center,NCDC)。国家气候数据中心数据从1901年至今间隔三小时报告全球站级天气数据,在关于中国气象环境的研究中得到了广泛使用,本书选取了2005—2018年四川省各县的站点天气数据,这些天气监测站点覆盖了本书所要研究的县区的全部范围,我们利用每个变量的日均值计算得到其年均值,各变量的描述性统计结果见表8-10。

表8-10　2005—2018年四川省各县生态环境相关指标

变量名称	变量含义	单位	均值	标准差	最小值	最大值
$PM_{2.5}$	$PM_{2.5}$均值	微克/立方米	58.585	20.145	16.998	89.655
二氧化硫	二氧化硫年均值	微克/立方米	15.636	6.558	6.014	36.258
二氧化碳	化石燃料燃烧产生的二氧化碳排放量	百万吨	1.548	2.336	0.002	10.858
wind	年均风速	千米/小时	3.258	0.645	0.987	4.226
water	年降雨量之和	毫米	755.565	412.658	125.858	1685.58
humidity	相对湿度	%	89.589	15.698	45.698	72.256
pressure	平均气压	百帕	679.68	102.525	498.586	898.58

二、国家灾害救助影响灾区环境污染的实证检验

(一)实证策略

汶川地震对不同县区造成的影响存在差异,灾后国家救助的资金投入也不同,其中一个典型差异就是四川省受灾严重的18个县在中央和省级灾害救助投入的同时,还有全国其他省市的对口支援,这是政府主导灾害救助的典型模式。根据国务院颁发的《汶川地震灾后恢复重建对口支援方案》,四川省北川县、汶川县、青川县、绵竹市、什邡市、都江堰市、平武县、安县、江油市、彭州市、茂县、理县、黑水县、松潘县、小金县、汉源县、崇州市、剑阁县共18个县(市)被纳入对口支援范围。从灾害救助政策来看,对口支援受灾县接受的国家灾害救助具有以下特征:

一省支援一县,全国广东、江苏、上海、山东、浙江、北京、辽宁、河南、河北、山西、福建、湖南、湖北、安徽、黑龙江、重庆、江西、吉林18个省(直辖市)对口支援四川省上述18个重灾区。强调对口支援坚持"硬件"与"软件"相结合,"输血"与"造血"相结合,重视在新兴产业发展、生态重建规划等方面的综合建设。实行特定的财政资金投入,各支援省份每年对口支援实物工作量不低于本省份上年地方财政收入的1%。

基于对口支援政策的上述特征,我们认为被纳入对口支援范围的受灾县,在获得的国家灾害救助力度以及新兴产业发展和生态环境建设等方面的资源投入、总体规划更加有助于实现灾后的可持续发展。因此,在实证设计上,我们将180个县中纳入对口支援的18个县作为处理组,其余县作为控制组,构造以下计量模型检验国家灾害救助对灾区生态环境治理的影响。

$$pollution_{it} = \beta_0 + \beta_1 reform_{it} + \gamma \times control_{it} + \alpha_i + \mu_t + \varepsilon_{it} \qquad (8-3)$$

在式(8-3)中,被解释变量为第 t 年第 i 个县的生态环境污染和能源消耗状况,分别用 $PM_{2.5}$、二氧化硫浓度和化石燃料燃烧的二氧化碳排放量度量。$reform$ 为对口支援县变量,将2008年及以后年份属于对口支援的18个县赋值为1,非对口支援县赋值为0。$control$ 代表其他影响生态环境污染的社会经济与气候变量,包括地区GDP、第二产业占比、固定资产投资额以及风速、温度、气压、湿度等变量,α_i 代表县固定效应,用于捕捉各县不随时间变化的个体特征,u_t 代表年份固定效应,用来控制时间变化趋势,其中 $reform$ 的估计系数 β_1 度量了国家对口支援救灾政策对灾区生态环境治理的影响。

考虑到各省份对口支援的财政支出标准是不低于本省份上一年财政收入的1%,部分省份对于三年重建期间的对口支援资金支出进行了详细说明,但仍存在部分数据缺失的情况,对于缺失部分我们按照上一年各省份财政收入的1%计算并替补缺失值。为了反映对口支援力度差异对灾区生态建设的影响,在式(8-3)的基础上,我们进一步引入对口支援救灾支出强度变量。

(二) 实证结果及其解释

基于式(8-3),我们首先检验对口支援的灾害救助政策对灾区生态环境治理的影响,如果国家灾害救助有助于受灾地灾后的生态建设和经济绿色转型,那么受到救助力度更大的对口支援地区,其生态环境改善状况会越明显。表8-11检验了对口支援灾害救助政策对环境污染的影响,列(1)未加入任何控制变量,列(2)—列(3)中逐步加入气象变量以及社会经济变量,结果均显示对口支援灾害救助政策有助于降低受援灾区的空气污染,促进了受援灾区的生态环境改善。列(4)中为了排除各县所在地市的环境污染治理政策以及灾后重建等政策的影响,还加入了各县所在地级市的年份固定效应,估计结果仍然表明,政府主导的对口支援灾害救助政策对于改善受灾地的生态环境质量发挥了积极作用,这说明政府大规模灾害救助有助于促进灾区灾后的生态环境治理。控制变量的信息表明,地区上一年的$PM_{2.5}$会对当年的$PM_{2.5}$产生显著的正向影响,气象因素对雾霾污染具有重要影响,风速、湿度和气压等都与雾霾的形成密切相关。在县级层面,经济发展水平与雾霾污染之间存在倒"U"型关系,符合环境库兹涅茨曲线理论(EKC)假说(Grossman 和 Krueger,1995),产业结构升级有助于降低空气污染。

表8-11　对口支援灾害救助政策对环境污染的影响

变量	(1)	(2)	(3)	(4)
	$PM_{2.5}$	$PM_{2.5}$	$PM_{2.5}$	$PM_{2.5}$
对口支援政策	-3.858 *** (4.257)	-3.832 *** (4.015)	-3.248 *** (3.257)	-3.746 *** (3.149)
污染物滞后一期	—	0.318 *** (6.258)	0.261 *** (6.997)	0.190 *** (6.542)
固定资产投资率	—	0.256 ** (2.252)	0.117 * (1.697)	0.033 (1.106)
平均风速	—	-0.993 *** (9.114)	-1.327 *** (22.158)	-0.296 ** (10.111)
降雨量	—	-0.001 *** (12.001)	-0.001 *** (12.012)	-0.0016 ** (10.205)
相对湿度	—	-0.004 (0.097)	-0.061 (0.025)	-0.038 * (1.719)
平均气压	—	-0.0217 ** (0.0091)	-0.0358 *** (0.0101)	-0.0090 (0.0069)
GDP 对数值	—	—	2.101 * (1.712)	1.636 * (1.696)
人均 GDP	—	—	-1.352 ** (2.242)	-0.636 * (2.266)
人均 GDP 平方项	—	—	0.060 ** (2.091)	0.041 ** (2.01171)
第三产业占比	—	—	-2.345 *** (3.311)	-0.198 ** (2.124)

续表

变量	（1） $PM_{2.5}$	（2） $PM_{2.5}$	（3） $PM_{2.5}$	（4） $PM_{2.5}$
县固定效应	是	是	是	是
城市—年份固定效应	是	是	是	是
N	2540	2540	2485	2485
R^2	0.325	0.417	0.398	0.585

注:(1)括号中为 t 值,采用地区层面的聚类稳健标准误计算;(2) *、**、*** 分别表示在 10%、5% 和 1%的水平下显著。

尽管 $PM_{2.5}$ 近年来被作为度量地区生态环境污染的核心指标,但其浓度不仅受经济活动中污染排放的影响,还会受到地形等因素干扰。因此,为了确保表 8-11 结论的稳健性,在表 8-12 中,我们将被解释变量替换为空气中的二氧化硫浓度和化石燃料燃烧的二氧化碳排放量。二氧化硫和二氧化碳的排放量与经济活动中的能源消耗紧密相关,在控制了经济产出总量的情况下,这两类污染物排放越少,表明经济的绿色化水平越高,节能减排的成效越明显。如果政府主导的灾后对口支援政策能够在长期促进受灾地的经济绿色转型,那么受到对口支援政策影响的县二氧化硫和二氧化碳的排放量与受灾之前相比会出现更加明显的下降。

现有关于环境污染的研究表明,空气中的硫化物和碳化物浓度提升与粗放式的经济发展模式密切相关。当经济增长的同时,二氧化硫、二氧化碳等污染物的排放量降低,表明经济发展朝着绿色化转型,产出增加的同时生态环境得到了明显改善,这是实现绿色发展的关键要求。表 8-12 的回归中,我们控制了气象变量以及经济总量等其他社会经济因素,估计结果显示政府主导的对口支援救助政策能够显著降低受灾地经济发展过程中的大气污染物排放量,受灾地的生态环境质量在灾后改善程度要明显大于未得到政府对口支援的地区,这说明灾后的对口支援政策产生了较为明显的绿色发展效应。

表 8-12　对口支援灾害救助政策的生态治理效应

变量	（1） 二氧化硫浓度	（2） 二氧化硫浓度	（3） 二氧化碳排放量	（4） 二氧化碳排放量
对口支援政策	-1.123 *** (7.276)	-1.132 *** 6.098)	-0.458 *** (3.294)	-0.362 ** (2.249)

变量	（1）	（2）	（3）	（4）
	二氧化硫浓度	二氧化硫浓度	二氧化碳排放量	二氧化碳排放量
其他控制变量	否	是	否	是
县固定效应	是	是	是	是
城市—年份固定效应	是	是	是	是
N	2540	2485	2540	2485
R^2	0.247	0.326	0.402	0.469

注:(1)括号中为 t 值,采用地区层面的聚类稳健标准误计算;(2) *、**、*** 分别表示在 10%、5% 和
1% 的水平下显著。

考虑到灾害救助对口支援过程中,各地区对受援地的救助资金投入存在差异,这可以进一步用于检验国家灾害救助的绿色发展效应。如果国家灾害救助有助于促进受灾地的生态环境建设,那么在那些援建方资金投入越大的地区,其灾害救助的绿色发展效应会越明显。因此,在表 8-13 中我们进一步检验对口支援过程中援建方的援建资金投入力度对受灾地绿色发展的影响。由于对口支援政策只持续了三年,因此在分析中我们将三年中援建方投入的对口支援资金额加总,将加总后的金额乘以是否属于对口支援地区变量,交互项的系数变量表明对对口支援灾区而言,灾后援建方每增加 1 亿元的救灾资金对地区生态环境建设的影响。如果政府主导的灾害对口支援有助于促进灾区的绿色发展,那么随着对口支援资金投入的增加,对口支援政策对减少受援地环境污染的效应会不断提升。表 8-13 的估计结果显示,对口支援县所获得的救灾资金投入越大,其环境污染状况越低,这一效应在控制了气象以及社会经济变量后显著成立,这进一步说明政府主导的灾害应对方式不仅可以促进灾区灾后的经济恢复,还有助于降低其经济发展过程中的环境污染问题,促进灾区的绿色可持续增长。

表 8-13　对口支援力度与受灾地生态环境改善

变量	（1）	（2）	（3）
	$PM_{2.5}$	二氧化硫浓度	二氧化碳排放量
对口支援政策×对口支援资金额	-0.103 ** (2.206)	-0.092 *** (3.058)	-0.028 ** (2.191)
其他控制变量	是	是	否
县固定效应	是	是	是

续表

变量	（1）	（2）	（3）
	$PM_{2.5}$	二氧化硫浓度	二氧化碳排放量
城市—年份固定效应	是	是	是
N	2485	2485	2485
R^2	0.185	0.274	0.216

注:(1)括号中为 t 值,采用地区层面的聚类稳健标准误计算;(2)*、**、***分别表示在 10%、5%和
1%的水平下显著。

　　本节采用双重差分方法评估政府主导的灾后对口支援政策对灾区绿色发展的影响。其中,一个关键假设是在政府灾害救助发生之前,受援地与非受援地之间生态环境污染程度不存在显著差异,这就要求我们对灾害发生前处理组与控制组的环境污染以及能源消耗是否存在显著差异进行事前平行趋势检验。除此之外,经济发展过程中的绿色化转型依赖于生态治理和产业结构的同步升级,这一过程会随着转型政策的实施存在一定时滞。从灾区灾后的经济恢复和生态建设来看,自然灾害在短期内会对地区生态环境造成负面影响,在大规模重建过程中,也可能会同步产生大量的环境污染源。因此,即便政府主导的灾后重建工作能够提高对生态环境建设以及绿色低碳产业的综合规划和建设水平,但要转变为绿色低碳的经济发展成效会存在相应时滞。从产业转型带动绿色发展的角度来看,绿色产业的成长和传统产业的节能减排也需要一定时间,政府主导的灾害救助政策对灾区绿色发展的影响可能会随着救助政策的实施以及相关产业的成长逐渐显现。因此,需要对政府主导的灾后对口支援在促进生态环境治理上的动态政策效应进行检验。

　　表 8-14 给出了关于对口支援灾害救助政策实施前后处理组与控制组生态环境污染差异变化,在回归估计时将对口支援前一年作为基期。可以发现,在对口支援救灾政策实施之前受援地与非受援地的各项环境污染指标均不存在显著差异,这说明前文的估计结果符合双重差分方法的平行趋势假设。在对口支援刚开始的年份,处理组的环境污染会略高于控制组,可能的原因是大规模的基础设施建设项目和房屋住宅建造过程中会产生较多的空气污染源。但是,随着对口支援政策和建设项目的落地,在对口支援政策结束后,政府主导的灾害救助政策对受援地生态环境治理的正向效果逐渐显现,在 $PM_{2.5}$、二氧化硫浓度以及化石能源燃烧产生的二氧化碳排放量等不同环境污染指标下,对口支援政策对受援地生态治理的积极作用不断

加强,这表明随着生态修复项目以及新兴绿色产业等环境友好型项目的落地运行,地震灾区在经济恢复的同时,生态环境状况也不断好转,逐步实现了经济增长与生态建设相结合的绿色发展道路。

表 8-14　对口支援救灾对受灾地生态环境改善的动态效应

变量	（1）	（2）	（3）
	$PM_{2.5}$	二氧化硫浓度	二氧化碳排放量
对口支援前 3 年	0.113 （1.206）	−0.069 （1.058）	−0.005 （1.125）
对口支援前 2 年	−0.085 （1.026）	−0.008 （0.046）	0.012 （1.003）
对口支援第 0 年	0.206* （1.716）	0.075 （0.014）	0.021 （0.039）
对口支援第 1 年	0.213* （1.698）	0.125* （1.654）	0.032* （1.755）
对口支援第 2 年	0.093 （1.018）	−0.198 （1.154）	0.014* （1.633）
对口支援第 3 年	−0.119 （0.698）	−0.279 （0.984）	0.003 （0.065）
对口支援第 4 年	−0.076* （1.808）	−0.098 （1.005）	−0.013* （1.834）
对口支援第 5 年	−0.153** （1.998）	−0.068** （2.218）	−0.056* （1.705）
对口支援第 6 年	−0.169** （2.0128）	−0.076** （2.224）	−0.009** （2.352）
对口支援第 7 年	−0.354*** （3.998）	−0.107** （2.308）	−0.021*** （3.245）
对口支援第 8 年	−0.392*** （3.685）	−0.118*** （3.598）	−0.065*** （5.668）
对口支援第 9 年	−0.451*** （4.336）	−0.196*** （3.241）	−0.102*** （6.336）
对口支援第 10 年	−0.399*** （4.998）	−0.106*** （3.126）	−0.168*** （5.425）
其他控制变量	是	是	否
县固定效应	是	是	是
城市—年份固定效应	是	是	是

续表

变量	（1）	（2）	（3）
	$PM_{2.5}$	二氧化硫浓度	二氧化碳排放量
N	2485	2485	2485
R^2	0.203	0.232	0.116

注:(1)括号中为 t 值,采用地区层面的聚类稳健标准误计算;(2) *、**、*** 分别表示在10%、5%和1%的水平下显著。

政府主导下以大规模建设资金投入为主的国家灾害救助是中国灾害应对体制的典型特征,也是中国在面对重大自然灾害时能够取得良好救灾与灾后重建成效的根本保障。在绿色发展理念的引领下,政府主导的灾害救助在推动灾区经济恢复的同时,也更加注重对灾区的低碳绿色重建,突出对灾后生态恢复以及环境友好型产业的整体规划和项目布局,这不仅体现了国家灾害救助在战略方向上的重要转变,也为在绿色发展视域下理解国家灾害救助机制对灾区社会经济发展的长期效果提供了重要支撑。

本章的研究表明,尽管地震灾害在短期内会导致受灾地经济发展水平急速下滑,但是国家灾害救助的实施会逐渐使受灾地经济恢复,并且以实际GDP 和人均 GDP 度量的经济发展指标会越来越好。大规模的财政资金投入所带来的基础设施以及经济发展硬件条件的改善是国家灾害救助推动灾区经济发展的关键原因,而随着硬件设施的改善,第三产业发展水平提升、城镇化进程加快,为灾区经济的高质量增长提供了帮助。国家灾害救助在改善灾区经济结构以及发展条件的同时,对灾区的生态环境治理产生了积极作用。利用对口支援政策,本章研究发现政府主导的灾害救助能够明显降低受援地灾后的环境污染程度,减少化石能源消耗的污染物排放,在推动灾区灾后经济增长的同时也产生了生态环境治理效应。特别是随着对口支援政策以及建设项目的落地,国家灾害救助对灾区生态治理的正向作用会越来越明显,这种持续性的动态效应表明国家灾害救助有助于受灾地在灾后走上经济增长与生态治理双赢的绿色发展道路。

实现资源环境友好型的经济增长是践行绿色发展理念的根本要求,在自然灾害的应对中,将灾后经济恢复与生态建设有机结合,通过高水平、高起点的重建规划和绿色低碳产业发展促进灾区生态环境资源承载力提升,不仅对于灾区经济社会的可持续发展具有重要意义,也表明经济发展的生态环境效益对提升人类灾害风险应对能力有重要作用。从我国近年来在汶川地震、芦山大地震等重大自然灾害应对的实践来看,发挥好政府主导的灾害救助机制在灾后经济重建与生态治理上的统筹规划作用,强调在改善灾区基础设施以及物质资本条件的同时,充分挖掘灾区的生态、文化资源优势,布局环境资源友好型产业,实现灾后经济恢复与生态建设的同步推进是助力灾区走上绿色发展道路的必然选择,也是绿色发展视域下提升中国灾害应对能力的本质要求。

第九章 市场化灾害应对机制的绿色发展效应分析及其实现路径

第八章的分析表明,政府主导的国家灾害救助机制对受灾地的经济恢复和生态治理具有重要作用,但其分析对象主要是灾后拥有大规模救助投入的地震灾害。中国作为一个农业大国,农业灾害的发生频率最高、影响范围最大,对农业生产和农民生活的影响最为明显,也是中国灾害应对面临的重要问题。但是,由于农业灾害的地域影响范围广,同时又会对农业生产、农民生活等产生直接作用,单纯依靠政府灾害救助难以形成长效机制。随着中国市场经济发展,以巨灾保险、灾害债券等为代表的市场机制在中国农业灾害风险应对中发挥越来越重要的作用。作为国家救助机制的有力补充,以灾害保险为代表的市场化机制能否进一步提升灾后农业的绿色发展能力?市场化机制能否平滑农业灾害对农民生活的风险冲击?其发挥作用的具体路径又是什么?本章主要在农业灾害的视角下,研究市场化进程中,农业灾害对农业绿色发展以及农民消费平滑的影响,以此来揭示推进灾害应对的市场化机制对提升灾害应对能力的重要作用。

第一节 市场化机制与农业灾害风险应对

农业是支撑社会经济发展的基础产业,而农业又是我国自然灾害最为频发的领域,提升农业灾害的应对能力是新时代乡村振兴的重要任务,也是我国灾害防治和救助工作的重点。国家统计局数据显示,2021年全年农作物受灾面积1174万公顷,其中绝收163万公顷,提升农业、农民的自然灾害风险应对能力是完善我国自然灾害风险应对机制的关键,也是自然灾害应对问题研究的重点领域。

农业灾害与以地震为代表的地质灾害不同,农业灾害大多为气象灾害,例如洪涝、冰雹、冷冻、干旱等,这类灾害虽然大多数情况下对农业发展和农村居民生活不会造成一次性的重大毁坏,但是与地震等地质灾害相比,其发生的频率较高,灾害波及的范围较广,这导致在农业灾害的应对中国家一次性大规模救助主要是在短期内减少农业灾害对农民生命财产安全造成的毁坏,对于灾后农户家庭的经济恢复和农业的绿色发展问题,则主要依赖于农业和农民自主性的灾害应对和灾后恢复能力,这是农业灾害应对的关键。由于农业灾害具有频发性、长期性和影响区域广泛性等典型特征,导致诸如地震灾害应对中政府主导的大规模灾害救助在农业灾害应对中的投入相对较少,农业在灾后的可持续发展以及农户家庭经济的风险平滑则主要依靠能够进行风险分担的市场化机制,政府灾害救助主要起到灾中救助和灾后补助的作用。因此,在农业灾害的应对中,通过市场化机制形成农业和农户灾后经济和生态恢复的自动调节至关重要。其中,在应对农业灾害的市场化机制中,以农业巨灾保险为代表的农业保险市场发展是通过市场机制调节提升农业灾害风险应对能力的重要体现。

在较长一段时期内,中国农业保险的市场规模较小,农户的参保率较低,2007 年中央政府开始实施农业保险财政补贴政策,对农户购买农业保险进行相应的补贴,降低了农户的参保成本。经过十多年的发展,我国农业保险市场取得了快速发展,2021 年我国农业保险保费规模为 965.18 亿元,同比增长 18.4%,目前我国已成为全球农业保险保费规模最大的国家。从2007 年农业保险中央补贴政策实施以来,农业保险的投保和保费支出维持着快速增长,以农业保险为代表的市场化机制在农业灾害应对中发挥着重要作用。

农业保险市场的发展,为提升农业和农户的灾害应对能力提供了重要支撑,也为灾后农业的绿色可持续发展提供了资金保障。农业保险市场的扩大与农村经济市场化程度提升紧密相关。在农村的市场化进程中,一方面,诸如农业保险等市场化灾害应对的产品市场逐渐丰富起来,为农户分散灾害风险提供了更多渠道。另一方面,在农村经济市场化进程中农民家庭收入来源逐渐趋于多样化,对于农业收入的依赖度相对下降,从而在收入端有助于缓解农村居民在农业灾害后的收入和消费波动,促进农村家庭灾后的可持续发展。因此,从市场化灾害应对的手段以及市场化过程中农户收入来源多样化角度来看,在应对发生频次较多、覆盖范围较广、单次灾害损失较小的自然灾害时,需要更好发挥市场化机制的调节和应对效应,体现了农业灾害应对中市场化机制的必要性。

本章研究立足于我国农业灾害的现实状况,一方面,从农业保险市场发展的角度,利用 2008—2018 年省级层面的农业保险数据,测度农业绿色全要素生产率指标,研究农业保险市场对农业灾害发生后农业绿色全要素生产率的影响,揭示基于农业保险的市场化灾害应对机制对降低农业灾害风险以及促进农业绿色发展的影响。另一方面,从农户家庭消费平滑的视角,研究市场化进程当中,农户家庭收入多元化对降低灾后农户家庭消费波动的影响,从稳定农户生活与消费支出的角度研究经济市场化对改善农户灾后生活的作用。通过对农业绿色全要素生产率和农户家庭消费平滑的分析,从产业和农户两个维度体现市场化灾害应对机制对促进受灾主体绿色可持续发展的影响。

第二节　农业灾害对社会经济影响的研究回顾

本章研究的重点是从农业灾害的视角出发,结合农业灾害发生频次高、受灾面广等典型特征,从农业灾害保险角度分析农业灾害应对中市场化机制对农业绿色发展的影响,然后结合经济市场化进程中受灾农户的消费平滑行为讨论市场化机制在促进农业灾害下农户家庭可持续发展上的积极作用。因此,与本章内容直接相关的研究主要体现在以下四个方面。

一、农业灾害经济影响研究

关于农业灾害经济影响的早期研究,大多围绕中国历史上的旱灾和洪涝灾害对农业生产和社会稳定的作用展开分析。在农耕社会,农业灾害直接影响着生存资料的获取,在洪涝干旱等极端气候灾害的影响下,粮食价格的飞速上涨导致了更多的社会冲突(梁若冰,2014),严重的旱灾、蝗灾等农业灾害会加剧农民的饥荒,成为农民起义战争的导火索(陈强,2015)。在传统农耕社会下,政府对农业灾害的救灾能力以及灾后对饥荒的救济水平直接影响着社会稳定和政权巩固,农业灾害的应对一直是农耕社会国家治理的核心问题。

随着社会经济发展,尽管农业灾害不会再直接引发严重的社会冲突和政治问题,但作为农业大国,自然灾害和病虫疫灾的频发也导致农业因灾损失不断加重,严重影响了农民的收入(陈利和谢家智,2013)。农业灾害经济影响的直接体现是在粮食生产上,王道龙等(2006)对20世纪90年代农业灾害的研究发现,我国平均每年粮食受灾面积达0.52亿公顷,粮食损失超过500亿千克,在导致粮食减产的农业灾害类型中,干旱灾害最为严重,90年代每年因旱灾损失粮食占气象灾害损失粮食的57%。许飞琼(2010)研究了农业灾害与粮食产量之间的关联关系,发现农业灾害与粮食产量之间存在周期性波动关系,灾害是影响粮食安全的重要因素。

当然,对于农业灾害与粮食安全的关系,还有研究认为应该区分自然灾害和人为灾害。董利民等(2006)在城镇化的背景下讨论了农业灾害与粮食安全的问题,通过区分农业面临的自然灾害、生态灾害、环境灾害和社会灾害,研究发现与农业自然和生态灾害相比,真正影响耕地面积和粮食安全的是农业社会灾害,强调规范政府的土地行为对确保耕地和粮食安全的关键作用。熊淑娥(2020)在对日本农业灾害的研究中,也指出日本农业灾害导致的粮食安全问题,虽然与洪涝灾害本身的强度具有一定关系,但是农业防灾基础设施的老化等社会人为因素是导致农业灾害引发粮食安全风险的最关键因素。

除对粮食生产等产生的直接经济影响外,洪涝、干旱等自然灾害还会影响农地土壤以及水环境,导致土壤污染和水体污染等生态环境问题。但是,要解决这类问题所需要的成本投入较大,产生的经济收益相对较低,因此在缺乏保险赔付等外部成本分担机制的情况下,农户缺乏对改善农业生态环境的资源投入激励,而从农业绿色发展的角度来看,这一问题又显得非常重要。

二、农业灾害保险市场研究

农业保险是农村经济市场化发展过程中应对农业灾害的重要手段,中国的农业保险市场发展起步较晚,在较长时间内农业保险的覆盖率和参保率都处于较低水平。随着2007年中央对农业保险开始进行政策补贴,以及农业市场化进程中农户对农业灾害以及农产品市场风险认知的提升,农业保险的覆盖面不断提升,农业灾害保险的赔付率以及在应对农业灾害上的作用成为研究的重点问题。

关于农业保险对农业发展的作用,王向楠(2011)研究了农业保险对农业产出的影响,发现在农业生产风险更大的地区,农业保险会对农业产出的增长发挥更大的正向作用。庹国柱和朱俊生(2010)较为系统地讨论了农业巨灾保险的风险分散机制,提出了多种农业保险巨灾风险分散制度的运作机制及其适用范围。杨汭华等(2021)以种植业为例,研究了重大自然灾害冲击下农业保险的赔付能力,发现总的来看我国农作物因农业灾害的损失风险普遍较高,在20年一遇的重大自然灾害情形下,2016年农业保险行业的赔付效率为84.77%,对缓解种植业面临的巨灾风险起到了重要作用。郑军和杨柳(2021)在乡村振兴的背景下,研究了农业保险的支农效率,发现绝大部分省份农业全要素生产率有所下降,但是农业保险对支持农业全要素生产率提升的作用仍然比较明显,发展农业保险市场是促进农业生产效率改善的重要举措。

另外一些研究主要关注农户对农业保险购买需求的影响因素以及中国农业保险市场发展存在的问题。宁满秀等(2005)较早地对影响农户农业保险的购买因素进行了实证分析,发现农业生产风险的大小是影响农户农业保险购买意愿的重要因素,面临的生产风险越大其购买意愿越强烈。陈妍等(2007)基于斯蒂格利茨的保险需求理论,利用武汉市和兴山县 100 个农户的调查资料研究发现,农户家庭的农业收入、耕地面积以及受教育年限等因素均对农业保险购买意愿产生显著影响。张跃华等(2007)对农户保险购买需求因素的实证分析发现,由于一般性的农业自然风险并不会对农户的生产生活产生显著影响,所以农户购买农业保险的风险感知力较低,在规模较大的自然灾害风险下,农业保险在提升农户的风险分担能力等方面具有重要作用,能够促使农户灾后快速恢复生产,这对农户的保险购买产生了积极作用。但是,购买农业保险会增加农户当期的经济负担,侯玲玲等(2010)研究了农业保险补贴政策对农户参保意愿的影响,认为完善农业保险的补贴政策会提高农户农业保险的参保积极性,提升农业保险对农户抵御农业风险的能力。

总的来看,与发达国家相比,中国的农业灾害保险市场起步较晚,发展较为缓慢,但随着农业保险市场的成长以及国家农业保险补贴政策的实施,农户的农业保险参与程度逐步提升,农业保险在帮助农户应对农业灾害风险上的作用也不断显现,以农业保险为代表的市场化机制在促进农业发展和农户风险应对上的作用日益凸显。

三、农业绿色发展研究

本书主要是从绿色发展视域出发研究自然灾害对经济的影响及其应对机制,在本章关于市场化机制应对农业灾害风险的分析中,对市场化灾害应对机制效果的分析也需要围绕农业的绿色发展进行。在农业生产领域,近年来农业绿色化发展也进一步得到重视,关于农业绿色发展问题现有文献也进行了充分讨论。

关于农业的绿色发展,于法稳(2018)在理论层面对新时代农业绿色发展驱动因素、核心内容及相关对策进行了系统分析,认为农业绿色发展是破解新时代发展主要矛盾的重要内容,而农业绿色发展的核心是水土资源的保护,特别是水土资源质量的保护。孙炜琳等(2019)认为在对农业绿色发展的内涵解析基础上,关键在于建立一套适用于全国不同地区农业绿色发展评价的指标体系与评价办法,在激励约束机制上形成有助于农业绿色发展的制度环境,增强各地区促进农业绿色发展的政策意识。

在对农业绿色发展进行理论解释的同时,大量研究围绕农业绿色发展的具体测度以及评价体系展开分析。李兆亮等(2016)构建了度量中国各省份农业绿色 GDP 的指标,发现总体来看中国农业绿色 GDP 占农业传统 GDP 的比重在 80%—85%,并且呈下降趋势,主要体现为西部地区农业绿色 GDP 水平较低,认为准确评价农业发展程度需要充分考虑农业产出增长中的资源环境代价。魏琦等(2018)基于全国和各省份数据,构建了涵盖资源节约、环境友好、生态保育和质量高效四个维度共计 14 个指标的中国农业绿色发展指数,并发现 2012 年以来我国农业绿色发展指数有了明显提升,改善农业资源环境监测是促进农业绿色发展的重要手段。葛鹏飞等(2018)基于松弛向量度量(Slacks—based Measure,SBM)—方向性距离函数(Directional Distance Function,DDF)方法的龙伯格(Luenberger)指数对 2001—2015 年中国 31 个省份的农业绿色全要素生产率进行测度,发现中国农业的绿色全要素生产率(TFP)年均增长率为 1.56%,增长率在东部、中部、西部依次递减。巩前文和李学敏(2020)在低碳生产、经济增收、安全供给 3 个维度总共选择 10 个指标,构建农业绿色发展指数,并对 2005—2018 年中国总体以及 2018 年省级农业绿色发展状况进行评估。漆雁斌等(2020)利用 1994—2017 年的面板数据,测度了中国省级层面的绿色农业发展水平、空间差异及收敛情况,发现全国三大区域绿色农业生产水平差距存在扩大趋势。

还有一部分文献讨论了影响农业绿色发展的具体因素,杨芷晴(2019)基于非期望产出的松弛向量度量(SBM)模型测度了 2006—2015 年我国省级层面的农业绿色生产率,然后分析了农村的学历教育与非学历教育对农业绿色生产率的影响,发现职业和非学历教育更有助于提升农业绿色生产率。薛蕾等(2019)从农业产业集聚的角度研究了农业产业集聚与农业绿色发展之间的耦合关系与协调度,发现产业集聚水平的提升会促进农业资源消耗与污染排放下降,促进农业绿色发展。石志恒等(2019)从农户参与农业绿色发展的角度,研究了对农户的农业补贴如何影响农业绿色发展,发现农业保险补贴和其他补贴(现金)对农户农业绿色发展的参与强度具有正向影响。

从农业绿色发展的内涵来看,降低农业产出的污染排放,提升农业发展的绿色化程度是实现农业绿色发展的关键,而自然灾害一方面会带来农业发展环境的恶化,例如对水环境、土壤环境的破坏。另一方面,农业灾害还会通过影响农户的农业生产行为对农业绿色发展产生作用。但是,现有关于农业绿色发展的研究则少有从农业灾害角度进行分析,也较少研究农业保险等市场化机制如何作用于自然灾害冲击下的农业绿色发展。

四、农户家庭消费行为研究

农业灾害不仅会对农户的绿色生产行为产生影响,也会对农户的消费产生重要作用,负向的外部冲击容易导致农户形成谨慎性的消费策略(邵秀军等,2009)。从中国农村的灾害情况来看,灾害风险在导致了农户收入波动的同时引起了家庭消费的变化,不同于日本具有较好的保险市场来应对收入风险,中国农村居民更多地会采取削减日常消费的方式来应对灾害引起的收入风险冲击,即使是在食品消费上,也同样如此,并且对于越贫穷的家庭越适用(Jalan 和 Ravallion,1999)。在市场经济发达的国家,个体购买保险可以帮助减轻灾害事件带来的损失,政府的一些公共计划项目会降低个人参与市场保险的动机,提高了个体面临灾害冲击时受损程度(Lewis 和 Nickerson,1989)。但发展中国家的正式保险不完善,面临如灾害等外部冲击时非正式保险起到了对消费平滑的作用(Rosenzweig 和 Stark,1989)。莫格斯(Mogues,2006)对埃塞俄比亚的研究表明社会资本对缓解灾害冲击有积极作用。但是个体所拥有的社会资本存在差异,依靠社会资本来应对风险冲击具有较大的不确定性。社会资本和社会网络作为非正式制度的代表,帮助农户分担风险和平滑消费的作用会随着市场化的深入逐步减弱(陆铭等,2010)。莱因哈德·梅克勒(Reinbard Mecbler,2009)的研究则发现不同的经济发展和国家储蓄水平可以解释灾后居民的消费行为,菲利普·奥弗雷特(Philippe Auffret,2003)通过对加勒比地区的经验研究,发现灾害多发地居民的消费波动高于其他地区,提出了灾害对消费波动作用的推论。

国内关于外部冲击下居民消费波动的研究,一方面着重于从收入与消费的关系角度入手,认为外部冲击导致农村居民收入不确定性的数值大小及其方向都对农民消费具有显著影响(王健宇和徐会奇,2010)。收入结构的变动会直接影响农村居民的消费支出和消费结构(陆彩兰等,2012;温涛等,2013),不同来源的收入,特别是工资收入、转移性收入对增加农村居民的消费有明显作用(祁毓,2010)。金烨和李宏斌等(2011)、巩师恩等(2012)指出,收入不平等会抑制居民消费,收入不平等与消费波动之间呈现显著正相关关系。本书也是基于此考察了在市场化进程中,农户收入水平的变动对家庭消费波动的影响,发现收入增加有利于平滑消费。另一方面的研究对农村居民消费的"习惯形成"进行了检验,对中国农村家庭微观面板数据的分析结果表明农村居民家庭的食品消费有显著的习惯形成效应(贾男等,2011)。一些学者从流动性视角出发,认为市场化过程中的劳动力流动是中国农村居民消费观念现代化的动力基础,会对农民的消费行为产生重要影响(刘程和黄春桥,2008)。万广华等(2001)、杜海滔和邓翔(2005)研究了流动性约束对城乡居民消费的抑制作用,认为破除制度约束对于提高居民消费和扩大内需有重要意义。还有一部分研究强调政府政策对保障农民消费的作用,李永友和钟晓敏(2012)认为通过调整政府财政收支策略,可以稳定城乡居民消费预期,提升居民的边际消费倾向。沈毅和穆怀中(2013)对农村医疗消费的研究表明,新型农村社会养老保险对农村居民的消费具有乘数效应,通过加大养老保险基金投入,可以为农村居民建立稳定的消费预期,减少居民消费波动。

从本章以农业保险为代表的市场化灾害应对机制出发,一方面,农业保险等市场机制能够帮助降低自然灾害冲击下农户面临的生产风险,减轻灾后农业绿色化生产的恢复成本,促进农业在灾后的绿色发展。另一方面,市场化进程中农户家庭收入来源的多样化以及农业保险提供的风险应对能力会降低农业灾害对农户家庭消费的冲击,农业绿色发展和农户家庭消费平滑层面体现市场化灾害应对机制的绿色发展效应。

第三节　自然灾害下农业保险对农业绿色发展的影响分析

在绿色发展视域下农业的绿色发展是农业灾害应对的重要目标,也体现了绿色发展理念下提升农业灾害应对能力的内在要求。本节主要从农业灾害的自身特征出发,结合中国农业保险市场的发展,通过测算中国的农业绿色全要素生产率,在实证层面研究以农业保险为代表的市场化机制如何影响农业灾害冲击下中国农业的绿色发展,从农业灾害角度为理解市场化机制促进受灾地的绿色发展提供经验证据。

一、数据选择和指标设计

本节重点是在实证层面检验农业保险对灾害冲击下农业绿色发展的影响,所用到的数据是2000—2018年的30个省份面板数据。其中西藏自治区的数据缺失较为严重,因此未包含在研究样本中。本节实证分析中的被解释变量为农业绿色全要素生产率,我们基于松弛向量度量—方向性距离函数(SBM-DDF)方法的龙伯格(Luenberger)指数测度了中国省级层面的农业绿色全要素生产率。在投入指标上,选取农业部门的劳动力、土地、机械动力、化肥、农膜、农药和农业灌溉面积作为投入要素。在产出指标上,将农业碳排放量作为非期望产出,将农业增加值作为农业期望产出。其中,农业生产投入的指标来自历年《中国统计年鉴》《中国农村统计年鉴》以及各省份统计年鉴,在非期望产出农业碳排放指标的测算上,参考李波等(2011)和葛鹏飞等(2018)的做法,将化肥、农药、农膜、柴油、翻耕等作为农业碳排放源测算农业碳排放强度。除此之外,考虑到自然灾害对农业发展的重要影响是导致农业减产减收,农户可能为了降低减产减收的影响而加大农药化肥使用量,这会给农业绿色发展直接产生不利影响,因此在稳健性检验中我们还将化肥、农药使用量作为农业绿色发展的替代性指标。

核心解释变量。本书的一个核心解释变量是农业灾害,用农业受灾面积/农作物播种面积计算农业灾害受灾率,作为农业灾害严重程度的度量指标,该变量的原始数据来自历年《中国统计年鉴》。农业保险市场是本书实证分析的另外一个核心解释变量,我们用农业保险保费收入和赔付支出两项指标,分别度量农业保险市场发展,其中农业保费收入指标采取滞后一期变量,赔付支出采取当期指标,农业保险的相关指标来源于历年《中国保险年鉴》。

其他控制变量。参照马国群和谭砚文(2021)的研究,我们选择农业生产结构、城乡人均收入差距、农产品贸易依存度、农业机械化程度、就业人员文化水平等指标作为控制变量。其中,农业生产结构=种植业增加值/农林牧渔业增加值,城乡人均收入差距=城镇居民人均可支配收入/农村居民纯收入,农产品贸易依存度=农产品进出口总额/农业生产总值,农业机械化程度=农业机械总动力/农业播种面积。控制变量的原始数据来源于历年《中国农村统计年鉴》《中国统计年鉴》以及《中国人口和就业统计年鉴》,主要变量的描述性统计结果见表9-1。

表9-1　主要变量的描述性统计

变量名称及含义	计算方法	均值	最大值	最小值	标准误
农业绿色全要素生产率	手动测算所得	1.229	4.165	0.236	0.698
农业保险保费额	农业保险保费收入对数值滞后一期	3.256	5.114	1.296	1.332
农业保险赔付额	农业保险赔付支出对数值	1.002	1.232	0.012	0.162
农业灾害受灾率	农业受灾面积/农作物播种面积	0.218	0.912	0	0.225
农业生产结构	种植业增加值/农林牧渔业增加值	0.536	0.798	0.124	0.075

变量名称及含义	计算方法	均值	最大值	最小值	标准误
城乡收入差距	城镇居民可支配收入/农村人均纯收入	3.056	5.245	1.985	0.065
农产品贸易依存度	农产品进出口额/农业总产值	0.312	1.992	0.016	0.385
农业机械化程度	农业机械总动力/农业播种面积	0.562	1.456	0.139	0.265
就业人员文化水平	第一产业从业人员平均受教育年限	7.585	10.255	4.298	0.678

二、实证策略与计量模型设定

本节实证分析的重点是检验农业灾害对农业绿色发展的影响以及农业保险市场发展在其中发挥的调节作用。在实证分析过程中,首先我们检验农业灾害对农业绿色全要素生产率的直接影响,然后,将滞后一期的农业保险作为调节变量引入到回归模型中,并通过比较加入农业保险变量前后农业灾害变量估计系数的变化来分析农业保险如何影响自然灾害对农业绿色全要素生产率的作用。最后,为了体现农业灾害在不同农业保险发展地区对农业绿色全要素生产率的差异化影响,我们还引入了农业灾害与农业保险的交互项模型。

按照上述实证分析思路,首先,我们建立核心解释变量为农业灾害受灾率的面板数据固定效应模型式(9-1):

$$AGTFP_{it} = \beta_0 + \beta_1 disrate_{it} + \gamma \times control_{it} + \alpha_i + \mu_t + \varepsilon_{it} \quad (9-1)$$

在式(9-1)中,被解释变量 $AGTFP_{it}$ 为历年各地区农业绿色全要素生产率,稳健性检验中我们用单位播种面积的化肥、农药使用量代替。核心解释变量 $disrate_{it}$ 为农业灾害受灾率,其估计系数 β_1 反映了农业灾害对农业绿色发展的直接影响,如果农业灾害会降低农业绿色发展水平,那么 β_1 的估计系数应该显著为负。$Control$ 是其他控制变量,包括农业生产结构、城乡人均收入差距、农产品贸易依存度、农业机械密度、农业从业者受教育程度等。α_i 代表省份的固定效应,用来排除不同省份不随时间变化不可观测因素的影响,μ_t 代表年份固定效应,用来控制各省份农业绿色全要素生产率的年份变化趋势。

农业保险作为市场化灾害应对机制的典型代表,对于分散农业灾害风险具有重要作用,在式(9-1)的基础上,通过进一步引入农业保险变量,检验在农业保险的调节作用下,农业灾害对农业绿色发展的影响变化。其中,变量 $nybx_{it-1}$ 代表地区上一年的农业保险保费收入,采取滞后一期农业保险变量,一方面是由于参保的效应是体现在购买保险之后。另一方面,可以帮助规避当年的农业灾害对当年农业保险参保的影响。在稳健性分析中,我们利用保险赔付支出变量替代保费收入,考虑到保费赔付对应对农业灾害风险的作用在当期就会显现,因此采取保费赔付指标时使用当期指标。如果农业保险市场的发展有助于推动农业绿色发展,那么农业保险变量的估计系数应该显著为正,并且在加入农业保险变量后,农业灾害的系数也会发生相应变化。

$$AGTFP_{it} = \beta_0 + \beta_1 \, disrate_{it} + \beta_2 \, nybx_{it-1} + \gamma \times control_{it} + \alpha_i + \mu_t + \varepsilon_{it}$$

$$(9-2)$$

最后,我们建立同时包含农业灾害、农业保险以及两者交互项的面板数据固定效应模型,计算随着农业保险市场发展,农业灾害对农业绿色全要素生产率的偏效应。交互项模型可以帮助识别在农业保险发展的不同水平,农业灾害对农业绿色全要素生产率差异化影响。在后文的实证分析中,通过逐步呈现农业灾害、农业保险以及两者交互项的估计结果,分别讨论农业灾害、农业保险对农业绿色发展的影响。

$$AGTFP_{it} = \beta_0 + \beta_1 \, disrate_{it} + \beta_2 \, nybx_{it-1} + \beta_3 disrate_{it} \times nybx_{it-1} + \gamma \times control_{it} + \alpha_i + \mu_t + \varepsilon_{it}$$

$$(9-3)$$

三、农业灾害对农业绿色发展的直接影响

首先,我们根据式(9-1)检验农业灾害对农业绿色全要素生产率的直接影响。利用2000—2018年省级层面的面板数据,表9-2呈现了农业灾害对农业绿色全要素生产率的影响。列(1)中仅加入了农业灾害受灾率指标,结果表明农业灾害越严重,对提升农业绿色全要素生产率的不利影响越大。在列(2)中加入其他可能影响农业绿色全要素生产率的控制变量,估计结果表明农业灾害受灾率的估计系数仍然显著为负,表明排除其他可观测因素的影响后,农业灾害降低农业绿色发展的结论仍然成立。在列(3)中,进一步加入省份固定效应和年份固定效应,结果显示排除各省份不随时间变化的个体特征以及农业绿色全要素生产率的年份变化趋势后,农业灾害受灾程度越严重,对农业绿色发展的不利影响会越大。

表9-2中其他影响农业绿色发展的控制变量估计结果显示,农业生产中种植业占比越高越有助于提高农业绿色全要素生产率,可能的原因在于种植业的集聚程度较高,而农业产业集聚度的提升对于促进其绿色发展具

有正向作用(薛蕾等,2019)。城乡收入差距的估计系数显著为负,这说明城乡收入差距越大越不利于农业绿色发展。农产品贸易依存度对农业绿色全要素生产率的影响显著为正,这说明农业的进出口贸易在提高农业产业质量要求的同时会促使农业绿色化发展。农业机械化程度的估计系数显著为负,表明农业机械动力的提升会降低农业绿色发展,原因在于绿色全要素生产率的测算中非期望产出包含农业碳排放量,而碳排放与农业机械使用程度直接相关,机械使用程度越高碳排放量越大,农业绿色全要素生产率也越低。农业从业人员受教育程度对农业绿色全要素生产率提升具有正向影响,说明持续改善农业部门的人力资本积累程度是促进农业绿色发展的重要手段。

表 9-2　农业灾害对农业绿色全要素生产率的影响

变量	(1) 农业绿色全要素生产率	(2) 农业绿色全要素生产率	(3) 农业绿色全要素生产率
农业灾害受灾率	−0.125 *** (3.798)	−0.101 ** (2.0215)	−0.088 ** (2.032)
农业生产结构	—	0.258 ** (2.132)	0.236 *** (3.986)
城乡收入差距	—	−0.317 ** (2.302)	−0.226 * (1.737)
农产品贸易依存度	—	0.445 * (1.754)	0.327 ** (2.158)
农业机械化程度	—	−0.005 *** (4.901)	−0.003 ** (2.216)
农业从业人员受教育程度	—	0.014 * (1.726)	0.029 * (1.835)
省份固定效应	否	否	是
年份固定效应	否	否	是
N	570	570	570
R^2	0.136	0.189	0.265

注:(1)括号中为 t 值,采用地区层面的聚类稳健标准误计算;(2) * 、** 、*** 分别表示在 10%、5% 和 1% 的水平下显著。

　　农业绿色全要素生产率在综合维度上反映了农业的绿色发展水平,有利于在整体上理解农业灾害对农业绿色发展的影响。进一步地,从农业绿色发展的内涵来看,单位产出的污染物排放量下降以及农业产出中化肥、农药等非绿色化要素投入量的下降，也是农业绿色发展的重要表现。因此，在表9-3中，我们分别以单位农业产值的化肥使用量、农药使用量以及碳排放量作为被解释变量，在对表9-2的结果进行稳健性检验的同时，从细分指标角度分析农业灾害对农业绿色发展的影响。

表9-3　农业灾害对农业绿色发展的影响：稳健性检验

变量	（1）单位农业产值化肥使用量	（2）单位农业产值农药使用量	（3）单位农业产值碳排放量
农业灾害受灾率	0.023** (2.109)	0.091*** (3.489)	0.412** (2.301)
农业生产结构	−0.136** (2.202)	−0.126** (2.098)	−0.089** (2.156)
城乡收入差距	0.308 (1.315)	0.106** (2.118)	0.345* (1.726)
农产品贸易依存度	−0.235* (1.804)	−0.445* (1.754)	−0.098** (2.298)
农业机械化程度	0.022* (1.815)	0.036 (1.224)	0.003 (1.036)
就业人员文化水平	−0.036 (1.326)	−0.028* (1.793)	−0.128* (1.769)
省份固定效应	否	否	是
年份固定效应	否	否	是
N	570	570	570
R^2	0.169	0.224	0.198

注：(1)括号中为t值，采用地区层面的聚类稳健标准误计算；(2)*、**、***分别表示在10%、5%和1%的水平下显著。

表9-3的列(1)—列(2)是关于单位农业产值化肥使用量、农药使用量的估计结果，列(3)是对单位农业产值碳排放量的估计结果。列(1)—列(3)的估计结果表明，在控制了其他影响农业化肥使用量的控制变量以及省份、年份固定效应后，农业灾害受灾率的提升会显著提高单位农业产值的化肥使用量和农药使用量，并导致单位农业产值的碳排放量提升。农业灾害后的化肥、农药使用量增加，一方面与农业灾害给农业生产的土壤、水环境等造成的污染有关，洪水、干旱等自然灾害会导致农田的肥力下降以及农作物产出水平降低(任印军等，2004)，灾后加大化肥、农药使用力度可以帮助农田在短期内较快恢复生产能力。另一方面，自然灾害会在导致农业产

出下降的同时给农户家庭收入造成不利影响,为了缓解自然灾害冲击,通过加大化肥、农药使用力度提高产量,是农户在灾后出于自身经济利益最大化的理性选择,但最终会导致农业绿色化程度下降。表9-3中的三项指标不仅是测算农业绿色全要素生产率过程中使用到的主要农业环境指标,也在不同维度度量了农业的绿色化生产水平,表9-3的估计结果显示在多个农业绿色化发展的代理变量下,农业灾害降低农业绿色发展的基本结论仍然成立。

四、农业保险对自然灾害下农业绿色发展的影响

农业灾害对农业生态环境、农业产出以及农户收入的负向冲击,是导致灾后农业绿色生产率水平下降的关键原因,要在灾后较快恢复农业生产环境,并降低农业灾害对农业生产中化肥农药等非绿色化生产行为对农业绿色发展的不利影响,需要提升农户对自然灾害的抗风险能力,通过农业保险降低农业灾害给农户造成的损失。农业保险市场的发展,一方面,能够直接大幅降低农业灾害给农户造成的直接收入损失,减少其为了在灾后弥补收入损失而加大非绿色化生产要素的投入。另一方面,农业保险也能够为灾后恢复农业生产环境所进行的必要物质资本投入提供资金支持,对降低农业灾害对农业生态环境的不利影响产生积极作用。

在表9-4中,我们引入农业保险指标,具体用滞后一期农业保费收入来度量。列(1)中我们加入农业保险保费收入的滞后一期,但未控制其他控制变量以及省份、年份固定效应。列(2)中进一步加入其他控制变量,列(3)中加入省份、年份固定效应。结果表明,农业保险市场发展会对农业绿色全要素生产率提升产生正向作用,并且考虑农业保险的调节作用后,与表9-2中农业受灾率的估计系数相比,农业受灾率对农业绿色全要素生产率的负向影响会显著下降,说明农业保险有助于降低农业灾害对农业绿色发展的不利影响。其余控制变量的估计结果与前文基本一致。

表9-4 农业灾害、农业保险对农业绿色发展的影响

变量	(1) 农业绿色全要素生产率	(2) 农业绿色全要素生产率	(3) 农业绿色全要素生产率
农业灾害受灾率	-0.025^{**} (2.076)	-0.013^{*} (1.739)	-0.006^{*} (1.793)

续表

变量	（1）	（2）	（3）
	农业绿色 全要素生产率	农业绿色 全要素生产率	农业绿色 全要素生产率
上一年农业保险保费收入	0.185** （2.076）	0.198** （2.125）	0.158** （2.245）
农业生产结构	—	0.241** （2.252）	0.236*** （3.986）
城乡收入差距	—	−0.367** （2.306）	−0.287** （2.147）
农产品贸易依存度	—	0.339* （1.798）	0.318** （2.208）
农业机械化程度	—	−0.012*** （3.642）	−0.008** （2.306）
就业人员文化水平	—	0.014* （1.726）	0.028* （1.841）
省份固定效应	否	否	是
年份固定效应	否	否	是
N	570	570	570
R^2	0.136	0.189	0.265

注：（1）括号中为 t 值，采用地区层面的聚类稳健标准误计算；（2）*、**、***分别表示在10%、5%和1%的水平下显著。

在表9-4的基础上，我们进一步引入农业灾害受灾率与农业保险的交互项，通过分析农业灾害对农业绿色发展的偏效应来识别农业保险的调节功能。可以发现，在加入农业灾害与滞后一期农业保险保费收入的交互项后，在不控制其他变量以及省份、年份固定效应的情况下，农业灾害受灾率在10%的显著性水平下为负，而农业保费收入以及交互项的系数则在5%水平下显著为正。在列（2）—列（3）加入控制变量以及省份、年份固定效应后，农业灾害受灾率变量虽然仍为负数，但并不显著，而滞后一期农业保险保费收入水平项和交互项的估计系数仍然显著为正。这说明在控制了其他因素的影响后，随着上一年度农业保险投保规模的增长，农业灾害对农业绿色全要素生产率的负向影响会显著降低，而上一年农业保险的投保规模越大，对农业绿色全要素生产率的提升作用也越明显。表9-5的估计结果表明，从农业绿色全要素生产率角度来看，农业保险市场的发展有助于降低农业灾害对农业绿色发展的不利影响，农业灾害应对中的市场化机制有助于促进农业绿色发展。

表9-5　农业灾害对农业绿色发展的影响：农业保险的调节作用

变量	（1）	（2）	（3）
	农业绿色全要素生产率	农业绿色全要素生产率	农业绿色全要素生产率
农业灾害受灾率	-0.005* (1.754)	-0.004 (1.259)	-0.003 (1.102)
上一年农业保险保费收入	0.132** (2.145)	0.141** (2.098)	0.158* (1.815)
农业灾害受灾率×上一年农业保险保费收入	0.013** (2.227)	0.032** (2.119)	0.024** (2.269)
农业生产结构	—	0.218** (2.330)	0.236*** (3.986)
城乡收入差距	—	-0.187** (2.256)	-0.287** (2.147)
农产品贸易依存度	—	0.345* (1.818)	0.318** (2.258)
农业机械化程度	—	-0.026*** (3.025)	-0.014** (2.286)
就业人员文化水平		0.013 (1.126)	0.019* (1.765)
省份固定效应	否	否	是
年份固定效应	否	否	是
N	570	570	570
R²	0.206	0.164	0.198

注：（1）括号中为t值，采用地区层面的聚类稳健标准误计算；（2）*、**、***分别表示在10%、5%和1%的水平下显著。

　　为了确保表9-5采用农业绿色全要素生产率作为被解释变量分析结果的稳健性，在表9-6中，我们进一步采用单位农业产值的化肥、农药使用量以及碳排放量作为农业绿色发展的度量指标进行稳健性检验。可以发现，在将单位农业产值的化肥农药以及碳排放量指标作为被解释变量时，上一年农业保险保费收入会对这三个变量产生显著的负向作用，说明农业保险发展能够降低农业生产中的生态污染问题，提升农业绿色化程度。农业灾害受灾率变量仍然为正，但在加入农业灾害受灾率与上一年农业保险保费收入的交互项后,交互项的系数显著为负,这说明随着农业保险市场的发展,农业保险参保规模提升会降低农业灾害对农业生产中化肥农药使用以及碳排放的不利影响,促进农业绿色化生产,这进一步表明以农业保险为代表的市场化灾害应对机制能够促进灾后农业的绿色发展。

表9-6　农业灾害对农业绿色发展的影响:农业保险的调节作用

变量	（1）单位农业产值化肥使用量	（2）单位农业产值农药使用量	（3）单位农业产值碳排放量
农业灾害受灾率	0.008* (1.786)	0.012 (1.036)	0.004* (1.856)
上一年农业保险保费收入	−0.156*** (2.989)	−0.128** (2.163)	−0.091* (1.826)
农业灾害受灾率×上一年农业保险保费收入	−0.059** (2.127)	−0.041* (1.809)	−0.105** (2.334)
农业生产结构	−0.110** (2.216)	−0.158** (2.190)	−0.203* (1.786)
城乡收入差距	0.085** (2.105)	0.198* (1.726)	0.307** (2.134)
农产品贸易依存度	−0.275* (1.858)	−0.089* (1.768)	−0.327** (2.318)
农业机械化程度	0.116 (1.215)	0.021*** (2.995)	0.022** (2.316)
就业人员文化水平	−0.013* (1.696)	−0.105 (1.336)	−0.019* (1.765)
省份固定效应	是	是	是
年份固定效应	是	是	是
N	570	570	570
R^2	0.235	0.299	0.198

注:(1)括号中为t值,采用地区层面的聚类稳健标准误计算;(2)*、**、***分别表示在10%、5%和1%的水平下显著。

农业保险通过提升农户的抗风险能力促进灾后农业的绿色发展,其中的关键在于参保农户能够在农业灾害发生后得到及时有效的赔付,这是以农业保险为代表的市场化机制提升农户灾害风险应对的基础。在保险赔付额越多的地区,农业灾害的程度越严重,农业保险的风险应对作用也越明显,如果前文关于农业保险促进灾后农业绿色发展的结论是稳健的,那么在使用农业保险赔付指标进行实证分析时的结论应该与前文一致。在表9-7中,采用当年的农业保险赔付额指标,通过加入农业保险赔付额与农业受灾率的交互项进行实证检验。可以发现,在四个用于度量农业绿色发展的不同指标下,农业保险的赔付额均会对农业绿色发展产生正向影响,农业灾害与农业保险赔付额的交互项对农业绿色全要素生产率显著为正,对单位农业产值化肥、农药以及碳排放的影响显著为负,这说明农业保险的赔付力度越大越有助于降低农业灾害对农业绿色发展的不利影响,进一步验证了农业保险在应对农业灾害冲击和促进农业绿色发展的积极作用。

表9-7　农业保险赔付与自然灾害下农业绿色发展

变量	（1）	（2）	（3）	（4）
	农业绿色全要素生产率	单位农业产值化肥使用量	单位农业产值农药使用量	单位农业产值碳排放量
农业灾害受灾率	-0.011* (1.814)	0.002** (2.236)	0.009 (1.125)	0.002* (1.746)
农业保险赔付额	0.107* (1.789)	-0.168** (2.235)	-0.083* (1.723)	-0.005 (1.126)
农业灾害受灾率×农业保险赔付额	0.042** (2.214)	-0.085* (1.759)	-0.015* (1.756)	-0.074** (2.276)
其他控制变量	是	是	是	是
省份固定效应	是	是	是	是
年份固定效应	是	是	是	是
N	570	570	570	570
R^2	0.198	0.279	0.331	0.164

注:(1)括号中为t值,采用地区层面的聚类稳健标准误计算;(2)*、**、*** 分别表示在10%、5%和1%的水平下显著。

第四节　市场化灾害应对与农户家庭的消费平滑

农业灾害在影响农业绿色发展的同时,也会对农户家庭发展产生重要作用。从受灾家庭可持续发展的角度来看,市场化灾害应对机制能够帮助受灾家庭提升灾害风险分散能力,有助于减少自然灾害对农户可持续发展的不利影响。因此,本节将在前文关于农业保险影响农业绿色发展分析的基础上,从消费平滑的角度研究农业保险等市场化机制对农户家庭消费波动的作用,从农户消费的微观视角检验市场化灾害应对机制对受灾家庭可持续发展的主要影响。

一、市场化机制对农业灾害影响农户消费波动的理论解释

本章重点研究在绿色可持续发展视角下,市场化灾害应对机制如何缓解自然灾害对农业绿色化和农户家庭发展的不利影响。在对农业灾害影响农业绿色发展分析基础上,研究农业灾害对农户家庭可持续发展的影响对于理解市场化机制的灾害应对效应具有重要意义。

农户消费水平的提升是体现其家庭生活状况和发展水平的指标,农业灾害对农户家庭消费的影响,一个重要特征是加大农户家庭消费波动。农业灾害作为一种外部冲击,一方面会在短期内造成农户家庭收入的缩减,特别是对于农业收入依赖度较高的家庭,农业灾害冲击会导致农户家庭的收入显著下降。为了应对灾害冲击下的收入风险,农户会倾向于缩减整体消费支出,使家庭消费在短时间内出现明显波动,给农户家庭生活质量改善造成不利影响。另一方面,农业灾害对农户消费行为的影响还会体现在其消费结构的调整上,面对农业灾害导致的收入冲击,农户会尽可能优先满足基本的生活资料消费,而相应地减少发展型消费支出。大量关于发展中国家受灾家庭消费行为的研究都表明,诸如教育、文化、娱乐等发展型消费支出会在家庭遭受自然灾害后明显减少。

由于农业灾害的发生频率高、覆盖范围广,要提升农户对农业灾害的应对能力,需要在政府短期救灾投入的同时,通过市场化机制帮助农户形成自主性灾害应对能力。市场机制对缓解农业灾害冲击下的家庭消费波动,一方面源于市场化进程中农户收入结构的多样性和对农业灾害收入风险冲击的抵御能力。中国的市场化经济改革是促进经济增长和提高居民收入的关键举措,农村市场化进程中,农户的收入结构逐渐趋于多样化,种植业等抗灾害风险较强的农业项目占比提升,农户非农收入占比上升,收入结构的多元化提高了农业灾害下农户家庭的收入波动风险,为保持平滑的消费行为提供了收入基础。另一方面,以农业保险为代表的正式市场机制的发展,为农户借助保险金融市场来分散农业灾害风险提供了条件,这是市场化机制缓解农业灾害下农户家庭消费波动的重要路径。在发达国家,农业保险是农户应对自然灾害冲击的重要手段,中国的农业保险市场起步较晚、发展速度较慢。2007年中央财政实行农业保险财政补贴试点政策后,农业保险的覆盖面和参保率逐步上升,近年来农业保险的市场规模不断扩大。农户参

加农业保险,可以通过保险市场将农业灾害给家庭收入可能造成的负向影响转移出去,稳定了农业灾害发生后家庭维持既有消费水平的预期,有助于农户在农业灾害发生前后平滑地实施家庭消费决策,避免家庭消费的短期较大波动以及消费结构的恶化。

总的来看,提升农户对农业灾害的风险应对能力,降低农业灾害对家庭消费的负向冲击,促进农业灾害下家庭消费和生活质量的稳定是家庭可持续发展的内在要求。市场化机制在实现这一目标中的作用在于,通过市场的自发调节机制,帮助农户个体形成长期可持续的农业灾害应对能力和风险分担机制,这是市场化灾害应对机制不同于短期内国家大规模灾害救助制度的根本所在,也是形成受灾主体自发性灾害应对能力的关键。因此,本节主要在家庭消费的微观层面研究市场化机制如何提升家庭对农业灾害的风险应对水平。

二、市场化机制缓解农业灾害下农户消费波动的实证分析

(一)数据来源与变量选取

本节主要从消费波动的角度考察农业灾害对农户家庭发展的影响。对于消费波动的度量,部分文献将波动定义为不确定性(申朴和刘康兵,2003;贾男等,2011)。在消费波动的度量上,马小勇和白永秀(2009)通过设置虚拟变量来度量波动大小,陈乐一和傅绍文(2001)划分了消费周期并计算了每个周期内消费增长率的波峰与波谷之间的峰谷落差来表示波动大小。巩师恩和范从来(2012)使用 t 期到 $t+2$ 期的消费增长率的方差表示消费波动大小,申朴和刘康兵(2003)等使用消费数据的标准差来度量消费行为的不确定性。在本书中对消费波动的度量采用了霍德里克和普雷斯科特(Hodrick 和 Prescott,1980)提出并发展起来的 HP 滤波法,运用 Stata 中的面板 HP 滤波命令,将农户的消费数据过滤为长期趋势项和波动项两部分,在剔除了长期趋势项后,以波动项为被解释变量来表征回归中的消费波动。

我们使用农业灾害受灾率作为对农民消费产生冲击的变量,陆铭等(2010)也强调了自然灾害作为解释变量相对家庭特征具有外生特征,可以较好地避免内生性。与已有文献采用虚拟变量形式(马小勇和白永秀,2009)不同,我们采用各省份的农业受灾面积与农作物播种面积的比值作为农业灾害的度量指标,对于灾害应对的市场化机制,我们主要采用前文使用的农业保险变量,并利用非国有固定资产投资额作为地区市场化水平的替代变量进行稳健性检验。

在以上核心解释变量之外,本书从已有文献出发,在计量模型中还设置

了其他控制变量。王健宇和徐会奇（2010）、金烨等（2011）强调收入对城乡居民消费的影响，我们取农民收入的对数值作为控制变量。流动性为农民建立现代消费观念提供了动力基础（刘程和黄春桥，2008），流动性约束下农村居民可能压缩消费（万广华等，2001；杜海韬和邓翔，2005），我们以地区城镇化率作为流动性的代理变量加以控制。信贷可得度（巩师恩和范从来，2012）、政府的财政政策（李永友和钟晓敏，2012）和政府的救灾保障措施等都会影响城乡居民的消费行为，因此本书还控制了地区信贷规模、工业化水平和政府的救灾支出，农户个体家庭保有的生产性固定资产会影响农民灾后的生产恢复，对灾后的家庭收入产生作用，因此我们也控制了农村居民家庭生产性固定资产原值。

（二）计量模型构建

自然灾害事件作为一种外部冲击，在控制了其他因素外，农业灾害对农民消费波动的影响可通过式（9-4）的双向固定效应模型估计得到。

$$HPfarmcost_{it} = \beta_0 + \beta_1\, disrate_{it} + \gamma \times control_{it} + \alpha_i + \mu_t + \varepsilon_{it} \qquad (9-4)$$

其中，被解释变量 $HPfarmcost_{it}$ 为各省份 2000—2018 年的农村居民的消费波动，采用 HP 滤波法测算得到。首先，我们用农业灾害受灾率作为农业灾害的代理变量，对消费波动回归来考察农业灾害是否加剧了农民的消费波动。考虑到地区信贷和政府救助对短期消费的影响，控制变量中包含了地区信贷规模和政府救灾支出。农村居民家庭保有的生产性固定资产同样会影响农民对农业灾害的抵御程度。农业灾害对消费的另一方面冲击可能来自农民对未来收入的预期，从而会为下一年防灾减灾和家庭消费保留更多的储蓄，减少本期的消费。

从理论上讲，市场化水平的提高对农民缓解外部冲击的作用主要通过两种途径实现：一种途径是市场化的发展推动了农业结构和农民就业结构的变化，收入渠道拓宽降低了家庭对农业收入的依赖程度，那么农业灾害发生时对家庭的收入冲击就会降低，家庭消费波动会得到平滑；另一方面，市场经济下发展灾害保险等正式制度的建立，以及完善的金融保险市场可以为农民提供新的风险分担的途径，降低农业灾害带来的损失。市场化进程中农业灾害对农户消费波动的影响可表示为式（9-5）：

$$HPfarmcost_{it} = \beta_0 + \beta_1\, disrate_{it} + \beta_2\, market_{it} + \beta_3\, disrate_{it} \times market_{it} + \gamma \times control_{it} + \alpha_i + \mu_t + \varepsilon_{it} \qquad (9-5)$$

其中，各地区灾害应对的市场化机制为 $market$，分别从整体的市场化程度和农业保险市场规模两个维度衡量市场化灾害应对机制。整体的市场化程度通过优化农户家庭收入结构和收入能力等方式提高农户灾害应对，我们用地区非国有单位固定资产投资占地区固定资产投资总额的比重度量整体的市场化程度。农业保险市场规模可以从保险市场这一正式制度层面降低自然灾害对农户消费的冲击,我们利用滞后一期农业保险保费收入度量农业保险市场机制。如果市场化应对机制有助于降低农业灾害给农户带来的消费波动,那么 β_3 的系数应该在统计上是显著为负的。

（三）实证结果及其解释

首先,根据式（9-4）我们直接检验了农业灾害对农民消费波动的影响。表 9-8 中列（1）,我们仅加入了农业灾害受灾率指标,结果显示农业灾害程度越大,农户家庭消费波动越明显。在列（2）—列（3）中,我们进一步加入其他可能影响农户家庭消费波动的社会经济变量以及省份、年份固定效应,估计结果显示农业受灾率的提升会显著加大农户的消费波动程度,表明农业灾害给农村家庭消费造成了显著影响。

表 9-8　农业灾害对农民消费波动的影响

变量	（1）	（2）	（3）
	HP 滤波法消费波动	HP 滤波法消费波动	HP 滤波法消费波动
农业灾害受灾率	0.215 *** （3.996）	0.198 *** （3.554）	0.162 *** （3.246）
城镇化率	—	−12.925 *** （5.663）	−6.433 *** （3.712）
工业化程度	—	−11.654 * （1.671）	−9.915 * （1.756）
农民人均纯收入	—	−13.215 *** （6.125）	−7.425 *** （3.834）
地区信贷水平	—	−9.352 ** （2.274）	−7.125 * （1.833）
政府救灾支出	—	−0.012 ** （2.105）	−0.003 ** （2.254）
农户生产性固定资产额	—	−0.001 * （1.723）	−0.002 （1.092）
省份固定效应	否	否	是
年份固定效应	否	否	是
N	570	570	570
R^2	0.226	0.275	0.2334

注:(1)括号中为 t 值,采用地区层面的聚类稳健标准误计算;(2) *、**、*** 分别表示在 10%、5% 和
　　1% 的水平下显著。

其余控制变量的估计结果显示,城镇化水平的提升有助于降低农户的家庭消费波动,一方面源于城市化水平的提高本身就会减少农业灾害的影响范围,另一方面城市化过程中农民工进城后的消费大多在城市中完成,受农业灾害的影响较小。农民人均纯收入的增长对于抑制消费波动具有重要作用,而地区的信贷发展程度和政府的救灾支出均会对降低农户的消费波动产生积极影响。从农民的个体特征来看,家庭持有的生产性固定资产也能起到一定的保险作用,但其长期作用仍然有限。

市场化进程推进了资源配置效率的提高,在农村地区市场经济的发展一方面为农民提供了更多的就业渠道,农业结构调整下农民收入结构多元化,对农业收入的依赖降低,农业灾害发生时给农民整体收入造成的冲击减小,家庭消费的波动也可以得到平滑。另一方面,市场化水平的提高为农民提供了更多的保险机制,可以帮助农户应对外部冲击,保证家庭生活水平。在接下来的实证分析中,我们将分别从市场化机制的收入提升效应和农业保险灾害应对正式制度出发检验市场化机制如何降低农业灾害对农村居民消费波动的影响。

在表9-9中,我们首先利用非国有固定资产投资率指标,检验在地区经济市场化程度整体提升的背景下,农业灾害对农户消费波动的影响。在列(1)中我们仅加入农业灾害受灾率、非国有固定资产投资率以及两者的交互项,估计结果显示农业灾害受灾率对农户消费波动具有正向影响,地区市场经济的整体程度也会加剧农户消费波动,但是市场化水平与农业受灾率的交互项显著为负,这说明随着地区市场化水平的整体提升,农业灾害对农户消费平滑的不利影响会明显降低。在列(2)—列(3)中,我们进一步加入其他控制变量和省份、年份固定效应,估计结果表明随着地区经济市场化水平的提升,农业灾害对农户家庭消费的不利影响会逐渐降低,市场化机制能够有效缓解农业灾害引发的家庭消费波动。其余控制变量的估计结果与表9-8中基本一致,表明了控制变量作用效果较为稳健。

表9-9　市场化进程中农业灾害对消费波动的影响

变量	(1)	(2)	(3)
	HP 滤波法 消费波动	HP 滤波法 消费波动	HP 滤波法 消费波动
农业灾害受灾率	5.514*** (6.259)	3.217** (2.217)	2.112** (2.145)

续表

变量	（1）	（2）	（3）
	HP 滤波法 消费波动	HP 滤波法 消费波动	HP 滤波法 消费波动
非国有固定资产投资率	7.219 ** （6.424）	3.518 * （1.759）	4.154 ** （2.017）
农业灾害受灾率×非国有固定资产投资率	−15.132 *** （7.002）	−10.244 ** （2.159）	−8.786 *** （8.354）
城镇化率	—	−11.258 * （1.764）	−7.137 （1.154）
工业化程度	—	−6.215 （0.879）	−1.956 （1.153）
农民人均纯收入	—	−20.317 *** （10.465）	−12.205 *** （7.890）
地区信贷水平	—	−0.234 * （1.793）	−0.581 （1.037）
政府救灾支出	—	−0.002 ** （2.012）	−0.001 * （1.750）
农户生产性固定资产额	—	−0.002 （0.005）	−0.003 （0.004）
省份固定效应	否	否	是
年份固定效应	否	否	是
N	570	570	570
R^2	0.125	0.173	0.186

注：（1）括号中为 t 值，采用地区层面的聚类稳健标准误计算；（2）*、**、*** 分别表示在 10%、5% 和 1% 的水平下显著。

表9-9 是从地区经济的整体市场化程度展开分析，而在影响农户农业灾害应对能力的市场化因素中，以农业保险为代表的市场化制度具有重要作用。在上一节中我们分析了农业保险在提升农户灾害风险应对能力的同时对农业绿色发展产生的积极作用。在表 9-9 的基础上，我们进一步以滞后一期农业保险保费收入作为市场化灾害应对方式的度量指标，通过在回归中加入滞后一期农业保险保费收入及其与农业灾害受灾率的交互项，检验农业保险所提供的风险分散功能在缓解农业灾害引发的农户消费波动上产生的作用，结果见表 9-10。

表 9-10　农业保险发展与农业灾害对消费波动的影响

变量	(1) HP 滤波法 消费波动	(2) HP 滤波法 消费波动	(3) HP 滤波法 消费波动
农业灾害受灾率	1.324*** (3.449)	1.147* (1.787)	0.498** (2.261)
上一年农业保险保费收入	−2.136** (2.094)	−2.518* (1.819)	−1.694* (1.907)
农业灾害受灾率×上一年农业保险保费收入	−9.165*** (4.037)	−5.635** (2.106)	−3.246*** (5.134)
城镇化率	—	−9.148* (1.798)	−7.137 (1.154)
工业化程度	—	−6.215 (0.879)	−1.956 (1.153)
农民人均纯收入	—	−9.325*** (6.745)	−8.147*** (5.175)
地区信贷水平	—	−0.625* (1.798)	−0.498* (1.687)
政府救灾支出	—	−0.002** (2.152)	−0.001 (1.430)
农户生产性固定资产额	—	−0.002 (0.005)	−0.003 (0.004)
省份固定效应	否	否	是
年份固定效应	否	否	是
N	570	570	570
R²	0.179	0.214	0.225

注:(1)括号中为 t 值,采用地区层面的聚类稳健标准误计算;(2)*、**、*** 分别表示在 10%、5% 和 1% 的水平下显著。

在列(1)中仅加入了农业灾害受灾率、滞后一期农业保险保费收入以及两者的交互项,估计结果显示农业受灾程度越严重,农户的家庭消费波动越大,而上一年农业保险参保规模越大,越有助于降低农户消费波动,这说明农业保险所提供的风险分散功能有助于稳定农户的消费预期,形成平滑的消费行为。农业灾害受灾率与上一年农业保险保费收入的交互项显著为负,说明随着农业保险参保规模的提升,农业灾害对农户消费波动的影响会逐渐减弱,表明农业保险市场在帮助农户应对自然灾害上具有积极作用。

在列(2)—列(3)中进一步加入其他影响农户消费波动的控制变量以及省份、年份固定效应,我们重点关注的农业灾害与农业保险的交互项估计系数仍然显著为负,这说明在排除了其他影响农户消费波动的因素后,农业保险市场的发展对降低农业灾害导致的农户家庭消费波动具有重要作用,继续推进农业保险尤其是巨灾保险市场的发展,对于提升农户的灾害抗风险能力具有重要意义。

从家庭消费平滑的角度来看,收入的持续稳定提升是确保消费平滑的基础。在前文关于农业灾害影响消费波动的分析中,农户家庭人均纯收入变量对降低农户消费波动具有重要作用。在市场化机制应对农业灾害中,收入保障效应是重要的路径,一方面,地区经济市场化水平的整体提升,有助于改善农户收入结构,从收入来源角度提升农业灾害对家庭收入和消费的冲击。另一方面,以农业保险为代表的市场制度能够对农业灾害导致的收入损失形成有利补偿,也起到了保持农户家庭收入稳定性的作用。因此,市场化机制在改善农户家庭收入上的作用是其提升农户灾害风险应对的关键途径,在表9-11中我们以农户家庭人均纯收入为被解释变量,研究地区市场化水平提升和农业保险市场发展对农户家庭收入的影响。

表9-11　市场化机制对农业灾害下的农户家庭收入增长

变量	(1)	(2)	(3)
	农村居民家庭人均纯收入	农村居民家庭人均纯收入	农村居民家庭人均纯收入
农业灾害受灾率	-1.213** (2.129)	-1.756** (2.111)	-0.288** (2.261)
地区市场化程度	1.106** (2.236)	—	—
上一年农业保险保费收入	—	2.028* (1.819)	—
农业保险赔付额	—	—	0.258* (1.761)
农业灾害受灾率×地区市场化程度	4.165** (1.997)	—	—
农业灾害受灾率×上一年农业保险保费收入	—	5.635* (1.726)	—
农业灾害受灾率×农业保险赔付额	—	—	1.956* (1.824)

续表

变量	(1)	(2)	(3)
	农村居民家庭 人均纯收入	农村居民家庭 人均纯收入	农村居民家庭 人均纯收入
控制变量	是	是	是
省份固定效应	是	是	是
年份固定效应	是	是	是
N	570	570	570
R^2	0.085	0.112	0.179

注:(1)括号中为 t 值,采用地区层面的聚类稳健标准误计算;(2) *、**、*** 分别表示在 10%、5% 和
1%的水平下显著。

农业灾害对农户发展的影响直接体现在收入冲击上,收入下降也是导致灾害冲击下农户消费波动的主要原因。表 9-11 中我们分别以地区市场化程度、上一年农业保险保费收入和农业保险赔付额作为市场化机制的代理变量,通过引入农业受灾率与市场化机制的交互项,研究市场化机制如何影响灾害冲击下的农户家庭收入。估计结果显示,农业灾害受灾率会对农户家庭人均纯收入增长产生不利影响,而市场化机制可以帮助提升农户家庭收入,市场化机制与农业受灾率的交互项显著为正,说明无论是地区市场化水平的整体提升,还是农业保险市场的发展,均有助于降低农业灾害对农户家庭收入的负向冲击。而前文的估计结果表明,家庭人均收入的增长对平滑农户家庭消费具有重要作用,这说明市场化机制所带来的收入提升效应是其帮助农户应对农业灾害冲击的关键途径。

从农户家庭可持续发展的角度来看,形成良好的消费结构,尤其是增加对教育、文化、医疗等发展型消费的比重对于家庭长期发展具有重要意义。自然灾害给农户消费波动产生的影响会在不同消费类型上体现出差异,为了进一步识别面临自然灾害时农民的家庭消费选择,本节通过对农民 7 大类消费的检验来分析农业灾害冲击对农户家庭消费结构的影响以及市场化机制的平滑功能[1]。表 9-12 中我们对农民家庭的食品衣着支出、家庭设备

---

[1] 《中国农村统计年鉴》包含了农村居民在食品、衣着、住房、教育娱乐、家庭设备、医疗保健、交通通信和其他 8 个类别上的消费数据。食品、衣着、住房和教育娱乐四项在我们的样本区间(1986—2013 年)数据完整,但家庭设备、医疗保健和交通通信的数据只包含 1993—2013 年,因此我们将它们分为两类报告。本书关注的一个重点是农业灾害和市场化对农民消费结构的具体影响,而其他消费这一类指标并不能为我们的分析提供准确的信息,因此此处并没有考虑其他消费这一类别。

支出、教育娱乐医疗支出和住房支出进行了检验,在控制了年份固定效应和省份固定效应后发现农村家庭在面临灾害冲击时会调整在食品衣着、教育娱乐医疗方面的支出,从农业灾害受灾率的估计系数来看,农业受灾程度越高,居民越倾向于增加食品和衣着类支出,农业灾害受灾率会显著降低居民的家庭设备以及教育、娱乐、医疗消费支出,这说明农业灾害会导致农户增加对食品、衣着等生存性消费的支出,减少对教育、娱乐、医疗等发展型消费的支出,农业灾害给居民家庭的消费结构升级带来了不利影响,导致有助于家庭长期发展的消费支出规模缩减。

表9-12　市场化进程中农业灾害对农民各项消费的影响

变量	消费波动			
	食品、衣着	家庭设备	教育、娱乐、医疗	住房
农业灾害受灾率	8.427*** (6.254)	-4.233* (1.759)	-3.669** (2.361)	-7.235 (1.243)
地区市场化程度	7.867** (2.363)	5.341* (1.958)	6.234 (1.233)	5.831 (1.415)
农业灾害受灾率×地区市场化程度	-5.176*** (10.413)	4.225** (2.243)	-9.031*** (5.752)	-3.885 (1.346)
控制变量	是	是	是	是
省份固定效应	是	是	是	是
年份固定效应	是	是	是	是
N	570	570	570	570
R^2	0.085	0.112	0.179	0.221

注:(1)括号中为 t 值,采用地区层面的聚类稳健标准误计算;(2)*、**、*** 分别表示在10%、5%和1%的水平下显著。

地区市场化水平与农业灾害受灾率的交互项反映了地区市场化水平提升时农业灾害对家庭各类消费的影响。其中,食品、衣着消费波动受灾害影响较大。交互项的系数表明相对来看市场化水平提高对农民家庭消费平滑在食品、衣着支出上体现得更加明显。教育、娱乐、医疗作为人力资本积累的重要途径在面临灾害冲击时发生的波动已被很多文献证明(Thomas 等,2004;Emla,2007),教育支出的回报周期较长,当家庭面临严重的农业灾害时,为了应对由此产生的收入波动风险,家庭会选择让孩子立即加入农业生产中来,自然灾害风险对教育有着显著副作用。

需要重点解释的是,农村居民的住房支出在长期看来并不会因为农业灾害冲击发生明显的波动。一方面,这是由住房消费支出的自身特征决定的。农村住房的最大用途是满足农户的居住需求,在支出上也表现为一次性支出,一旦修筑完成,在住房上的持续性花费较少,住房消费本身的波动就不明显。另一方面在于农村居民住房支出的刚性需求和集聚现象。在农村的婚姻市场上住房条件是子女寻求配偶时竞争力的体现,而自身竞争力的大小取决于周围家庭的住房条件,住房赶超引起的集聚性支出行为使住房消费在短期内快速完成。国家的农村住房改善工程和建筑材料价格的波动在宏观层面也会导致农户住房支出的集中,那么在同时控制了省份固定效应和年份固定效应后,农业灾害对住房消费波动的作用就不明显。

表9-12的估计结果表明,家庭设备支出在面临灾害冲击时会相应下降,而地区市场化程度的提升有助于提高家庭的设备以及通信支出。不同于其他消费,市场化的作用加剧了农业灾害下的交通和通信消费波动,考虑了地区差异后这种关系仍然存在。信息是降低不确定性的重要资源,在农业灾害发生时为了了解灾害状况,农户对信息产品的消费需求增加。另一方面,农业灾害发生时农民与周围人的交流增多,其中包含着亲戚朋友之间的问候、帮助。农业灾害从这两种途径上加强了农户的交通和通信消费需求,而农村市场经济的发展可以为农户提供更多的信息获取渠道。相对于没有发生农业灾害的时期,交通和通信支出的增加会引起整个时期内该项支出的波动。对于农户面临农业灾害时家庭消费结构变动的考察是本节的重点,实证研究的结果表明,从长期来看农业灾害对日常消费品支出波动的影响要大于耐用型消费品,并且农业灾害主要是挤出了家庭的教育、娱乐和医疗支出,而市场化水平的提升对于缓解农业灾害对家庭发展型消费的负向冲击具有积极作用。

农业灾害是我国自然灾害的集中领域,不仅会对农业生产产生负面冲击,也会作用于农户的家庭收入和消费行为,对农户长期发展产生影响。本章结合农业灾害发生频率高、影响范围广的典型特征,在农业绿色发展的视角下研究了市场化机制对缓解农业灾害对农业绿色发展和农户消费波动的作用,从完善农业灾害市场化机制的角度提出促进农业绿色发展和农户家庭收入与消费平滑的对策建议,揭示市场化这一重要的灾害应对机制对缓解灾害冲击时路径。农业灾害的多发性、普遍性和广域性特征导致农业灾害应对中,政府的一次性大规模灾害救助难以发挥持续效果,通过市场化机制提升农业和农户在灾后的自生发展能力是农业灾害应对的关键。本章在农业绿色发展和农户家庭发展的视角下研究了市场化灾害应对机制的效

应,所能得出的政策改进启示在于:

第一,进一步提升农村市场化程度,激发农村市场经济活力。自然灾害的发生具有不可避免性,农业灾害在我国农业生产和农村发展中会一直存在,要提升农业灾害的应对能力,需要通过全面提升农村经济的市场活力,扩大农户的收入来源,降低农户对农业收入的依赖度,提升农业生产中的灾害防御水平。市场化经济改革是中国取得巨大经济成效的关键,但是与城市相比,中国农村的市场化程度还有待于进一步提升,继续加大对农村生产要素等领域的市场化改革力度,提升农村经济市场化水平,将有助于在整体上改善对自然灾害的应对能力。

第二,加快发展农村保险市场,完善农业巨灾保险补贴制度。作为市场化灾害应对机制的典型代表,农业保险是提升农业生产和农户家庭灾害应对的重要手段。尽管近年来我国农业保险市场规模不断扩大,但是农业保险的覆盖率和参保率还有待进一步提升。2007年农业保险中央补贴政策实施后,农业保险进入了一个快速发展期,在农业和农村绿色发展的背景下,要更好发挥农业保险在灾害应对中的积极作用,需要完善对农业保险尤其是巨灾保险的补贴制度,降低农户参保的成本,通过构建覆盖面更广、赔付力度更大和成本分担更加合理的农业保险体系,提升市场化机制在应对灾害冲击中的作用。

第三,要重视灾后农业污染问题,加大对灾后农业生态建设投入。长期以来,农业灾害给农业产值以及农户生活造成的影响一直是农村灾害救助的核心,对农业灾害后农业生态环境的关注相对不足,尤其缺乏对灾后农户绿色生产行为的分析。本章的研究发现,农业灾害会加剧农业生产中的化肥农药使用以及碳排放力度,降低农业绿色全要素生产率,这表明在今后的农业灾害救助中,不仅要注重农业灾害对农业产出和农民生活的短期影响,还要站在农业和农村绿色发展的视角下,加大对灾后农业生态建设的资源投入,矫正农户灾后不符合绿色发展理念的生产行为,促进绿色化灾害应对能力提升。

第十章　自然灾害应对中非正式制度的影响分析

在第八章和第九章的分析中,主要从政府主导的国家灾害救助和市场化灾害应对机制两个方面研究了政府救灾和市场调节两种正式制度在自然灾害应对中的作用。在正式制度之外,一些非正式制度因素也会对灾害应对产生作用,尤其是在政府主导的灾害救助中,地方政府和主政官员的救灾决策发挥着关键作用。但是地方政府的灾害应对行为不仅受到政府救灾制度的影响,更会受到主政官员个体经历以及施政偏好等非正式制度因素的作用,这种非正式制度因素有助于我们理解地方政府差异化的灾害应对努力,也是自然灾害应对机制建设中不可忽视的问题。因此,在本章中我们以地级市主政官员的受灾经历为研究视角,分析受灾经历下对灾害救助的施政偏好如何影响官员救灾行为,帮助理解非正式制度在自然灾害应对中的作用。

第一节　自然灾害应对中非正式制度的作用表现

中国的自然灾害应对具有典型的政府主导型特征,政府主导的灾害救助是我国灾害应对的核心力量,这意味着政府官员对灾害应对的施政偏好会直接影响国家和社会对自然灾害的应对水平,也关系自然灾害应对中的公共资源配置。现有文献的研究表明,地方政府主政官员的公共服务偏好对政策执行和公共服务的提供至关重要(Ashraf 等,2014),地方官员对灾害应对的资源配置也自然受到其施政偏好的影响。对于官员施政偏好形成的影响因素,已有研究主要考查的是影响政府官员政策偏好和行为激励的客观因素,包括官员的晋升激励(周黎安,2007;张莉等,2011)、官员任期与更替(张军和高远,2007;王贤彬等,2009;李杨,2017)、财政分权(张恒龙和康艺凡,2007;陈硕,2010)、官员特征(曹春方和马连福,2012;袁凯华和李后健,2015)等方面,这些基于正式制度激励视角的研究为理解地方政府的灾害救助行为提供了重要支持。

但是,基于政府救灾激励正式制度的分析无法回答为什么在同样的制度激励下不同地区的灾害应对努力会存在明显差别这一问题。从中国古代的官府赈灾到当今社会中政府的灾前防御和灾后救助,地区之间政府的努力程度都存在不同,这种差异会对全社会形成完整有效的灾害应对体制产生重要影响,也关系着不同地区之间居民在面临灾害风险时能够获得的救助水平。事实上,在主政官员决定公共资源配置的制度安排下,官员的个体特征会对地方自然灾害应对及其要素投入产生重要作用,而影响官员个体特征及其行为选择的因素中,官员的早期经历等非正式制度发挥着重要作用,但是这一因素在关于政府灾害应对的理论研究上却没有得到足够的重视。

对地方主政官员而言,其个体行为偏好会直接影响灾害应对的资源投入。根据心理学的烙印理论,行为主体会在关键敏感期内形成一种与外在环境相适应的特性,而且即便在后续环境特征显著改变之下,这种特性仍会继续保持(Marquis 和 Tilcsik,2013)。政府官员作为政府的人格化代表,早年的受灾经历给其认知和性格的形成造成难以磨灭的深远影响,进而影响自身在灾害应对上的政策偏好。而不同官员的政策偏好,使其在经济利益最大化的目标导向中,参与灾害应对的主动性和积极性不同,防灾减灾的行为激励也存在差异。因此,在研究地方官员灾害救助行为时就有必要考虑其早年灾害创伤经历,本章主要从主政官员的受灾经历出发,研究早年的受灾经历对其主政期间地区自然灾害救助支出的影响。

本章之所以选择地方主政官员的受灾经历作为分析对象,一方面,因为从本章所要研究的非正式制度对政府灾害救助行为的影响来看,官员的受灾经历能够满足理论逻辑的要求。自然灾害的发生具有很强的外生性,且集中体现为对农业生产和粮食供给的影响,作为一种代表性的灾害事件,受灾经历会对主政官员关于灾害应对的态度产生重要影响,从而对受灾者的长期灾害应对行为发挥作用,那些早年经历过自然灾害的官员与未经历灾害的官员会在灾害应对的表现上体现出差异。另一方面,从本章的研究目标出发,受数据限制,我们利用具有代表性的官员个体自然灾害经历变量,通过地市级主政官员的出生地和出生年份判定其早年的受灾经历。因此本章主要基于主政官员早年的受灾经历,研究官员灾害经历的个体差异对其任职期间灾害救助行为的影响,帮助理解非正式制度在自然灾害应对中的作用。

第二节　个体受灾经历影响其救灾决策的理论解释

个体的行为决策会受到其早期经历的影响,这一结论已经得到了大量理论文献的支撑。在哈姆布里克和梅森（Hambrick 和 Mason）1984 年提出的"高层梯队管理理论"基础上，大量研究证实了管理者因早期生活经历的差异对其个人行为和政策偏好产生的异质性影响。对于管理者早期的生活经历，现有文献主要关注管理者的家庭生活、教育经历、婚姻经历以及创伤经历等对其产生的影响。这些实证文献的研究结果表明，管理者的家庭生活经历给其提供的物质充裕程度会影响其对不确定事件的容忍程度和风险承担水平（Kish-Gephart 和 Campbell，2015），管理者的教育经历影响其处理信息的能力、思维模式和行事风格（蔡庆丰等，2019），与此同时，决策者的婚姻经历也会对管理者的风险承担水平产生影响（Roussanov 和 Savor，2014），婚姻状态会直接影响管理者的风险态度。经历过大萧条的高管更加趋向于风险规避，其所在的企业更少依赖外部融资（Malmendier 和 Nagel，2011）。有关中国情境下管理者早期经历影响其决策行为的研究发现知青经历塑造了企业董事长风险规避的经营风格，从而降低了董事长任职企业的风险承担能力，提高了企业的会计稳健性水平（周冬华等，2019）。可见，关于企业管理者个体经历对其风险态度和行为决策的研究已经揭示了个体早期经历对其行为决策和资源配置的重要作用。

就本书所研究的个体灾害经历而言，现有文献主要从经历过自然灾害的管理者风险偏好和社会责任两个角度开展研究。风险偏好方面，陈永伟和陈立中（2016）发现自然灾害经历改变了人们对风险的态度，引致他们更加回避风险。有过自然灾害经历的企业高管因为具有更高的风险厌恶程度，从而会减少高风险的创新研发投入（彭晓鹏等，2019），降低企业运营中整体的风险水平（赵民伟和晏艳阳，2015；彭晓鹏和陈秉正，2020；张兴亮和刘芸，2020），提高企业会计信息质量并更加注重企业长远发展（赵婷和张丽达，2020）。张信东和郝盼盼（2017）则发现 CEO 早年自然灾害经历阻碍了企业创新投入，且在童年期和青少年时期经历饥荒的影响更明显。早年经受自然灾害对企业高管的情感冲击使其所在企业的慈善捐赠水平更高（许年行和李哲，2016；王营和曹廷求，2017；袁有赋和李珍，2019；和欣等，2021）。但是，卢新国和李书敏（2019）以我国 A 股上市公司为研究对象，考察了管理者童年自然灾害经历对企业社会责任的影响。研究结果表明，童年经历自然灾害的管理者所在的企业承担了更少的企业社会责任，并且这种负面作用仅存在于民营企业中。可见，自然灾害经历作为一种特殊的印记会在长期对经历者个体行为决策产生影响。

从理论研究的现状来看，现有文献关于早年经历对官员政策偏好影响的讨论相对较少，现有几篇与本章内容相关的文献，例如杜博士和徐济益(2019)的研究发现,党政主官的知青经历对任职地区的乡村振兴具有积极影响,知青经历会提高主政官员对任职地乡村振兴的要素资源投入。关于地方官员早年受灾经历的研究表明其政策偏好的异质性体现在农业政策偏好上,并且幼年的自然灾害经历促使地方官员实施更加偏好于农业发展的政策(Guo 等,2018)。虽然相关研究已不断深入,但是仍然缺少早年受灾经历影响地方官员自然灾害救助政策偏好的分析。而地方政府是自然灾害应对的主体,其早年的自然灾害经历会给其关于灾害的认识和应对行为产生影响。因此,在本章中我们结合地方官员的自然灾害经历,研究早年受灾经历对地方官员自然灾害救助政策偏好的影响,在对现有研究进行实证拓展的基础上,更加全面认识自然灾害应对中非正式制度的作用。

第三节　制度背景与研究假说

一、制　度　背　景

我们选用新中国成立以来经历的较为严重的、截止时间明确的自然灾害来探讨其对地方官员灾害救助行为的影响。本章选择地级市作为分析单位,因为我国的灾害应急管理实行属地管理的体制,灾区所在地的地方政府是灾害应急管理的主要管理机构(李明,2013)。同时,在不同地区地级市之间存在较大的差异,发达地区的救助标准往往高于欠发达的地区,且不同地区的社会经济要素(如土地、人口和经济)存在一定异质性,这种异质性使我们能够识别自然灾害救助政策结果的差异化表现。

地级市的市委书记通常对当地的经济和社会问题具有真正的控制权(Chen 和 Kung,2016),并由上级党委提名任命,只对上级负责(曾明,2010)。此外,根据我国官员轮换制度的悠久历史,一般来说,市委书记不是从当地出生的干部中挑选出来的。在我们的样本中,超过95%的市委书记出生地与工作所在城市不同,47%的出生地与工作所在省份不同,市委书记经常轮换也使其政策偏好与辖区内当地精英的偏好几乎不一致。而且,市级领导的晋升一般是由他们在任时的表现决定,施行择优录取。因此,在其他条件相同的情况下,市委书记个人政策偏好会对城市层面的自然灾害救助产生显著影响,这为本章中识别灾害经历与市委书记自然灾害救助政策偏好之间的因果关系提供了条件。

二、理论基础与研究假设

巴特森(Batson)于1991年提出了"移情—利他主义假说",该假说认为:"对每个个体来说,如果在哪里存在令其感受到更强烈的移情倾向,那么,就会在哪里存在一种其愿意给他人更多关爱或者其为他人做更多帮助的倾向。"换句话说,对于每一个个体而言,每一个人的人生经历都是不同的,而在人生经历的关键时期,尤其在童年和青少年时期,对于个体所经历过的印象更深刻、体会最深、情绪最深刻的事件,最容易让个体形成长期对类似事件的直观感知。一方面,该类事件会对个体的偏好和价值观等的塑造产生重大影响。另一方面,在今后的人生经历中,凡是与这个印象最深刻、体会最深的事件相类似或相关联的事件,都会让个体产生直观感受,并愿意对他人提供帮助使他人脱离困境或提升他人福利,虽然这种帮助行为可能会给个体带来好处,但这不是个体提供帮助的初衷,而是早年个体经历对其长期行为影响的一种体现。

在自然灾害时期,尤其是有小孩的家庭,除了依靠更多的劳动获得粮食外,也经常获得来自政府和亲人长辈、邻里朋友的救济。因此,自然灾害经历者对于苦难、贫困生活会有着更深刻的体会,从而更能体会他人的不幸和困境,也更愿意帮助他人应对灾害冲击,更倾向于作出助人行为。正如许年行和李哲(2016)的研究表明,早年有过自然灾害经历的CEO更富有同情心,其所在公司的社会慈善捐赠水平会更高,同时,有过自然灾害经历或家乡贫困的CEO所在公司的在职消费水平更低。换句话说,有自然灾害经历的企业高管自身很节俭,但是对于弱势群体却很慷慨。

由于处于童年和青少年时期的个体其记忆发展逐渐成熟,而且这个阶段是个体形成人生观和价值观最重要的阶段(程令国和张晔,2011)。在童年和青少年阶段经历创伤的个体,其心理健康受到的影响最严重(Baird等,2013),其次是在幼年时期经历自然灾害的个体。张信东和郝盼盼(2017)的研究也表明,在童年和青少年时期,有过自然灾害经历的企业CEO对企业创新投入的影响最明显。基于此,本章认为对于有过自然灾害经历的地方官员,在童年和青少年时期经历灾害的地方官员对其任职地区自然灾害救助支出水平的影响更明显。

第四节　数据来源与识别策略

本章主要立足于地方政府及其主政官员在灾害救助公共资源配置中发

挥的重要作用,围绕市委书记的自然灾害经历展开实证分析。在我国的地市政治体制中,市委书记作为党政一把手,对政策制定和财政资源分配具有较大影响。其中,市委书记的自然灾害经历是根据他们的出生日期和出生地推算出来的,其自然灾害救助偏好与任期内各地级市自然灾害救助支出相对应。在获得在任市委书记自然灾害经历变量后,利用双重差分法(DID)来比较出生于自然灾害前,由于出生地不同而经受不同严重程度的自然灾害,从而导致市委书记在任期间的自然灾害救助力度的差异。

一、数据来源与变量说明

(一)被解释变量

本书关注的被解释变量是"自然灾害生活救助支出占比(*Diseffex*)",该指标体现了政府在自然灾害救助中的资源投入程度。地级市层面自然灾害生活救助支出的原始数据来源于 2005—2016 年的《中国民政统计年鉴》,为避免异常数据的影响,本书剔除了数据缺失的 13 个地级市样本。考虑到不同地区政府对民政公共事业本身投入力度的差异,我们定义自然灾害生活救助支出占比=自然灾害生活救助支出/民政事业费实际支出,该变量越大表明地方政府对自然灾害救济的财政投入力度越强,我们整理了 276 个地级市 2005—2016 年的自然灾害生活救助支出占比(*Diseffex*)的面板数据。

(二)解释变量

1. 市委书记个体变量

该数据来源于国泰安 CSMAR 数据库,并通过中国经济网地方党政领导人库、百度百科逐一考察了市委书记的基本信息。关于官员任期,参考李杨(2017)的处理办法,对于在 1—6 月上任的,则将新任者认定为当年的主政官员,对于在 7—12 月上任的,将离任者认定为当年的主政官员。除人口统计信息,如性别、出生日期、教育水平和民族,我们还通过百度百科整理了市委书记的知青经历数据。本书将 1955—1980 年到农村、生产建设兵团、工矿参加劳动锻炼的青年个体视为知青。

2. 出生队列

根据样本官员的出生年份,推算出其在自然灾害发生期间的年龄,然后按成长阶段来划分出生队列。根据发展心理学的相关理论,人类未成年期可进一步划分为婴儿期(3 岁之前)、幼儿期(3—6 岁)、童年期(7—11 岁)和青少年期(12—18 岁)。其中,童年期和青少年期被认为是人们认识世界和性格形成的"关键期"(张向葵,2002;程令国和张晔,2011)。据此,官员在自然灾害时的年龄段可分为未出生、婴儿期、幼儿期、童年期、青少年期和成年期 6 个类别。由于样本官员均在 1941 年后出生,因此剔除成年期出生队列。为方便起见,将自然灾害期间未出生的官员和处于无记忆的婴儿期的官员划分为一类,而将对认知世界起关键作用的童年期和青少年期归为一类。市委书记的具体出生队列划分见表 10-1。

表 10-1　地级市市委书记出生队列划分

调查时年龄 (岁)	出生年份	发生自然灾害 时年龄(岁)	发生自然灾害 时所处生命 周期	出生队列
<63	1958 以后	<3	未出生或婴儿期	*cohort* 0
63—66	1955—1958	3—6	幼儿期	*cohort* 1
67—80	1941—1954	7—18	童年、青少年期	*cohort* 2

3. 灾害严重程度

借鉴现有文献(Huang 等,2010)的方法,使用我国 1990 年人口普查的 1%样本数据,根据出生队列的规模得出地级市层面的自然灾害严重强度。对于每个地级市的受灾严重程度,我们首先计算自然灾害发生之前 3 年和自然灾害发生之后 3 年出生的人口的平均队列规模,标记为 N_{nonfam},以及在自然灾害发生期间出生的人口的平均队列规模,标记为 N_{famine};然后如式(10-1)所示,计算队列人口收缩指数(CSSI)来衡量该地级市的自然灾害严重程度。理论上,在自然灾害更为严重的地区,出生率会更低,死亡率会更高,那么灾害年出生的群体规模相对于其他年份越小,收缩指数(CSSI)越大,自然灾害的严重程度就越大。

$$CSSI = \frac{N_{nonfam} - N_{famine}}{N_{nonfam}} \tag{10-1}$$

另外,作为上述人口收缩指数(CSSI)构建合理性的参考以及稳健性检验的需要,我们借鉴陈永伟和陈立中(2016)的方法,采用《新中国 60 年统计资料汇编》的出生率和死亡率数据,构建死亡率增加率(Index)指标来刻画省一级的自然灾害严重程度。先计算自然灾害发生之前 3 年和自然灾害发生之后 3 年两个时期的平均死亡率,作为自然灾害前后正常水平的死亡率(D_{nomal})。再计算自然灾害发生期间人口的死亡率(D_{famine}),然后构造自然灾害时期死亡率增加率,如式(10-2)所示:

$$Index = \frac{D_{famine} - D_{nomal}}{D_{nomal}} \tag{10-2}$$

理论上,在自然灾害更为严重的地区,死亡率会更高,因此上述指标在一定程度上可以描述自然灾害严重程度。某一地区上述指标越大,说明当地的自然灾害越严重。本书中,我们将这一指标用于稳健性检验,对于cohort 0 区间的官员,也就是自然灾害时期未出生或者处于婴儿阶段的官员,自然灾害不对其关于灾害的感知产生影响,我们将这一区间内官员面临的灾害严重程度赋值为0。

（三）控制变量

官员特征数据包括:受教育程度(Edu)、官员晋升压力指数(ps)。其中,受教育程度(Edu)(1＝中专及中专以下,2＝大专,3＝本科,4＝硕士,5＝博士);对于官员晋升压力,本书借鉴钱先航等(2011)的研究构建官员晋升压力指数(ps)。地级市特征数据包括:医院床位($yycw$)、地级市道路面积($dlmj$)、客运总量(ky)、第一产业从业人员占比($One\text{-}rk$)、税收占财政收入比重的平方($taxex2$)等。本书采用线性插值法生成地级市人均 GDP 中缺失的涉及 6 个地级市的 25 项数据。

（四）描述性统计

1. 不同地区的自然灾害严重程度

按照前面的方法,我们计算了各地级市的"人口收缩指数"($CSSI$)和各省份的"死亡率增加率"($Index$)。将地级市人口收缩指数汇总到省一级后,如图 10-1 所示,尽管两个指标对不同地区自然灾害严重程度的相对状

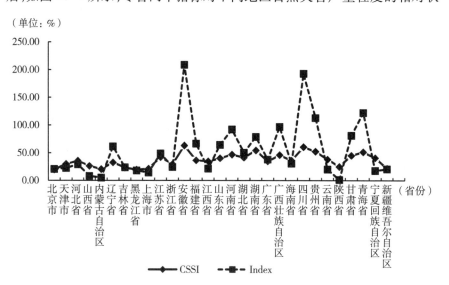

图 10-1　自然灾害时期全国各地区的受灾严重程度

况判断存在一定差异,但不同地区自然灾害严重程度的排序基本一致。无论采用哪一个指标,安徽省、四川省都是受灾最为严重的地区,这与曹树基(2005)、程令国和张晔(2011)等的研究基本吻合,说明我们所使用的推算方法大致可靠。

2. 不同变量描述性统计

表10-2呈现了不同变量的描述性统计。2005—2016年共计获得了958位市委书记数据,其中具有知青经历者189人,占比19.7%。市委书记出生在274个不同的地级市,工作在276个地级市,96%的官员在不同的地级市做市委书记。由于我们关注的是在2005—2016年在任的市委书记,他们中的大多数(98%)出生在自然灾害前后的10年内。因此,那些在自然灾害发生前出生的人在10岁以下如果经历了自然灾害,我们将其定义为在生命早期就遭受了灾害的影响。在2005—2016年在职的市委书记中,大多数是男性,其中56%出生于自然灾害之前,44%出生在自然灾害期间。

表 10-2　变量的描述性统计

变量名称	变量说明	样本量	均值	标准差	最小值	最大值
Diseffex	自然灾害生活救助支出占比	3312	0.061	0.087	0.000	0.956
cohort	官员出生队列	3312	0.815	0.791	0.000	2.000
CSSI	地级市人口收缩指数	3312	0.224	0.217	0.000	1.374
Index	省级死亡率增加率	3312	0.354	0.492	0.000	2.090
Edu	官员教育水平	3312	3.954	0.705	1.000	5.000
ps	官员晋升压力数	3312	1.606	0.923	0.000	3.000
lnyycw	医院床位的对数值	3312	7.034	0.995	0.000	8.037
lndlmj	地级市道路面积的对数值	3312	6.773	0.958	0.000	9.592
lnky	客运总量的对数值	3312	7.061	0.983	0.000	8.055
One-rk	第一产业从业人员占比	3312	0.032	0.070	0.000	0.740
taxex2	地级市税收占财政收入比重的平方	3312	0.532	0.156	0.073	1.012

二、计量模型设定

为了检验早年不同年龄阶段经历不同严重程度灾害对地方官员自然灾害救助行为的影响,本书借鉴现有研究的做法(Guo等,2018),通过构造各地区自然灾害强度指标,使用强度双重差分方法来比较分析早年不同年龄阶段经历不同严重程度自然灾害的市委书记与出生在自然灾害后的市委书记相比,在其任职期间对自然灾害救助投入的差异。具体地,构建模型(10-3):

$$Diseffex_{c,i,t} = \beta_0 + \alpha_c\,cohort_{c,i,t} \times CSSI_{i,t} + \gamma_c\,cohort_{c,i,t} + \sigma\,CSSI_{i,t} + \delta\,Control_{i,t} + v_t + \theta_p + \varepsilon_{i,t} \tag{10-3}$$

其中,因变量$Diseffex_{c,i,t}$为第t年任职于地级市i,且出生队列为c的市委书记关于自然灾害生活救助支出在民政事业费实际支出的占比。$cohort_{c,i,t} \times CSSI_{i,t}$为交互项,其中$cohort_{c,i,t}$表示第$t$年第$i$个地级市的市委书记属于$c$段的出生队列,$CSSI_{i,t}$表示第$t$年任职于地级市$i$的市委书记的出生地人口收缩指数。$Control_{i,t}$表示控制变量,包括官员特征变量和地级市特征变量。$\theta_p$是地区固定效应,$v_t$是年份固定效应,$\varepsilon_{i,t}$为残差项。$\alpha_c$为模型核心观测系数。具体来说,$\alpha_1$表明与其他出生队列相比,幼儿时期经历过自然灾害的市委书记,其所经历自然灾害严重程度上升一个单位,将对任职地区自然灾害救助支出占比带来α_1单位的影响。同理,α_2表示童年—青少年期经历自然灾害的市委书记对自然灾害救助支出占比的影响。

第五节　实证结果及其解释

一、基本实证结果

（一）在不同年龄段经历自然灾害对地方官员自然灾害救助偏好的影响

不同年龄段经历自然灾害对地方官员自然灾害救助偏好的影响不同。按照前文的理论分析,早年有过自然灾害经历,尤其是在人的思想意识和价值观形成的最重要的童年和青少年时期(即出生队列$cohort2$),在这一时期经历严重自然灾害的政府官员,其对自然灾害救助的偏好会更加明显。因此,我们重点关注自然灾害严重程度与$cohort2$组别的交叉项系数的结果。估计结果如表10-3所示,其中列(1)—列(2)和列(3)—列(4)分别估计了市委书记在童年—青少年时期、幼儿时期经历不同程度的自然灾害对其在任期间自然灾害救助支出的影响。列(1)和列(2)包含了自然灾害发生时处于童年—青少年时期与出生地自然灾害严重程度的交互项($cohort2 \times CSSI$)的实证结果。列(3)和列(4)包含了自然灾害时处于幼儿时期与出生地自然灾害严重程度交互项($cohort1 \times CSSI$)的实证结果。在列(1)中$cohort2 \times CSSI$的回归系数为0.0807,并且在1%的显著性水平下成立。对比列(1)和列(3)的估计结果可以发现,在童年—青少年时期经历自然灾害的市委书记对其任职地区自然灾害救助支出水平的影响更明显,并且所经历的自然灾害严重程度每上升1个百分点,其在任期间为当地自然灾害生活救助支出占民政总支出比重产生8.07%的正向影响,而幼儿时期的自然灾害经历则不会对在任市委书记的灾害救助行为产生显著影响。在控制住其他变量后,列(2)和列(4)的估计结果显示,cohort1组别的自然灾害生活救助支出占比的负向影响变化不大,并且依然不显著。cohort2组别对自然灾害生活救助支出占比的正向影响为7.87%,显著性水平为1%。这进一步表明相比幼儿期,市委书记在童年—青少年时期经历自然灾害,其任职期间对当地自然灾害救助支出有明显的正向影响,验证了本书提出的基本理论假说。

表10-3　市委书记灾害经历对灾害救助的影响

变量	(1)	(2)	(3)	(4)
	Diseffex	*Diseffex*	*Diseffex*	*Diseffex*
cohort2×CSSI	0.0807***	0.0787***	—	—
	(0.0256)	(0.0257)	—	—
cohort2	−0.0315***	−0.0304***	—	—
	(0.0106)	(0.0108)	—	—
cohort1×CSSI	—	—	−0.0354	−0.0368
	—	—	(0.0229)	(0.0230)
cohort1	—	—	0.0105	0.0105
	—	—	(0.0088)	(0.0088)
CSSI	−0.0049	−0.0030	0.0111	0.0146
	(0.0090)	(0.0090)	(0.0111)	(0.0114)
ps	—	0.0042**	—	0.0044**
	—	(0.0020)	—	(0.0020)
Edu	—	0.0014	—	0.0025
	—	(0.0023)	—	(0.0023)
lnyycw	—	0.0029**	—	0.0029**
	—	(0.0014)	—	(0.0014)

续表

变量	（1）	（2）	（3）	（4）
	Diseffex	*Diseffex*	*Diseffex*	*Diseffex*
ln*dlmj*	—	−0.0114**	—	−0.0115**
		（0.0052）		（0.0052）
ln*ky*	—	−0.0024*	—	−0.0023*
		（0.0014）		（0.0014）
*taxex*2		0.0263*		0.0241*
		（0.0143）		（0.0143）
One-rk	—	0.0046	—	−0.0106
	—	（0.0555）	—	（0.0554）
R^2	0.167	0.173	0.165	0.171
N	3312	3312	3312	3312
年份固定效应	是	是	是	是
地区固定效应	是	是	是	是

注：（1）括号中为稳健标准误；（2）*、**、*** 分别表示在10%、5%和1%的水平下显著。

二、异质性检验

表10-3的估计结果表明，地方主政官员在童年—青少年时期经历自然灾害会显著地促进其任职地自然灾害救助水平。那么同样在童年—青少年时期经历自然灾害的官员，在处于不同晋升激励的情况下，早年灾害经历对其自然灾害救助水平是否存在差异？一方面，我国政府官员的任期制度可能会影响估计结果的稳健性。另一方面，官员所面对的晋升压力异质性可能会影响其决策，造成对表10-3估计结果的干扰。为了确保基本结论的稳健性，我们进一步进行异质性分析。

（一）官员任期异质性检验

官员的任期时间长短会显著影响其施政行为和策略（张军和高远，2007）。为检验官员任期异质性的影响，我们对市委书记进行分组对比分析。根据中共中央办公厅2006年印发《党政领导干部职务任期暂行规定》，明确党政领导职务每个任期为5年。因此我们将任职时间达到5年以上的分为一组，任职在5年及5年以下的分为一组，双重差分结果见表

10-4。对于童年—青少年期经历自然灾害的市委书记,在任期小于等于5年的情况下,如列(3)和列(4)所示,尽管交互项系数在统计上不显著,但两列的估计结果均为正。相比而言,任期大于5年的市委书记对自然灾害救助的正向影响更明显,如列(2)所示,加入控制变量后的交互项系数为0.1692,显著性水平为1%。这意味着随着市委书记工作时间的延长,其对主政地区的影响力更强(曹春方等,2014),早年自然灾害经历的影响也更大。这进一步验证了我们的结论,即地方自然灾害救助决策受到主政官员在童年—青少年期自然灾害经历的影响。

表 10-4　官员任期异质性的检验

变量	Diseffex			
	任期大于 5 年		任期小于等于 5 年	
	(1)	(2)	(3)	(4)
$cohort2 \times CSSI$	0.1557***	0.1692***	0.0271	0.0242
	(0.0597)	(0.0616)	(0.0322)	(0.0323)
$cohort2$	−0.0546**	−0.0622**	−0.0144	−0.0125
	(0.0243)	(0.0262)	(0.0133)	(0.0135)
$CSSI$	0.0197	0.0154	0.0001	0.0034
	(0.0237)	(0.0237)	(0.0107)	(0.0108)
ps	—	0.0014	—	0.0048**
	—	(0.0038)	—	(0.0024)
Edu	—	−0.0050	—	0.0038
	—	(0.0061)	—	(0.0027)
$\ln yycw$	—	0.0044	—	0.0020
	—	(0.0030)	—	(0.0017)
$\ln dlmj$	—	−0.0095	—	−0.0120**
	—	(0.0115)	—	(0.0060)
$\ln ky$	—	−0.0020	—	−0.0029*
	—	(0.0029)	—	(0.0017)
$taxex2$	—	0.0746**	—	0.0102
	—	(0.0310)	—	(0.0172)

续表

变量	*Diseffex*			
	任期大于 5 年		任期小于等于 5 年	
	（1）	（2）	（3）	（4）
One-rk	—	0.0005	—	0.0002
	—	（0.0011）	—	（0.0007）
R^2	0.113	0.130	0.173	0.179
N	870	870	2442	2442
年份固定效应	是	是	是	是
地区固定效应	是	是	是	是

注:(1)括号中为稳健标准误;(2)*、**、*** 分别表示在 10%、5% 和 1% 的水平下显著。

（二）官员晋升压力的异质性检验

为检验地方官员晋升压力异质性所带来的自然灾害救助支出差异,我们将官员的晋升压力进行分组做对比分析。根据前文关于晋升压力的划分方法,将晋升压力指数为 0 和 1 的分为一组,晋升压力指数为 2 和 3 的分为另一组,双重差分结果见表 10-5。对于童年—青少年期经历自然灾害的市委书记,如列（2）和列（4）所示,在两种不同的晋升压力情况下,加入控制变量后的交互项系数没有太大差异,分别为 0.0727 和 0.0849,且均在 5% 的水平下显著。这意味着官员任职地区的晋升压力并不影响其早年灾害经历对其自然灾害救助政策偏好的影响。

表 10-5　晋升压力异质性的检验

变量	*Diseffex*			
	晋升压力指数为 0 和 1		晋升压力指数为 2 和 3	
	（1）	（2）	（3）	（4）
cohort2×CSSI	0.0665**	0.0727**	0.0927**	0.0849**
	（0.0316）	（0.0318）	（0.0417）	（0.0422）
cohort2	−0.0180	−0.0202	−0.0367**	−0.0326*
	（0.0129）	（0.0131）	（0.0174）	（0.0178）
CSSI	−0.0222**	−0.0215*	−0.0037	−0.0011
	（0.0113）	（0.0114）	（0.0141）	（0.0143）

变量	Diseffex			
	晋升压力指数为 0 和 1		晋升压力指数为 2 和 3	
	（1）	（2）	（3）	（4）
控制变量	未控制	控制	未控制	控制
年份固定效应	未控制	控制	未控制	控制
地区固定效应	未控制	控制	未控制	控制
R^2	0.120	0.125	0.183	0.188
N	1470	1470	1842	1842

注:(1)括号中为稳健标准误;(2) *、**、*** 分别表示在 10%、5% 和 1% 的水平下显著。

三、稳健性检验

（一）对官员数据的稳健性检验

我们的实证检验存在一个潜在问题,即存在部分市委书记经历过1955—1980 年的"上山下乡"。为考察数据的稳健性,我们剔除了具有知青经历的 723 位市委书记的数据,重新进行双重差分模型估计。结果如表10-6 的列(1)所示,使用子样本检验结果与先前使用全部样本相比,我们最关注的自然灾害严重程度与 cohort2 组别的交叉项系数变化不大。这说明我们的结果是相对稳健的,有知青经历的对估计并没有造成严重影响。

（二）自然灾害严重程度衡量指标的更换

在前文中,我们主要利用地级市的人口收缩指数(CSSI)来衡量市委书记所经历自然灾害的严重程度。然而地级市的人口收缩指数是根据 1990年人口普查 1% 样本数据计算得出,忽略了 1990 年之前的死亡人口数据,从而影响实证结果。作为一个稳健性检验,我们使用省级层面的死亡率增加率(Index)来替代人口收缩指数(CSSI),然后采用双重差分模型进行估计,结果如表 10-6 的列(2)所示。市委书记在童年—青少年时期的自然灾害经历与自然灾害严重程度的交互项系数为 0.0236,在 1% 的水平下显著,说明模型估计结果相对稳健。

（三）对双重差分方法的稳健性检验(安慰剂检验)

上述估计结果验证了我们的假设。然而使用双重差分法识别策略的一个关键假定是共同趋势假设,即如果没有自然灾害,不同地区的市委书记在自然灾害救助支出上应具有相同的出生队列趋势。关于我们估计方法的一个潜在问题是,可能存在同自然灾害影响相当的外生冲击或地区变量等遗漏变量,从而导致不同地区市委书记在灾害救助倾向的队列趋势出现差异。为此,参照现有研究的做法(程令国和张晔,2011),对双重差分法的假定进行稳健性检验。其思路是,如果我们估计出的自然灾害对地方官员政策偏好的影响是由遗漏掉的系统性变量引起的,且这些变量在灾害前后持续发挥作用,那么我们选取出生于自然灾害以后的不同出生队列的地方官员数据,用上述双重差分法重新进行估计时应该看到类似表10-3的结果。相应地,如果不存在这样的遗漏变量问题,那么对于出生在自然灾害以后的地方官员而言,地区的灾害严重程度应与其任职地的灾害救助支出不相关或不显著。为此我们使用自然灾害以后出生的一个子样本,进行跟上文类似的双重差分法分析,并控制住最重要的几个控制变量。结果表明,此时我们期望地区的灾害严重程度对童年—青少年出生队列的地方官员灾害救助倾向不产生任何影响。我们把自然灾害后出生的市委书记分为3个队列来考察,鉴于自然灾害后出生的官员中出生在自然灾害发生后两年的人数占61%,因此本书将自然灾害发生后第三年到第十年作为基准组,自然灾害发生后第二年为第一队列,自然灾害发生后第一年为第二队列。结果如表10-6的列(3)所示,$cohort2×CSSI$回归系数并不显著,通过了稳健性检验。

（四）双重差分倾向得分匹配法(PSM-DID)

为保证研究结果的稳健性,采用核匹配法。匹配后进行双重差分估计。表10-6的列(4)为核匹配之后的双重差分法检验结果,可以发现在进行倾向得分匹配之后,$cohort2×CSSI$的系数与未进行倾向得分匹配(PSM)的双重差分法估计结果大体一致,并且均在1%水平下显著。因此本章关于童年—青少年时期的自然灾害经历对地方官员自然灾害救助支出的促进作用的实证检验结果是稳健的。

表10-6　稳健性检验

变量	Diseffex			
	剔除知青	替换变量	安慰剂检验	倾向得分匹配
	(1)	(2)	(3)	(4)
$cohort2×CSSI$	0.0847 *** (0.0278)	—	−0.0832 (0.0585)	0.1384 *** (0.0374)
$CSSI$	−0.0015 (0.0100)	—	0.0295 (0.0232)	0.0467 *** (0.0131)

续表

变量	*Diseffex*			
	剔除知青	替换变量	安慰剂检验	倾向得分匹配
	（1）	（2）	（3）	（4）
cohort2× index	—	0.0236*** （0.0073）	—	—
index	—	−0.0056 （0.0041）	—	—
cohort2	−0.0310*** （0.0114）	−0.0129** （0.0059）	0.0113 （0.0252）	0.0125 （0.0157）
控制变量	控制	控制	控制	控制
年份固定效应	控制	控制	控制	控制
地区固定效应	控制	控制	控制	控制
N	2589	3312	870	3309
R^2	0.192	0.173	0.183	0.250

注:（1）括号中为稳健标准误;（2）*、**、***分别表示在10%、5%和1%的水平下显著。

第六节　个体灾害经历影响地区自然灾害救助的作用渠道

地方官员早年的灾害经历是如何影响执政地区自然灾害救助支出的? 理论上,童年经历过重大自然灾害的地方官员在任职地遭受自然灾害时会触发移情心理使任职地自然灾害救助支出增加。在财政救助资金既定的情况下,随着地方官员救灾偏好的增强而增加自然灾害救助支出,使其他方面的财政支出被压缩。根据《民政事业费使用管理办法》的规定,自然灾害救助方面,在遭受特大自然灾害的地区,地方财力无力全部解决时,可向国务院申拨专款。因此,地方自然灾害救助支出的资金来源于中央专项拨款和地方财政。而河北省、黑龙江省、江西省、吉林省、安徽省、陕西省、山西省、云南省是依靠中央专项拨款较多的八个省份(唐钧和冯凌,2008)。为检验地方政府所增加的自然灾害救助支出的资金来源,本书剔除样本中依靠中央专项拨款较多的八个省份的样本数据,首先检验民政事业费实际支出在财政支出的占比是否受官员早年经历的影响,实证结果见表10-7。

表 10-7 官员早年灾害经历影响民政事业费实际支出的实证检验

变量	（1）	（2）	（3）	（4）
	民政事业费支出占比	民政事业费支出占比	民政事业费支出占比	民政事业费支出占比
cohort2×CSSI	0.0172 (0.0163)	0.0158 (0.0164)	—	—
cohort2	−0.0037 (0.0070)	−0.0027 (0.0071)	—	—
cohort1×CSSI	—	—	−0.0221 (0.0152)	−0.0209 (0.0154)
cohort1	—	—	0.0056 (0.0061)	0.0047 (0.0061)
CSSI	−0.0124** (0.0052)	−0.0110** (0.0053)	−0.0022 (0.0063)	0.0001 (0.0066)
控制变量	控制	控制	控制	控制
年份固定效应	控制	控制	控制	控制
地区固定效应	控制	控制	控制	控制
N	2304	2304	2304	2304
R^2	0.037	0.041	0.037	0.041

注：（1）括号中为稳健标准误；（2）*、**、*** 分别表示在 10%、5% 和 1% 的水平下显著。

从结果来看，市委书记早年自然灾害经历并未显著地影响民政事业费支出在财政支出中的占比。这与民政事业费是国家用于民政事业的专款，实行专款专用原则相一致[1]。因此，不存在为提高救灾支出而压缩民政事业费以外的其他财政支出的情况。显然，在地级市民政事业预算收入一定的情况下，地方官员必然面临民政事业费当中的自然灾害生活救助支出以及其他项目支出的权衡问题。我们进一步检验了地方官员童年—青少年时期的自然灾害经历对其民政事业实际支出结构的影响，实证检验结果见表10-8。

---

[1] 1984 年 7 月 6 日，民政部、财政部发布《民政事业费使用管理办法》。

表 10-8　官员早年自然灾害经历对民政事业实际支出结构的影响

变量	（1）	（2）	（3）	（4）
	抚恤支出占比	退役安置支出占比	城乡低保支出占比	其他社会救济支出占比
cohort2×CSSI	−0.0046 （0.0150）	0.0311*** （0.0112）	−0.1146*** （0.0304）	−0.0223* （0.0131）
cohort2	0.0006 （0.0065）	−0.0140*** （0.0048）	0.0396*** （0.0131）	0.0117** （0.0057）
CSSI	0.0120** （0.0048）	−0.0043 （0.0036）	−0.0005 （0.0098）	−0.0083** （0.0042）
控制变量	控制	控制	控制	控制
年份固定效应	控制	控制	控制	控制
地区固定效应	控制	控制	控制	控制
R^2	0.336	0.146	0.218	0.110
N	2304	2304	2304	2304

变量	（5）	（6）	（7）	（8）
	社会福利支出占比	民政管理支出占比	行政事业离退休支出占比	其他民政支出占比
cohort2×CSSI	0.0071 （0.0157）	0.0279** （0.0124）	−0.0066* （0.0039）	−0.0316** （0.0159）
cohort2	−0.0026 （0.0068）	−0.0096* （0.0054）	0.0023 （0.0017）	0.0151** （0.0069）
CSSI	0.0049 （0.0051）	0.0040 （0.0040）	0.0025** （0.0012）	−0.0022 （0.0051）
控制变量	控制	控制	控制	控制
年份固定效应	控制	控制	控制	控制
地区固定效应	控制	控制	控制	控制
R^2	0.521	0.063	0.102	0.439
N	2304	2304	2304	2304

注：（1）括号中为稳健标准误；（2）*、**、*** 分别表示在 10%、5% 和 1% 的水平下显著。

从实证结果来看，就我们最关注的自然灾害严重程度与童年—青少年组别的交叉项而言，灾害严重程度每上升 1 个百分点，城乡低保支出占比下降 11.46%，其他民政支出占比下降 3.16%，其他社会救济支出占比下降 2.23%，行政事业离退休人员经费支出占比下降 0.66%，且分别在 1%、5%、

10%、10%的置信水平下显著。另外,抚恤支出占比下降 0.46%,但统计意义上不显著。显然,对于童年和青少年时期经历过自然灾害的地方官员而言,其自然灾害救助支出提高,相应地主要压缩了城乡低保支出、其他民政支出和其他社会救济支出。其中城乡低保支出压缩份额最大,这与城乡低保经费在民政事业中份额较大有关。其他民政支出涵盖了医疗救助、军队供应站经费以及其他支出,也出现了相应的下降。

本节从民政事业经费支出结构的角度分析了在任官员童年和青少年时期的自然灾害经历对其任职期间自然灾害救助支出以及其他民政事业支出的影响,实证研究的结果显示,虽然官员的灾害经历会提高其自然灾害救助程度,但是在民政事业经费总量给定的情况下,具有灾害经历的官员对自然灾害救济增加支出的同时,会减少其他诸如社会保障、农村低保等社会服务领域的经费支出,这一方面说明了在童年和青少年时期的受灾经历对主政官员的自然灾害应对施政偏好产生影响,也表明这一效应主要来源于主政官员对民政事业经费内部支出结构的调整,进一步验证了地方官员个体经历及其政策偏好对政府主导的灾害救助政策效应的影响,丰富了关于非正式制度因素如何影响自然灾害应对的认识。

第十一章 重点区域的自然灾害及其防治：黄河流域绿色发展中的自然灾害及减灾路径

中国的自然灾害具有明显的区域性特征,不同区域自然灾害的类型和形成原因不同,其灾害应对机制也就存在差异。因此,本章内容立足于绿色发展视域下中国重点区域的自然灾害防治问题,以黄河流域的自然灾害及减灾路径为研究对象,分析绿色发展背景下重点区域的自然灾害应对路径。黄河流域生态保护和绿色高质量发展是重大国家发展战略,习近平总书记在黄河流域生态保护和高质量发展座谈会上指出:"保护黄河是事关中华民族伟大复兴的千秋大计①,但是,"长期以来,黄河流域自然灾害频发,给沿岸百姓带来深重灾难"。② 所以,"治理黄河,重在保护,要在治理"③,要"共同抓好大保护,协同推进大治理"④。因此,治理流域灾害、防灾减灾就成为黄河流域生态保护与高质量发展的关键问题,也为我们在绿色发展视域下研究重点区域的自然灾害应对问题提供了机会。

第一节 黄河流域重大灾害发生的现状及特征

黄河素有"九曲"之称,河流中段流经黄土高原,河水携带大量泥沙成为世界上含沙量最大的河流,水量主要来自上游,黄土高原是泥沙的主要来源区,约占91%,黄河的下游为地上悬河。黄河蜿蜒曲折流经中国西高东低的三大台阶,流域面积广阔,大部分位于干旱半干旱区大陆季风性气候脆弱带,流域内发生的灾害类型多样,影响范围广、危害严重的重大灾害主要包括:洪涝灾害、水土流失、旱灾以及干支流水体污染。

---

① 习近平:《保护黄河是事关中华民族伟大复兴和永续发展的千秋大计》,人民网,2019 年 9 月 19 日。

② 习近平:《在黄河流域生态保护和高质量发展座谈会上的讲话》,《求是》2019 年第 20 期。

③ 习近平:《在黄河流域生态保护和高质量发展座谈会上的讲话》,《求是》2019 年第 20 期。

④ 习近平:《共同抓好大保护协同推进大治理 让黄河成为造福人民的幸福河》,《人民日报》2019 年 9 月 20 日。

一、黄河流域重大灾害类型及现状

(一) 洪涝灾害

洪涝灾害一直是黄河流域最主要的自然灾害,当前洪涝风险也仍然是黄河流域面临的最大灾害威胁。黄河流域的洪涝灾害按成因主要分为暴雨洪水和凌汛灾害两大类。暴雨洪涝灾害主要发生在下游,由于泥沙淤积导致"地上悬河"形势严峻,加之流域内气温特征为南高北低、东高西低,不同地段蒸发量差异明显。加之季节降水呈现冬春干旱而夏秋多雨的特点,所以流域内夏秋季节河道流量暴涨易导致洪涝灾害。据历史记载,从先秦到新中国成立之前2500多年来,黄河共决堤1590次,改道26次,平均两三年一决口、百年一改道(魏向阳等,2019)。洪涝灾害影响范围广、涉及人口众多,高出地面的悬河一旦决堤,将会给该地区近百万人口带来毁灭性灾难。此外,洪涝灾害发生后恢复难度大,原因是黄河裹挟大量泥沙,一旦决堤成灾,大量房舍、良田、道路、渠网等将被泥沙埋没,多年难以恢复。

近年来,随着退耕还林还草、三江源保护等重大生态工程的实施,中上游水源涵养能力稳定提升,黄河含沙量进一步下降。根据《黄河年鉴》统计数据,截至2019年,沿黄河省份水库数量在2017年达到峰值之后略微下降,但总库容量逐年增加(见表11-1),除涝面积从2016年起逐渐上升(见表11-2)。同时黄河流域防洪减灾体系基本建成,流域内龙羊峡、小浪底等大型水利工程防洪作用充分发挥,尤其自2000年小浪底水库建成并投入使用后,黄河下游防御大洪水的能力显著增强,花园口断面百年一遇的洪峰流量由29200立方米/秒削减到15700立方米/秒,千年一遇的洪峰流量由42100立方米/秒削减到22600立方米/秒,接近花园口设防流量22000立方米/秒(石春先,2002)。小浪底水库的拦沙作用可减轻下游河道淤积76亿吨,相当于20年左右的淤积量。

表 11-1　2015—2019 年沿黄河省份水库数量(座)与总库容量

(单位:亿立方米)

省份	2015 年		2016 年		2017 年		2018 年		2019 年	
	水库数量	总库容量	水库数量	总库容量	水库数量	总库容量	水库数量	总库容量	水库数量	总库容量
青海	203	318.8	200	320	206	316.5	207	316.6	198	316.6
甘肃	381	96.1	383	102.4	383	103.4	388	103.5	387	104.0
宁夏	321	29.1	321	27.7	322	27.8	327	27.8	327	27.8

续表

省份	2015 年		2016 年		2017 年		2018 年		2019 年	
	水库数量	总库容量	水库数量	总库容量	水库数量	总库容量	水库数量	总库容量	水库数量	总库容量
内蒙古	613	103.1	615	103.5	617	104.4	607	109.8	601	109.7
山西	601	69.2	609	69.4	610	69.7	610	69.7	613	69.8
陕西	1095	86.8	1098	89.9	1101	94.3	1102	94.4	1101	93.8
河南	2653	419.7	2650	422.6	2655	425.7	2654	425.7	2510	432.9
山东	6418	211.9	6420	214.4	6431	220.7	6192	220.3	5932	220.3
总计	12285	1334.7	12296	1349.9	12325	1362.5	12087	1367.8	11669	1374.9

资料来源:水利部黄河水利委员会:《黄河年鉴》(2017—2021),黄河年鉴社。

表 11-2　2015—2019 年沿黄省份除涝面积　　(单位:千公顷)

年份 省份	2015	2016	2017	2018	2019
青海	—	0.8	0.8	0.8	0.8
甘肃	13.6	13.6	14.1	14.3	15.2
宁夏	—	—	—	—	—
内蒙古	277.0	277.0	277.0	277.0	277.0
山西	89.1	89.1	89.1	89.3	89.3
陕西	132.7	133.6	133.2	133.3	103.4
河南	2074.6	1208.1	2106.3	2136.9	2149.3
山东	2930.2	2955.2	2980.1	3027.0	3089.8
总计	5517.2	4677.4	5600.6	5678.6	5724.8

资料来源:水利部黄河水利委员会:《黄河年鉴》(2017—2021),黄河年鉴社。

　　尽管如此,伴随黄河流域经济快速发展所带来的受灾基数扩大、承灾体价值总量增加,黄河流域洪涝灾害造成的社会经济损失整体上仍呈现不断上升趋势。根据国家统计局相关数据统计可知,2015—2019 年沿黄河省份的因洪涝、山体滑坡、泥石流和台风灾害造成的农作物受灾、绝收面积逐年上升(见表 11-3),洪涝灾害在整体上给黄河流域农业发展造成的影响仍较为严重。

表 11-3　2015—2019 年沿黄河省份自然灾害农作物受灾面积

（单位：千公顷）

省份	2015 年		2016 年		2017 年		2018 年		2019 年	
	受灾	绝收	受灾	绝收	受灾	绝收	受灾	绝收	受灾	绝收
青海	9.8	3.8	13.5	1.5	5.0	0.9	25.3	4.0	21.0	2.4
甘肃	80.6	7.0	104.3	19.0	82.5	10.6	257.5	41.1	92.4	2.8
宁夏	4.6	1.8	11.7	3.7	7.0	2.3	70.0	6.1	3.6	1.4
内蒙古	185.2	21.2	256.2	14.7	212.0	44.3	672.6	146	222.8	22.3
山西	31.4	6.7	256.5	16.6	52.9	5.1	140.7	21.3	71.5	6.1
陕西	90.9	19.7	98.3	16.5	82.4	16.7	91.6	18.1	126.9	23.9
河南	52.6	2.8	206.8	38.4	933.7	63.2	829.8	56.8	86.9	3.1
山东	245.1	8.4	105.6	6.1	97.5	4.2	851.2	85.5	946.1	159.9
总计	700.2	71.4	1053	116.5	1473.0	147.3	2938.7	378.7	1571.2	221.9

资料来源：中华人民共和国民政部：《中国民政统计年鉴》（2017—2021），中国社会出版社。

此外，由于整个黄河流域的面积广阔，不同河段温度差异悬殊，加之复杂的地形地貌特征，黄河凌汛灾害形势也十分严峻，上中下游的不同河段均有分布，历史时期曾频繁发生凌汛决口，是冬春季节黄河流域比较突出的自然灾害。20 世纪 60 年代以前，连年都有不同程度的凌汛发生。刘家峡水库建成后，宁蒙段凌汛灾害得到一定的控制，但 80 年代中期以后，由于气候变化极端天气现象不断增多，河道形态恶化，先后发生了多次凌汛堤防决口。同时黄河下游河势游荡多变的河流特性依然没有改变，中常洪水可能形成"横河"或"斜河"，直接危及大堤安全。2020 年，黄河流域 195 个县（市、区）受灾，受灾 169.08 万人，因洪涝灾害造成的直接经济损失 70.21 亿元[①]。因此，治理黄河凌汛决堤以及下游的洪涝灾害仍是我国新时期促进黄河流域自然灾害应对和提升高质量发展的重要内容。

（二）水土流失

水土流失又称土壤侵蚀，按主导侵蚀营力，可以分为水力、风力和冻融侵蚀三大类。水土流失是黄河流域潜在危害最大的生态环境灾害之一，流域内的黄土丘陵沟壑区、黄土高原沟壑区、土石山区、风沙区等主要类型区的水土流失特点各不相同，水蚀和风蚀作用相互交融[②]。黄土高原大部分

---

①　数据来源于水利部黄河水利委员会：《黄河年鉴》（2021），黄河年鉴社 2021 年版，第 92 页。
②　数据来源于水利部黄河水利委员会：《黄河年鉴》（2018），黄河年鉴社 2018 年版，第 83 页。

地区被厚层黄土所覆盖,耕垦历史悠久,水土流失面积广阔,其中强度侵蚀超过 5000 吨/(平方千米·年)的面积可达 14.5 万平方千米,是我国水土流失最严重的地区(刘彩霞,2013)。根据 1985 年、1999 年、2011 年和 2018 年四次土壤侵蚀遥感调查(监测)的结果显示,当前我国仍有超过国土面积 1/4 的水土流失总面积,而西部黄河流域地区水土流失最为严重,占全国水土流失总面积的 89%左右。该地区土质疏松、坡陡沟深、植被稀疏、暴雨集中,水土流失类型多样、成因复杂。

　　黄土高原总面积为 64.06 万平方千米,水土流失面积高达 45.17 万平方千米,占黄河流域水土流失总面积的 97.1%①。其中,土壤侵蚀模数大于 8000 吨/(平方千米·年)的强烈侵蚀面积达 8.5 万平方千米,占全国同类土壤侵蚀面积的 64%;土壤侵蚀模数大于 15000 吨/(平方千米·年)的剧烈侵蚀面积达 3.67 万平方千米,占全国同类面积的 89%②。黄土高原严重的水土流失造成土壤养分流失导致土壤贫瘠、产量低下,是沿岸农民生活贫困的重要原因。不仅如此,水土流失问题使大量泥沙在下游地区湖泊、水库、堰塘严重淤积,使河道不断淤高,调洪能力大大降低,导致下游洪水灾害频发;同时,淤积的泥沙削减了水库库容,加之输沙用水等因素,又进一步加剧了水资源紧缺。

　　近年来,随着流域内生态建设和经济绿色发展,黄河流域的林地、草地与湿地面积逐渐提升(见表 11-4),增加的植被发挥了一定的固沙保水作用,黄河流域的土壤保持总量在不断增加,土壤保持量功能在不断提升(见表 11-5),对黄河流域水土流失面积的减少具有重要作用。

表 11-4　2000 年、2005 年、2010 年黄河流域省份林地、草地、湿地面积
(单位:平方千米)

省份	2000 年			2005 年			2010 年		
	林地	草地	湿地	林地	草地	湿地	林地	草地	湿地
青海	17932	78191	13107	17938	78997	13218	17938	79303	13308
四川	929	12763	3094	927	12839	3003	927	12865	2986
甘肃	24391	39455	1648	24886	40969	1647	24962	24962	41421
宁夏	3664	7800	474	4105	8370	519	4125	8547	553

①　数据来源于水利部黄河水利委员会:《黄河年鉴》(2018),黄河年鉴社 2018 年版,第 82 页。
②　数据来源于水利部黄河水利委员会:《黄河年鉴》(2018),黄河年鉴社 2018 年版,第 82 页。

续表

省份	2000 年			2005 年			2010 年		
	林地	草地	湿地	林地	草地	湿地	林地	草地	湿地
内蒙古	14363	83229	1652	14540	82901	1679	14796	82605	1609
陕西	35554	41056	756	36114	43921	722	36210	44635	726
山西	23757	32062	337	26150	29898	366	28294	27690	354
河南	11068	2071	592	11001	2083	723	11041	2122	639
山东	2238	1331	712	2249	1282.31	741	2272	1349	728

资料来源:王文杰等:《黄河流域生态环境十年变化评估》,科学出版社 2017 年版,第 29—30 页。

表 11-5 2000 年、2005 年、2010 年黄河流域省份土壤保持总量(亿吨)与均值

(单位:吨/平方千米)

年份	黄河流域		上游		中游		下游	
	总量	均值	总量	均值	总量	均值	总量	均值
2000	178.69	22567	56.13	13160	118.75	34678	3.81	16733
2005	199.63	25211	66.50	15590	128.63	37561	4.50	19775
2010	219.00	27658	63.25	14822	152.06	44405	3.69	16350

资料来源:王文杰等:《黄河流域生态环境十年变化评估》,科学出版社 2017 年版,第 98 页。

以表 11-6 为例,可以看出自 2015—2019 年,黄河流域各省份的水土流失治理面积均处于增加之中,2019 年的黄河流域水土流失治理总面积相较于 2015 年增长了 17.4%。近年来,黄河流域的水土流失灾害得到了一定程度的缓解,但黄河流域土壤侵蚀问题依然突出,小流域综合治理亟待推进,建设和维护良好的生态环境是黄河上中游地区实现高质量发展的前提和基础,也是保证黄河安澜的治本之策①。

表 11-6 2015—2019 年黄河流域各省份水土流失治理面积

(单位:千公顷)

省份	2015 年	2016 年	2017 年	2018 年	2019 年
青海	898.7	1014.4	1134.1	1251.7	1408.1
甘肃	7702.2	7864.7	8580.5	9090.7	9574.7

---

① 王瑞芳:《从黄河安澜看新中国的水利建设成就》,《江西社会科学》2021 年第 7 期。

省份	2015 年	2016 年	2017 年	2018 年	2019 年
宁夏	2057.2	2136.5	2214.8	2301.1	2388.1
内蒙古	12597.2	13083.3	13551.1	14088.6	14625.0
山西	5846.4	6171.8	6484.8	6798.5	7086.5
陕西	7288.3	7571.2	7765.0	7918.0	8039.8
河南	3559.8	3600.8	3673.0	3778.3	3913.4
山东	3776.7	3879.4	4005.4	4143.0	4277.6
总计	43726.5	45322.1	47408.7	49369.9	51313.2

资料来源：水利部黄河水利委员会：《黄河年鉴》(2017—2021)，黄河年鉴社 2017—2021 年版。

（三）旱灾

黄河流域大部分地区属于干旱半干旱区，自古以来就是干旱频发的重灾区，其西北部紧临干旱的戈壁荒漠，流域内水资源普遍匮乏，生态环境脆弱。大约从 13 世纪起，流域旱灾发生率逐渐增加，明清时期严重时高达十年九旱。新中国成立以来黄河流域呈现旱情加剧的趋势（佘敦先等，2012）。虽然政府十分重视流域水利工程建设，在上中下游均完善了大批灌区，并在黄土高原建设了大批高扬程提水灌溉系统，使流域的抗旱能力得以大幅提升，但由于黄河流域属于资源性缺水地区，随着经济发展水平的不断提高，水资源供需矛盾十分尖锐。1950—1974 年的 24 年间，黄土高原地区共发生旱灾 17 次，平均 1.5 年一次，其中严重旱灾 9 次。1980 年以后，黄河流域极端干旱和干旱的发生频次均有增加的趋势，上中游地区多次出现严重旱灾（彭高辉等，2011）。1997 年的旱灾不仅造成农作物大量减产，而且黄河下游的断流天数、断流河长均创历史纪录。进入 21 世纪后，黄河流域几乎连年发生旱灾，2014 年，黄河流域普遍高温少雨，内蒙古、甘肃、山西、陕西、河南、山东等省份都不同程度遭遇旱情。河南省更是遭遇 63 年以来最严重"夏旱"，全省受旱面积 2583 万亩，74.2 万人、9.7 万头大牲畜出现临时性饮水困难（黄峰和可素娟，2014）。由于干旱年份灌区用水受到限制，大片农田得不到灌溉，当前黄河流域因旱损失年均超过 100 亿元（王煜，2017）。2015—2019 年沿黄河省份旱灾情况见表 11-7。

表 11-7　2015—2019 年沿黄河省份旱灾农作物受灾面积

（单位：千公顷）

省份	2015 年		2016 年		2017 年		2018 年		2019 年	
	受灾	绝收	受灾	绝收	受灾	绝收	受灾	绝收	受灾	绝收
青海	126.5	5.4	38.3	—	225.3	17.3	14.6	—	—	—
甘肃	533.1	47.5	998.2	99.9	526.7	42	50.1	4.4	2.5	—
宁夏	172.1	22.6	279.2	46.9	130.7	23.3	—	—	6.0	
内蒙古	2171.7	254	2770.5	489.4	3238.8	246.9	1427	388.9	379.7	58.8
山西	1023.4	126	77.0	4.4	497.3	21.1	150	8.7	1284.5	294.5
陕西	561.6	38.1	240.1	22.5	434.2	64	4.2	—	457.5	71.4
河南	—	—	173.3	18.9	219.1	43.7	4.3	0.8	807.1	90
山东	883.2	65.4	211.6	15.3	531	81.3	22.9	0.3	282.5	20.1

资料来源：中华人民共和国民政部：《中国民政统计年鉴》(2017—2021)，中国社会出版社。

近年来，随着区域经济社会的发展，水资源供需矛盾越发突出，人类用水和植被变化日益成为黄河流域干旱问题的重要原因。据黄委会研究，黄河流域水资源总量仅占全国的 2%，目前开发利用程度已接近其极限（黄委水资源管理与调度局，2019）。黄河上中游的青海、甘肃、宁夏以及中下游的陕西、山西、河南等地的灾情最为严重，干旱加剧了水资源短缺，已成为黄河流域内西北和华北地区经济社会发展的最大制约性因素，并成为黄河断流的重要原因之一。黄河断流始于 1972 年，在 1972—1996 年的 25 年间，有 19 年出现河干断流，平均 4 年 3 次断流。1987 年后几乎连年断流，1997年历时最长的断流高达 226 天。而从 2000 年开始，随着小浪底枢纽一期工程竣工开始发挥调蓄工作后，黄河断流现象方才停止。《2021 中国生态环境状况公报》显示，近两年黄河流域总体旱情较轻，但仍需警惕阶段性和区域性干旱。

（四）水污染

黄河天然水质良好，但从 20 世纪 70 年代起，随着区域经济的发展，石油、煤炭、天然气等化石能源的开采利用以及农药化肥的无节制使用，流域废污水排放量急剧增加，加之天然来水量偏少，黄河流域水质污染日益严重。流域内产业结构偏重，能源基地集中，煤炭采选、煤化工、有色金属冶炼及压延加工等高耗水、高污染企业众多，其中煤化工企业占全国总量的 80%。流域生态环境风险高，且工厂大多沿河分布，主要污染集中在支流。至 20 世纪末，黄河 60%—70% 的河段为Ⅳ类、Ⅴ类和劣Ⅴ类水，远超过全国平均水污染水平(47%),水体污染程度已达我国七大江河的第二位。2000年以后,水质进一步下降,与1994年相比,超标河长上升幅度已达20.7%。从支流来看,超标河长所占比例一直高居70%—85%(刘晓燕和黄自强,2002)。污染严重的支流入黄河段水质几乎常年为已基本失去水体功能的劣Ⅴ类。

党的十九大以来,随着污染治理力度不断加大以及黄河流域水质监督与管理水平的不断提高,黄河流域污染状况逐渐好转。在最新公布的《2021年中国生态环境状况公报》中,黄河流域检测为水质良好。其中,干流水质为优,主要支流水质良好①。但是,由于黄河流域是我国重要的能源、化工、原材料和基础工业基地,流域内煤炭、石油、天然气和有色金属资源丰富,污染源多样,工业污染和尾矿库污染比较典型,加之沿河两岸的城镇生活和农业面源污染,使黄河流域水污染问题仍比较突出。如表11-8所示,虽然不同水体的各项指标皆比往年有所改善,但是劣Ⅴ类水仍占比3.8%。

表11-8　2021年黄河流域水质状况

水体		流域	干流	主要支流	省界断面
断面数(个)		265	43	222	74
比例(%)	Ⅰ类	6.4	14	5	8.1
	Ⅱ类	51.7	81.4	45.9	62.2
	Ⅲ类	23.8	4.7	27.5	17.6
	Ⅳ类	12.5	0	14.9	8.1
	Ⅴ类	1.9	0	2.3	0
	劣Ⅴ类	3.8	0	4.5	4.1
比2020年变化(%)	Ⅰ类	0.8	9.3	-0.8	2.8
	Ⅱ类	-2	-11.6	-0.3	-3.1
	Ⅲ类	3.3	3.3	3.1	4.3
	Ⅳ类	0.9	0.9	1.6	0.1
	Ⅴ类	-1.8	-1.8	-2.1	-4.0
	劣Ⅴ类	-1.1	-1.1	-1.3	0.1

资料来源:中华人民共和国生态环境部:《2021中国生态环境状况公报》,见 https://www.mee.gov.cn/hjzl/sthjzk/zghjzkgb/202205/P020220608338202870777.pdf。

---

① 中华人民共和国生态环境部:《2021中国生态环境状况公报》,见 https://www.mee.gov.cn/hjzl/sthjzk/zghjzkgb/202205/P020220608338202870777.pdf。

二、黄河流域灾害的显著特征

在全球气候变暖的背景下,黄河流域的气候变化也深刻影响了流域的水资源系统和洪涝灾害。在 1951—2010 年黄河流域气温升高趋势明显,年均升温 0.025 摄氏度,但降水总量略有减少,时空差异明显,多年平均降水量减少了 4.5%;1951—2000 年多年平均蒸发量为 1131.7 毫米,2001—2010 年为 1150.9 毫米,增大了 1.7%,其中中游地区增加最为显著,增加了 2.4%(何霄嘉,2017)。由气候变化所导致的河川径流量减少,间接引致了黄河流域旱涝灾害和水土流失频率及强度的增加。黄河具有水少沙多、水沙异源、水沙关系不协调等特征,随着经济发展,需水量的增加与可供水量的减小将使黄河流域水资源供需矛盾日益突出、旱涝灾害严重、水污染等问题交织的严峻局面将持续存在。在此背景下,黄河流域的灾害呈现三大显著特征:

第一,灾害种类多、发生频繁,影响范围广、因灾损失大。黄河流域独特的地理条件和脆弱的生态环境加之复杂的社会经济背景,使流域内发生的灾害类型多样,且影响范围广、造成的损失大。如洪水灾害自古以来就是沿黄两岸亿万百姓的最大威胁,流经的黄土高原是全国水土流失最严重的地区,水资源紧缺和水污染灾害则涉及黄河流域及下游沿黄地带约 2 亿人口和 83 万平方千米区域,这些突发灾害或渐进式灾害不仅造成巨大的经济损失,而且极大地阻碍了经济社会的稳定与进步,不利于黄河流域实现高质量发展。

第二,多种灾害相互关联且相互影响使灾害形成机理非常复杂。各种灾害相互影响,如水土流失不仅使当地生存环境恶化、人民贫困,而且是造成下游河道淤积的根源。而干旱不仅加剧了黄河流域水资源短缺,使水污染更加难以消除,同时伴生的河道萎缩又进而导致河道排洪能力降低,洪灾威胁加重。水库是防洪和水资源利用的重要水利设施,但由于泥沙淤积使这些水利设施防洪蓄水的作用大打折扣。除此之外,水污染降低了流域生态系统的稳定性,也使次生灾害或衍生灾害发生的可能性大大增加,这些问题与流域的旱涝等自然灾害相互促进,对流域社会经济发展造成了深刻而又深远的影响。

第三,减灾难度加大,消除灾害任重道远。新中国成立以来,国家建设了一大批重大水利工程,近年来更是投入建设三江源等重大生态保护和修复工程,并采取退耕还林还草和科学耕作等多种措施,使入黄泥沙减少了 3 亿吨,但该数字还不到黄河天然年入黄泥沙量的 25%,且治理效果的持续性和稳定性仍待观望。1999年黄河水利委员会对黄河水量实施统一调度,基本解决了黄河断流问题,但流域及相关区域的缺水问题并未根本解决。在人力可为的范畴内,黄河流域的部分灾害可以逐步减轻,但由于流域区位的先天特性,要完全消除灾害,任重而道远。

第二节　黄河流域自然灾害的形成机理分析

黄河因其含沙量之多,由此形成的善淤、善决、善徙的特性也导致了黄河流域洪涝、干旱、水土流失等灾害频发,长期以来难以治理。这些灾害背后的形成机理十分复杂,既有气候、土壤、地形等自然原因也有社会经济发展过程中人为因素的叠加。探究黄河流域灾害发生的形成机理可以为黄河流域防灾减灾提供理论参考,有利于实现黄河流域生态保护与高质量发展。

一、自然环境因素

（一）复杂的地形地质条件

黄河发源于巴颜喀拉山,流经青海、四川、甘肃、宁夏、内蒙古、陕西、山西、河南、山东9个省份,流域地势呈"三级阶梯"状,由西向东依次流经青海高原、黄土高原以及华北平原等地区。在中上游地区形成较大落差,大量洪水冲刷对河道造成破坏,大量泥沙被挟裹其中,带来泥沙沉积。所谓"九曲黄河万里沙",黄河河道蜿蜒曲折更是不可避免地加剧了积沙问题。因此,当上游来水少而中游来沙多的时候就造成区域性降水大涝,旱季大旱的现象。

除了地形原因,最重要的还是泥沙来源。"黄河斗水,泥居其七",水沙比例失衡是黄河难以治理,灾害频发的根源所在。黄河流域大约70%的面积为黄土高原,河口镇至龙门河段水量占14%,而沙量却占55%,龙门至潼关河段水量占21%,沙量占34%,黄河中游黄土高原地区是黄河泥沙的主要来源。黄土高原以黄土塬、梁、峁、沟为地貌主体,经流水长期强烈侵蚀,整体呈现出沟壑纵横的破碎地形。其土层肥厚,厚度可达50—80米,最厚可达150—180米,土质疏松,黄土颗粒细,极易渗水,土体遇水会迅速分解、崩塌,抗侵蚀能力弱,是世界上水土流失最严重和生态环境最脆弱的地区之一。这使黄土高原地区的黄河流域含沙量激增,大量泥沙淤积使河床抬高在华北平原形成"地上河"。因黄河下游长期形成上宽下窄且多弯曲的河道格局,一旦突发多泥沙特大洪水往往形成河堤漫决,水患频繁。

（二）脆弱的气候环境

黄河主要流经温带季风区,东西跨越 23 个经度,南北相隔 10 个维度,其中大部分流域位于干旱和半干旱地区,属于大陆季风性气候,季风影响十分明显,是典型的气候脆弱区。季风一方面带来丰沛的雨量,为农业发展提供条件,另一方面季风进退异常和年际变化使降水变率较大,而且雨量的空间分布很不均衡,不仅造成旱涝灾害交替频繁发生,也是水资源短缺和土地沙漠化长期存在的根由。近些年随着全球气候变化,极端气候年份增加,20世纪 70 年代起黄河出现经常性断流,频数、历时和断流长度不断增加,干旱问题日益严重;由于地形地貌相差悬殊,黄河径流量变化幅度也大,上游和下游支流汇入少,中游大量支流和泥沙汇入,加之流域内冬季气温西部地区低于东部,北部低于南部,径流量大的流域冬季气温也比径流量小的下游地区低,大部分河段冬季都有不同情况的冰情出现,结冰河段在河流中出现冰塞、冰坝等特殊情况很容易导致凌洪泛滥。

总之,复杂的地形地质条件和脆弱的气候环境,二者相互作用使黄河流域的环境系统同时具有结构性脆弱和胁迫性脆弱的双重特点,生态环境极为脆弱,具有较大的环境变化梯度和环境灾害积聚的特点,从而使其面临诸多的灾害风险。

二、社会经济因素

（一）历史时期长期过度的开发与破坏

黄河流域是黄河文明的发源地,不仅孕育了中下游的农耕文明,也哺育了北方上游地区的游牧文明。据史料记载,自秦始皇开始多次有组织地向西北边郡大规模移民开荒,西汉时军屯的触角已达到了边陲,汉武帝曾迁移 70 万人开发黄土高原,使该地牧区变成了农区。屯田开荒起到了充实边陲,巩固政权的作用,也带动了当地农业的迅速发展。然而,在生态环境十分脆弱的西北干旱半干旱地区进行大规模的农业耕作,既是对林草植被的破坏,又是对地表土层的破坏,造成地下粉沙出露,产生风沙活动和流沙堆积。历史时期随着黄河中上游农业农耕区的不断扩大,加剧了黄土高原水土流失,使黄河下游河床不断抬高,决口频繁。金元之后,中游植被破坏严重,从 12 世纪到 16 世纪中,下游河道出现数股并存,也是历史上水患最严重时期。明清时期,人口急速增加以及大规模的移民和屯垦戍边,对生态环境造成了进一步破坏。清乾隆时期,人口快速增长,清政府实行移民戍边政策,农耕区越过长城进入内蒙古,并向边疆发展,使我国几乎全部天然林覆盖区和北方的部分草原均受到干扰和破坏(何爱平,2017)。

不仅如此，黄河流域以其优越的自然条件、农业基础和便利的水运优势成为历朝历代兵家必争的重要战略之地。古有轩辕黄帝阪泉之战，春秋"五霸""七雄"之争大多也发生于黄河流域，之后的王朝更迭、农民起义，历史时期许多波澜壮阔的战争场面多围绕黄河流域展开。连绵不断的战争对黄河流域植被破坏难以恢复，动荡的社会环境也加剧了当地生态环境的脆弱性和敏感性，对生态环境造成了长久巨大的破坏。近现代战争时期的炸弹爆炸、森林燃烧、建筑物燃烧以及化学物质通过沉降或雨水渗透进土壤和河流，带来了大气和水体污染，降低了黄河流域生态承受灾害的能力，进一步增加了生态环境的易损性。

（二）落后的经济发展水平和粗放的经济发展方式

习近平总书记在黄河流域生态保护和高质量发展座谈会上指出，黄河流域整体发展落后，尤其上中游7省份是发展不充分的地区，同东部地区及长江流域相比存在明显差距，传统产业转型升级步伐滞后，内生动力不足。据统计，黄河流域GDP仅占全国的8%，人均GDP约为全国人均的90%。由于社会经济发展水平比较落后，长期以来受生产力水平的制约，经济活动对自然因素的依赖性强，整个社会物质储备不足，基础设施建设滞后，受灾区物质财富和人口的临灾可转移性差；因此社会经济系统对灾害的承受能力弱，调整能力差，易损性强，环境灾变的致灾效应强烈，成灾率较高。另一方面，粗放的经济发展方式又削弱了黄河流域地区对自然灾害的抵抗力，强化了灾害发生发展程度。黄河上游经济区包括青海、甘肃、宁夏三个省份，流域内落差较大，水能资源丰富，具有较好的农牧业基础，然而在经济发展过程中，产业结构单一，对自然生态系统依赖性较强，分散的粗放型农牧业发展方式给河源草地和牧区带来了较大压力，过度开垦和放牧破坏了生态系统自我修复能力；黄河中游黄土高原是农业经济发展的重要地区，然而农业商业化程度低，分散的小规模经营对水资源利用效率低，土地开发耕种模式不合理加剧了当地水土流失、土地沙化和土地盐碱化，增加了自然灾害的发生率；下游华北平原地区人口稠密，生活用水、工业用水量大，农业灌溉发展历史悠久，但是粗放的灌溉模式以及水资源利用方式降低了土壤生产力，引发了土壤次生盐碱化。土壤质量下降，地力衰竭，使沿岸许多地区陷入"因灾返贫，因贫致灾"的恶性循环。

不仅如此，近些年城镇化快速扩张加剧了黄河流域水资源的供需矛盾，加大了灾害发生的风险。首先，快速的城市扩张侵占农田和森林，原本生态用地转变为基础设施建设用地，植被覆盖率下降，降低了自身净化能力，难以抵挡恶劣的环境和干旱气候；其次，城镇化也带来了黄河流域水污染加剧。城镇化过程随着工业化和城市居民生活质量提高,工业废水和生活污水是黄河水体污染的主要来源,据《2018 年中国生态环境状况公报》显示,黄河流域 V 类断面比例为 12.4%,主要分布在汾河、涑水河、三川河、清涧河等,这些地区都是城市群集中的地区(路瑞等,2020)。最后,城镇化增加了城市供水负担,对地下水的抽取和黄河径流水的大量消耗造成黄河流域水资源供需矛盾突出。据研究,1956—2016 年,除源头区外,黄河流域径流呈现出显著的下降趋势,且从上游到下游,河川径流下降幅度及下降趋势均越来越显著,1980—2000 年和 2001—2016 年的多年平均入海径流比 1956—1979 年分别减少了 50.07% 和 59.67%(鲍振鑫等,2019)。近几十年来,人类活动导致黄河水资源总量的持续减少使干旱和断流问题日益严峻。

（三）化石能源富集的资源禀赋特征和相对单一的产业结构

黄河流域是我国重要的经济地带,又称"能源流域",煤炭、石油、天然气和有色金属资源丰富,煤炭储量占全国一半以上。煤炭、石油、天然气属于传统能源,又称化石能源,其使用过程中会产生大量三废污染,且治理成本高、难度大。传统能源富集的资源禀赋特征使黄河流域产业结构偏重且单一,以能源、冶金、化工等传统工业为主,是我国重要的能源、化工、原材料和基础工业基地。高耗能高耗电产业对经济基础和技术基础薄弱的落后地区来说可以快速提高经济增长速度,但是过度的资源开发和浪费,以及能源开采中生态保护和修复环节的滞后缺失都对黄河水体环境带来了污染。尤其是煤炭开采,2005 年之后中游地区煤化工业发展迅速,形成了宁夏宁东能源化工基地、鄂尔多斯能源与重化工基地、陕西榆神煤化工业园等多个煤化工业产业集聚区。这些工业对水体污染较大。据统计,黄河水污染中工业废水占 60%—70%。黄河流域生态承载力与产业发展规模之间的矛盾突出,污染排放处于高位的原因主要在于生态环境治理水平仍是生态环境保护的短板,生态治理还未全面实现科学化、精细化,污染防控监管不够及时,相关法律法规还待完善,没有构建完整的制度体系。另一个原因是作为污染源头的企业没有承担起社会责任,对污染造成的负外部性不管不顾。部分企业非法排污,超标排污得不到有效处罚,工业污染难以控制,这也进一步加剧了黄河流域污染灾害的严重程度,给黄河水体治理带来难度。

第三节　新时代黄河流域防灾减灾的路径研究

黄河流域灾害因其生态环境"先天不足"的极其脆弱性和"后天失调"

的社会经济因素高度复杂性，长期以来难以得到有效治理。随着经济的快速发展，流域内经济开发活动对自然环境的影响越来越大，黄河流域大部分地区生态脆弱，经济开发活动对灾害形成的影响甚至超过了自然因素。因此，黄河流域灾害的综合治理需要站在绿色发展视域下从宏观、中观、微观三方面，共同抓好大保护，协同推进大治理，实现黄河流域生态保护与经济高质量发展。在宏观层面注重顶层设计，突出大保护与大治理，降低黄河流域高质量发展中的灾害风险；中观层面完善跨区域管理协调机制，加快动能转换，促进传统产业的绿色化转型升级；微观层面促进企业技术创新，全面参与减灾防灾，实现减灾与经济绿色发展的良性循环。

一、宏观上突出大保护与大治理，降低黄河流域绿色发展的灾害风险

（一）将减灾与经济发展相结合，提高黄河流域社会经济系统的承灾能力

灾害只有在致灾力作用超过作为承灾体的社会经济系统的抗御能力时，才会对社会经济发展造成明显影响。防灾减灾实际上是限制和削弱灾害源，保护易损性的承灾体和提高其承载能力的过程。由于黄河流域自然灾害的巨大破坏力，目前尚不能完全控制灾害源及其致灾介质，因此通过对承灾体的保护，减少社会经济系统的易损性，是减轻黄河流域灾害损失的有效途径，这就要求在宏观层面突出大保护与大治理。

不断增加防灾投入，提高有形抗灾能力。要充分考虑上中下游差异，上游地区以提升水源涵养能力为目标，有计划地推进实施一批生态保护修复和建设工程。中下游地区以调节水沙关系以及污染治理为目标，完善水沙调控机制建设。有计划地兴建水利工程，对黄河干支流游荡性河段进行综合整治，提升重点河道行洪防洪能力。继续开展水土保持、防风固沙工作，保护和修缮防洪防涝工程，使黄河堤防、险工全部达到设计标准，充分发挥各种防灾兴利工程的防灾效益，减缓黄河下游淤积，增加有形抗灾能力。修建治污工程，对于污染的河段应加快建设专门的河流污水处理厂，增加配备净水设备与循环利用水资源装置。积极推进实施垃圾分类，促进资源循环再利用，加强污染治理，全面改善干支流水质。下游滩区要采取移民搬迁等多种方式，综合提升河道的治理能力，做好黄河三角洲保护工作，确保黄河沿岸长久安澜。

建立健全生态保护与减灾法规，将黄河流域的生态保护与防灾减灾政策与其他政策相结合，加强防灾教育，做到依法减灾。依据《中华人民共和

国水法》《中华人民共和国防洪法》《中华人民共和国水土保持法》等法律以及《开发建设晋陕蒙接壤地区水土保持规定》《关于根治黄河水害和开发黄河水利的综合规划的决议》和《中华人民共和国河道管理条例》等法规,加强执法力度,实施相关流域段的监测评估工作,纠正、惩戒违反减灾、防灾等法规的行为,以避免、控制或减少不合理、不适度的经济行为,加强自然资源的依法管理和保护,促进经济高质量发展。借鉴发达国家的经验,高度重视防灾减灾指导,在各级村镇、社区,将防灾减灾知识列入教育内容,提高广大群众在发生灾害时的自救和施救能力。

（二）创新体制机制,为实现减灾与经济高质量发展相协调提供制度保障

首先,要优化资源配置,形成有利于减灾和环境保护的资源配置机制。如在黄河流域污染治理问题上,通过建立健全黄河流域水资源使用权的保护与河流排污权等有偿使用机制,通过市场的价格供求与竞争机制来保护黄河,调动人们参与灾害治理的积极性,减轻河流水资源污染与资源浪费的外部性,实现资源的持续循环利用。

其次,要完善利益调节机制,经济利益的不良诱导是导致灾害发生或助长灾害的主要原因,因此要化解开发与减灾的矛盾,离不开利益调节手段。要不断完善生态环境补偿机制,通过资源的价格、开发费用、灾害治理费用等,发展节约资源的产业,实现减灾防灾和生态环境保护方面的社会公平。完善河长制湖长制组织体系,明确河长湖长的权利责任,建立和健全奖励机制,充分发挥河长湖长维护河流生态环境的内在动力;对实施重大减灾项目进行投资的企业或个人给予各种优惠待遇,形成减灾与经济发展的良性循环。

最后,要强化政府减灾功能,建立和完善灾害保障机制。应当建立起相关的综合性救灾抢险保障体系,逐步完善灾害保险制度,建立专项救灾基金,提高社会抗灾能力(何爱平,2006)。建立完善灾害风险与灾害损失评估体系,科学评估重大灾害发生风险及可能造成的经济损失,加强典型流域监测站点建设,不断丰富监测手段,增加监测内容与指标,提高监测精度与水平,使灾害由突发变为一定范围内的可测可控,为减灾防灾决策提供科学依据。建立与完善灾害预警应急机制,加强灾害基础研究,对各种可能发生的灾害,都应有一套应急预案,以防患于未然。对已建立的预警应急系统,必须做到科学可靠、高效运转,一旦发生重大灾害预警,能很快作出应对决策,确保对灾害进行有效监测预报,能够最大限度地减轻自然灾害造成的损失和威胁,从而维护经济的高质量发展。

二、中观上完善跨区域协调管理，以动能
转换促进传统产业转型升级

（一）完善跨区域管理协调机制，开展流域灾害综合治理

黄河流经 9 省份，流域面积逾 75 万平方千米，流域上下游、干支流、左右岸分属于不同行政区域。在组织管理上，自然灾害的防治由不同职能部门管理，缺少统一协调机制，比如说旱灾抗旱由水利部主管，但发生了蝗灾就由农业农村部管理，水灾的应对中，防汛主要由水利部门负责，但洪涝引发的泥石流就归自然资源部管理。这些分散的各部门的减灾工作落实到下面又是集中统一由当地行政部门基层政府承担，所以当来自各方面的政令有些不一致的时候，基层政府往往无所适从。流域"条块分割"碎片化的生态环境治理特征不符合流域系统性、整体性，影响治理效率，因此需要完善黄河流域自然灾害应对管理的跨地区、跨部门协同机制建设。

首先，要做好黄河流域减灾防灾的统筹规划。习近平总书记在黄河流域生态保护和高质量发展座谈会上强调指出，黄河流域生态保护和高质量发展是一个复杂的系统工程，要牢固树立"一盘棋"思想，更加注重保护和治理的系统性、整体性、协同性①。要落实总书记要求，根据黄河上中下游不同地区的资源禀赋特征、环境承载能力、产业发展特点，编制黄河流域发展规划纲要，协调减灾与经济发展关系，协调上中下游各区域水资源分配，协调水沙关系，把水资源作为最大的刚性约束，统筹推进，综合治理。

其次，要加强区域协同合作，完善跨区域管理协调机制。进一步完善黄河水沙调节以及水资源丰枯季调整机制，全力保障黄河流域生态水资源与生活用水供应量，缓解黄河流域季节性干旱缺水的现状。建立中游水土保持建设监督机制，继续完善和制定有关管理办法，实现黄河中游水土保持管理工作的规范化、制度化。对于黄河下游三角洲区域，要根据湿地三角洲区域的实际情况编制其生态保护工作规划与指导纲要，进行湿地保护与改善工作，严禁出现对于湿地自然环境的过度开发，无序利用等现象出现，同时也要加强与其他国家的环保方面交流与协作，真正实现湿地资源的绿色发展。

最后，建立跨部门、跨政区的黄河流域信息平台，增强流域综合调控和管理能力。如完善黄河流域水土保持监测站网、建立健全河流凌汛监测网

---

① 习近平：《在黄河流域生态保护和高质量发展座谈会上的讲话》，新华网，2019 年 10 月 15 日。

络等,在深入研究黄河流域重大灾害成灾机理的基础上,利用卫星、航空等高科技手段监测灾害因子的变化动态,使沿黄各地区可以互相及时了解各种灾情,更好地采取及时、准确的措施去防治灾害,为各地区协同采取防灾救灾措施提供重要科学依据,增强抗御自然灾害的能力,减轻其造成的经济损失。

（二）发挥流域不同地区的比较优势,减轻灾害风险,实现高质量发展

黄河流域上游地区要注重涵养水源、防止过垦过牧。上游河段由三江源、祁连山、甘南山地等组成,主要生态功能是涵养水源。河水多发于高山冰雪融水,而涵养水源主要依靠绿色植被的种植与栽培。在上游地区应以生态补偿的形式鼓励发展林业种植业,增加植被覆盖率,减少畜牧业、伐木业与采矿业等可能会破坏植被与土壤的产业,尽可能地防止无序放牧、过度开采等现象发生,培育生态多样性,通过自然环境的自主修复为黄河水资源涵养打下基础。

中游地区注重保持水土与污染防治,提倡旱作梯田等节水农业。中游区域是黄河防灾减灾工作的重点区域,这一河段流经的自然地貌呈多样化如黄土高原等,每到夏秋季多暴雨,沙源丰富、洪峰流量大、含沙量高,还会形成河道淤积与侵蚀河段,治理难度较大,主要有旱涝灾害、水土流失灾害与河水污染等。因此,灾害治理的重点主要在于水土保持与污染防治。应大力修筑防洪建设工程和淤地坝工程,收蓄洪水,拦泥淤地,减少入黄泥沙;应大力提倡节水农业,发展旱作梯田农业。旱作梯田由于它特殊的山梁沟峁地形与倾斜坡面,可以节约大量水资源;同时可以优化农作物种植结构,增加耐旱作物的种植面积,完善农田区的灌溉系统与浇灌设施等切实节约农业用水。由于中游地区流经人口密集区较多,沿岸的人类活动较为频繁,易产生垃圾污染与废水排放等河水污染,应明确河流污染源头,加大污染治理力度,对于未污染的河段进行实时监测与保护。

下游地区注重防洪治沙保护湿地,适宜发展泥沙综合利用特色产业。黄河下游河段由于接近入海口,会有很多泥沙堆积,也会形成冲积平原与河口三角洲,会出现地上悬河灾害、凌汛灾害与河口三角洲生态问题等。应当疏浚河道,调水调沙,着重治理多沙河段的沙砾,合理开发治沙产业,确保河流水沙的合理比例,减少泥沙入黄的比例,将多余的泥沙变废为宝,资源化利用。在修筑加固原有河道与堤坝的基础上,开挖更多新的支流,分散泥沙,避免其在下游过多堆积;在已经形成地上河的地区,应当加固已有堤坝的宽度厚度与坚固程度,采取多种方式逐步降低地上河的高度,减少其全流

域改道泛滥的风险。同时要建立湿地生态保护基地,调节农业、林业、牧业、渔业产业协调发展,将湿地生态环境保护作为下游三角洲的主要目标,开发湿地旅游业,保留湿地野生动物栖息地等。

（三）加快动能转换,建立健全绿色低碳循环发展的经济体系

加快动能转换,促进传统产业转型升级。一是依托黄河流域发展基础较好的中心城市,如西安、郑州、济南以及关中城市群、中原城市群大力发展电子技术、生物、航空航天、新材料、海洋等战略性新兴产业,发展有市场潜力而又能节约资源与能源、可减少废弃物排放的产业,限制污染严重、资源浪费严重的产业发展,降低高能耗、高污染产业比例。二是推动传统能源基地产业绿色升级,对重点行业、企业,重点项目以及重点工艺流程进行技术改造,提高资源利用效率,降低污染物和温室气体排放,加快发展清洁生产。三是结合地域特点,大力发展节水农业、绿色农业,遵循农业生态系统中的自然规律,保持农业稳定、高产和可持续发展的能力,有效减轻农业面源污染。四是大力发展包括节能环保产业、清洁生产产业、清洁能源产业在内的绿色产业,推进资源全面节约和循环利用,提高资源综合利用效率。五是大力发展自然资源消耗和环境污染排放都相对较少的,特别是以知识资源和人力资本为基础的现代服务业,以及满足人们精神需求的文化产业等。

三、微观上促进技术创新与全民减灾,
实现减灾与经济发展良性循环

（一）鼓励减灾技术创新,推动企业积极参与减灾产业发展

一方面,通过技术创新转变以大量消耗资源(能源)和粗放式经营为特征的传统发展模式。在农业上,要大力推广各种生态农业适用技术。如模拟自然生态系统形态结构而设计的农业立体种植、养殖技术。农业能源开发技术,如塑料膜育苗,大棚蔬菜瓜果等利用太阳能、风能、水能、地热能技术等农村可以开发的新能源实用技术。支持能够抗病、抗虫减少化肥使用的农作物、畜、禽品种技术的研发,以及普及节水农业技术的应用等。

另一方面,激励企业践行清洁生产、环保生产、节能生产,积极参与减灾产业发展。依托黄河流域中心城市高等院校和科研院所的传统优势,构建大学与企业共建协同创新平台,在产学研协同创新平台上,发挥政府引导作用,增加投入,协调产学研各方深度融合,推动开展减灾相关技术及对策研究,如新能源技术、新材料生产与应用技术、地质灾害防治技术等,开展黄河流域生态环境保护研究等,如水土保持技术研究、治沙技术研究、旱作农业技术、防凌安全保障技术研究、"三废"处理和综合防治技术等,提高防灾抗

灾的技术水平,实现社会效益、企业利益的互利共赢。

（二）推动全民参与黄河流域防灾减灾

黄河流域灾害问题的发生十分复杂,解决起来也并非一朝一夕,除了政府在宏观层面上予以政策指导,各区域积极调整产业结构,更要在整个社会树立起正确的生态观、灾害观,树立尊重自然、顺应自然、保护自然的绿色发展理念。改变对自然的掠夺,确立人与自然协调的伦理尺度,即按照生态伦理学的道德标准,使人类的活动限制在生态许可的承载能力范围内,以人与自然协调发展的新观念指导我们的发展实践,在发展中珍惜一切自然资源,既要满足人类需要,又要保护生物圈,积累绿色财富,构筑绿色文明的生产与生活方式,自觉调解人与自然的关系,实现人与自然的和谐发展。

一方面,要用绿色发展观念去指导我们的生产生活实践,在日益频发的灾害现实面前不断反思人类的行为与思想观念,与时俱进,不断更新我们的价值观与消费观。自然灾害发生中的人为因素大多数是人类活动导致自然环境的非平衡性,通过强化绿色发展理念,让每个人树立起自觉节约资源,减少生活生产垃圾,倡导适度消费、绿色消费的思想意识,注重垃圾分类与废物回收利用等环保工作,尽可能减轻可能带来的环境污染。另一方面,要加强公众的减灾防灾教育,使减灾成为一项社会公众事业,使公众在生产与生活的各个环节都有减灾的意识和责任,树立"减灾就是效益,减灾就是保护经济发展"的思想,提高全社会减灾防灾意识。提高社会大众防灾抗灾的思想意识,懂得在危急时刻采取相应的自救行动抗御灾害,提高全民对自然灾害的心理承受能力,居安思危,形成对灾害风险的自发防范意识和积极的灾害应对理念。

第十二章 绿色发展视域下提升中国自然灾害应对能力的现实需要及未来展望

绿色发展是党的十八大以来我国社会经济发展指导理念的一次重大革新,党的二十大报告再次强调要推动绿色发展,促进人与自然和谐共生。自然灾害作为人类与自然界关系不和谐的一种集中表现,在绿色发展理念引领下,要通过走绿色可持续发展道路,全面提升自然灾害风险应对能力,这是贯彻人与自然和谐共生发展要求的现实需要。本章作为结束语,主要对绿色发展视域下未来我国自然灾害应对体系建设进行展望。

第一节 绿色发展视域下加快提升自然灾害应对能力的现实需要

《中共中央关于制定国民经济和社会发展第十四个五年规划和二〇三五年远景目标的建议》明确提出到2035年,广泛形成绿色生产生活方式,生态环境根本好转,"美丽中国"建设目标基本实现的远景目标,达到人与自然和谐共生的发展状态。在这一远景规划指引下,从构建生态安全型社会、建设美丽中国的价值追求、实现人与自然和谐共生的现代化以及满足人民群众美好生活向往等多维目标出发,给提升我国自然灾害风险应对能力提出了更高要求,也体现出加快完善自然灾害应对体制机制建设的现实紧迫性。

一、构建生态安全型社会需要以提升灾害应对能力为基础

党的十九大报告提出了构建生态安全型社会的重大任务,即建设人与自然和谐共生、人民群众生态权益得到充分保障的生态安全型社会。党的十九届五中全会强调了"生态安全屏障""自然生态安全边界"等内容。党的二十大进一步指出要推进国家安全体系和能力现代化,提高公共安全治理水平。构建生态安全型社会,是在社会治理和社会建设领域促进人与自然和谐共生的重要着力点,也是绿色发展理念在社会治理领域中的典型体现,从生态安全型社会的内涵出发,提升自然灾害的应对能力和降低自然灾

害的安全风险是构建生态安全型社会的重要基础。

构建生态安全型社会,其核心在于降低人类在生产、生活和健康等方面受生态破坏与环境污染等不利因素的影响程度。从生态安全问题产生的角度来看,自然灾害风险就是导致生态安全问题的一个重要来源。在前文关于自然灾害社会经济影响的分析中,自然灾害不仅会直接对人类生命财产安全造成不利影响,引发的后续生态环境问题也会对人类社会的长期发展产生负向作用,因此自然灾害本身就是人类面临的最主要的生态安全问题。那么,从构建生态安全型社会的目标出发,当前加快提升自然灾害的风险应对能力就是构建生态安全型社会的基础。

从构建生态安全型社会的实现途径来看,加强生态安全管理和生态安全能力建设是构建生态安全型社会的基本支撑。自然灾害风险应对作为生态安全管理的核心领域之一,对自然灾害的防御和救助管理能力直接影响着生态安全管理的实际效果。而作为生态安全能力必不可少的内容,自然灾害的应对能力是生态安全能力建设的重中之重。因此,从加快构建生态安全型社会的现实需要出发,加快提升自然灾害的应对能力是构建生态安全性社会的基础,也是衡量生态安全型社会建设成效的重要标准。

二、建设美丽中国的价值追求需要以提升灾害应对为支撑

到 2035 年美丽中国目标基本实现是我国当前社会经济建设的重要目标愿景,也是绿色发展理念指引社会经济发展的关键预期成果。绿色发展视域下的自然灾害应对需要服务于建设美丽中国的价值追求,而提升社会经济系统对自然灾害的应对能力,降低自然灾害对经济发展和生态建设的不利影响,则是实现美丽中国价值追求的重要支撑。实现美丽中国的远景目标,重点是解决损害群众生命健康的突出环境问题,坚持生态惠民、生态利民、生态为民的原则。自然灾害作为对人民群众生产健康安全造成重大威胁的外部风险,提升自然灾害的应对能力理应成为解决损害群众生命健康突出环境问题的关键所在。要通过加快转变经济发展方式,形成生态友好型经济发展模式来提升生态环境系统稳定性,降低自然灾害的发生风险。要在绿水青山就是金山银山理念的指引下,合理规范人类经济开发活动的边界,降低自然灾害风险事件对人民群众生命健康安全的影响范围。在坚持美丽中国价值追求的要求下,全方面提升灾害应对能力是实现美丽中国远景目标的重要支撑。

三、实现人与自然和谐共生的现代化需要以灾害应对为抓手

习近平总书记指出："我们要建设的现代化是人与自然和谐共生的现代化，既要创造更多物质财富和精神财富以满足人民日益增长的美好生活需要，也要提供更多优质生态产品以满足人民日益增长的优美生态环境需要。"①人与自然和谐共生的现代化是中国式现代化道路的典型特征，强调始终坚持人与自然生命共同体的理念。自然灾害事件作为人与自然关系不和谐的重要表现，是制约人与自然和谐共生的现代化建设的重要因素，那么提升自然灾害的应对能力是建设人与自然和谐共生的现代化的关键抓手。

自然界作为外部客观存在，人类无法直接干预自然运动规律，例如无法通过影响地壳运动从而避免地震灾害。因此，在人与自然的和谐共生中，人类社会发挥主观能动性来降低自然界运动造成的不利影响就尤为重要，这一点在应对自然灾害冲击上已充分体现。自然灾害作为一种不可避免的不确定性风险，在人与自然的相处中会一直存在，人类无法直接改变自然灾害的发生。在这一背景下要实现人与自然的和谐共生，就要通过提升自然灾害的应对能力，以尽可能降低自然灾害对人类社会造成的损害为关键抓手。由于人类对自然的任何改造都会直接或间接地作用于人类自身，那么要形成人与自然的和谐共生，对于无法避免的自然灾害风险，就需要人类形成更加有助于自然和生态发展的经济方式来降低自然灾害的致灾因子，通过更加科学合理的灾害风险应对体系来降低自然灾害的风险损失，从而使人类能够在多变的自然环境下获得可持续发展的条件。

四、满足人民群众的美好生活向往需要以灾害应对为保障

人民对美好生活的向往是我们党的奋斗目标，美好生活向往的内涵丰富，涉及社会经济发展的方方面面。但是，最基本的是生命财产安全不受威胁能够得以保障，这是满足人民群众美好生活向往的基础。因此，降低一切可能威胁到人民群众生命财产安全的内外部风险，是满足人民群众美好生活向往的内在要求。而自然灾害作为时刻威胁人民群众生命财产安全的不确定性因素，是满足人民群众美好生活向往的重要障碍，要真正满足人民群众的美好生活向往，就必须以提升自然灾害的应对能力为根本保障。

---

① 习近平：《决胜全面建成小康社会　夺取新时代中国特色社会主义伟大胜利——在中国共产党第十九次全国代表大会上的报告》，人民出版社 2017 年版，第 50 页。

2018 年 10 月 10 日,习近平总书记在主持召开中央财经委员会第三次会议时强调:"加强自然灾害防治关系国计民生,要建立高效科学的自然灾害防治体系,提高全社会自然灾害防治能力,为保护人民群众生命财产安全和国家安全提供有力保障。"①从满足人民群众美好生活需要的奋斗目标出发,将自然灾害防治放在关系国计民生的重要地位上,这进一步说明了加快提升自然灾害应对能力在整个国家治理和党实现奋斗目标中的关键作用。因此,探索形成更加有助于降低自然灾害发生风险的社会经济发展模式,推动建设更能有效减轻自然灾害损失的应对机制是确保满足人民群众美好生活向往这一奋斗目标的重要保障。

第二节　绿色发展视域下提升自然
灾害应对的未来展望

目前我国社会经济发展正处在"两个一百年"的历史交汇点上,站在这一新的历史时期,党的十九届六中全会强调要坚持人与自然和谐共生,在总结党的十八大以来生态文明建设巨大成效的同时,也为新的历史时期在绿色发展理念指引下全面提升自然灾害应对水平提出了新要求。未来我国立足于绿色发展现实要求,推动自然灾害应对能力不断提升,需要着眼于以下几个方面。

一、坚持以防灾为主,防、救、抗相结合的灾害应对思路

自然灾害应对主要包含了防灾和救灾两大环节,在这两个方面中明确工作重点和优先级对于提升自然灾害应对至关重要。在传统的数量型经济增长模式下,往往忽视对自然灾害发生风险的防控,将灾害应对的重点放在了救灾上。当然,积极救灾对于降低自然灾害造成的社会经济影响至关重要,但是却无法从根本上改变自然灾害发生所带来的风险损失。绿色发展视域下,更加科学有效的灾害应对机制需要将重点放在预防灾害风险上,也就是强调以防灾为主,将防灾、救灾、抗灾相结合的应对机制。

2018 年 5 月 12 日,习近平总书记在向汶川地震十周年国际研讨会暨第四届大陆地震国际研讨会致信中强调:"中国将坚持以人民为中心的发展理念,坚持以防为主、防灾抗灾救灾相结合,全面提升综合防灾能力,为人

---

① 《习近平主持召开中央财经委员会第三次会议强调　大力提高我国自然灾害防治能力》,《中国应急管理》2018 年第 9 期。

民生命财产安全提供坚实保障。"①在灾害应对中,坚持以防为主,防灾、抗灾、救灾相结合的原则,体现了以降低灾害发生风险为核心的灾害应对思想,也是以人民为中心的发展理念在灾害应对中的集中体现。对于我国灾害防治面临的形势,习近平总书记指出:"我国自然灾害防治能力总体还比较弱,提高自然灾害防治能力,是实现'两个一百年'奋斗目标、实现中华民族伟大复兴中国梦的必然要求,是关系人民群众生命财产安全和国家安全的大事,也是对我们党执政能力的重大考验,必须抓紧抓实。"②在迈向第二个一百年新征程的重要历史时期,坚持以人民为中心的灾害防治理念,需要在灾害应对思路上实现以救灾为主向防灾为主的转变,投入更多资源提高灾害风险预警和防御能力,从降低灾害风险的角度实现灾害应对水平的提升。

二、以绿色经济降低自然灾害的致灾因子和发生风险

坚持以防灾为主的灾害应对思路,在提升灾害预警、风险监测等技术的同时,还需要通过形成生态环境友好型经济发展路径来降低人类活动对自然界运行规律的影响,减少粗放式经济发展模式所导致的生态系统波动,减少自然灾害发生频率。在前文关于自然灾害成因的分析中,我们揭示了在自然灾害的形成和诱发因素中,人类不合理的经济活动以及生态环境破坏行为对加大自然灾害致灾因子和灾害发生风险的作用。因此,在以防灾为主的灾害应对原则和以人与自然和谐共生的发展要求下,加快经济的绿色转型,在经济发展中坚持生态优先原则,建立人与自然和谐相处的关系,是今后推动我国自然灾害风险应对能力提升的重要路径。

习近平总书记在党的十九大报告中指出:"人类对大自然的伤害最终会伤及人类自身,这是无法抗拒的规律"③,传统的粗放式经济增长路径加大了自然灾害的发生风险,经济快速增长所创造出来的物质财富也最终会被自然灾害所毁坏。近年来,全球自然灾害所导致的社会经济损失不断增加,自然灾害频发与全球气候变暖紧密相关。我国乃至全球范围内极端天气事件和气象灾害的严峻形势表明,加大节能减排力度,加快实现碳中和碳

---

① 习近平:《习近平向汶川地震十周年国际研讨会暨第四届大陆地震国际研讨会致信》,中华人民共和国中央人民政府网,2018年5月12日。

② 新华社:《习近平主持召开中央财经委员会第三次会议强调　大力提高我国自然灾害防治能力》,《中国应急管理》2018年第9期。

③ 习近平:《决胜全面建成小康社会　夺取新时代中国特色社会主义伟大胜利——在中国共产党第十九次全国代表大会上的报告》,人民出版社2017年版,第50页。

达峰对于缓解全球气候变暖导致的气象灾害具有重要意义。因此,站在绿色发展视域下推动我国自然灾害应对能力的提升,要坚持生态优先的经济发展原则,将经济发展对生态资源环境的影响放在首位,摒弃传统以生态资源环境为代价换取经济增长的发展路径,在转变经济发展方式和实现经济绿色增长上多下功夫。

三、以共抓大保护不搞大开发减少自然灾害因灾损失

降低自然灾害的因灾损失是灾害应对能力提升的一个重要表现。但是,从近年来我国乃至全球范围内自然灾害因灾损失情况来看,尽管自然灾害的防御和救灾水平在不断提升,但是自然灾害导致的因灾损失却呈现不断上升的趋势,这一现象的背后与自然灾害所能波及的范围内人类经济活动密度不断提升紧密相关。自然灾害的因灾损失,一方面与自然灾害的强度有关,另一方面也受灾害发生地经济开发程度的影响。当自然灾害多发地被过度开发后,自然灾害发生就必然导致比较大的社会经济损失。因此,未来进一步降低自然灾害的社会经济影响,一个重点是规范人类的经济开发活动的边界。

习近平总书记2016年指出"要把修复长江生态环境摆在压倒性位置,共抓大保护,不搞大开发"①,共抓大保护、不搞大开发的思想,强调在经济开发中走生态优先、绿色发展之路。以共抓大保护、不搞大开发的思想来指导绿色发展实践,可以有效规范人类经济开发的边界,减少为了经济利益在生态环境脆弱区和自然灾害风险高发地进行经济开发活动,从而降低自然界客观运动规律演变为自然灾害事件的概率,同时减轻自然灾害发生后所造成的社会经济损失。因此,站在生态优先和绿色发展的视域下,经济发展中的不搞大开发、共抓大保护也为进一步减轻自然灾害因灾损失提供了实现路径。

四、以科学有效的政府救助推动灾后绿色可持续发展

本书关于政府灾害救助对灾区经济绿色发展的作用分析表明,灾后政府主导的大规模灾害救助能够在短期内较快改善受灾地的基础设施和物质资本条件,为灾后的经济恢复奠定基础。特别是,灾后更高水平的物质资本建设,能够为灾后发展对基础设施等硬件条件要求较高的旅游、生态产业提供支撑,从而促进灾区的支柱产业重塑和经济绿色转型。站在绿色发展视

---

① 《习近平关于社会主义生态文明建设论述摘编》,中央文献出版社2017年版,第69页。

域下,提升自然灾害应对能力,需要通过更加科学有效的政府救助政策,推动灾区灾后的绿色可持续发展。

在灾后发展重建中,首先,树立生态优先理念和生态重建原则。政府灾害救助要在促进生产恢复的同时,更加注重灾后重建的生态效益,通过更加注重生态发展的重建规划,在经济重建中体现绿色产业的支柱作用。其次,要通过具有补贴性质的专项重建资金投入来降低灾后重建中的经济与生态冲突。本书关于灾区重建过程中生态环境破坏问题的分析表明,企业和居民在重建过程中对受灾地生态资源的过度掠夺,一个关键原因是为了降低灾后重建中个体所负担的经济成本。要减少灾后重建中经济主体破坏生态环境发展的行为,在政府灾后救助上要加大对主要重建资源的供给和配置能力,同时加强对灾区生态资源环境的监管力度。最后,要将灾后绿色可持续发展作为影响灾区长远发展的战略规划。在绿色发展视域下,政府的灾后救助应该更加着眼于避免灾区的二次受灾风险,以推动灾区绿色可持续发展为核心,在重建区域的选择、灾后产业规划、人口迁移等多个方面考虑其绿色生态效益,突出生态重建和绿色规划的引领作用。

五、以加快灾害应对的市场化建设提高灾民抗灾能力

习近平总书记指出:"同自然灾害抗争是人类生存发展的永恒课题"[1],防灾、减灾、救灾在我国是一项长期任务。面对具有突发性、持续性和不可避免性特征的自然灾害,在提升自然灾害应对上要更加注重帮助受灾主体形成内生的灾害风险应对能力。本书关于市场化机制在应对农业灾害风险中的作用分析表明,推进农业保险市场发展以及农村经济市场化进程,不仅有助于降低农业灾害对农户家庭的不利影响,还能够减少灾后农户为了追求经济恢复而破坏生态环境的行为,促进农业绿色发展。因此,进一步提升灾害风险应对水平,要更加注重通过市场化应对机制建设,促进经济主体逐渐形成能与自然灾害共存并且从灾害风险中快速发展起来的能力。

加快灾害应对的市场化机制建设,首先,要推动政府参与的灾害保险体系快速发展。灾害保险是通过市场化机制提升居民自身灾害应对能力的重要手段,但是由于居民对灾害保险的重要性认识不足,特别是在灾害多发的农村地区,农户的保险参与意识不强,使灾害保险在帮助居民应对灾害风险上的作用相对有限。通过加大对灾害保险的财政补贴力度和宣传教育,大幅降低居民购买灾害保险的成本,提升灾害保险的覆盖率。其次,要在乡村

---

① 习近平:《同自然灾害抗争是人类生存发展的永恒课题》,中国经济网,2016年8月6日。

振兴的过程中加快农村市场经济发展,通过丰富居民收入来源降低自然灾害对家庭的风险冲击。一直以来农民的灾害抗风险能力普遍较低,关键在于其家庭收入结构相对单一,自然灾害对其主要的生产生活资料的毁坏性较大。提升农民自然灾害应对能力,要在乡村振兴的背景下推动农村经济结构和生态转型,以提高农民家庭收入韧性来改善农户灾害抗风险能力。最后,要推动形成政府救助主导+市场机制调节+受灾主体自发的综合灾害应对体系。在灾害的预警和黄金救助期,充分发挥政府主导型灾害应对机制的优势,最大限度地降低短期灾害损失。在灾后恢复时期,通过市场机制满足不同受灾主体差异化的灾害应对需求,最终形成全民参与的综合灾害应对体系,推动国家综合防灾、减灾、救灾能力再上新台阶。

参 考 文 献

1．白新文、任孝鹏、郑蕊、李纾:《5·12 汶川地震灾区居民的心理和谐状况及与政府满意度的关系》,《心理科学进展》2009 年第 3 期。

2．鲍振鑫、严小林、王国庆、关铁生、金君良、李森:《1956—2016 年黄河流域河川径流演变规律》,《水资源与水工程学报》2019 年第 5 期。

3．蔡庆丰、陈熠辉、吴杰:《家族企业二代的成长经历影响并购行为吗——基于我国上市家族企业的发现》,《南开管理评论》2019 年第 1 期。

4．蔡淑华、鲍蕊:《四川汶川地震灾区乡村旅游发展思考——以北川小寨子沟为例》,《安徽农业科学》2010 年第 28 期。

5．曹春方、马连福:《官员特征与地方国企募资变更》,《经济科学》2012 年第 3 期。

6．曹树基:《1959—1961 年中国的人口死亡及其成因》,《中国人口科学》2005 年第 1 期。

7．曹瑛:《汶川地震灾区经济和基础设施重建成就回顾与观察》,《新西部》2018 年第 13 期。

8．曾明:《转移支付过程中的地方政府行为:公共选择的视角》,"中国特色社会主义行政管理体制"研讨会暨中国行政管理学会第 20 届年会论文集,2010 年。

9．陈桂明:《汶川地震灾后恢复重建主要法律问题研究》,法律出版社 2010 年版。

10．陈国阶:《汶川地震灾区重建若干问题探讨》,《山地学报》2008 年第 5 期。

11．陈国柱、王成勇:《四川省旅游经济的地区差异及收敛性研究》,《华中师范大学学报(自然科学版)》2020 年第 1 期。

12．陈乐一、傅绍文:《中国消费波动实证研究》,《财贸经济》2001 年第 9 期。

13．陈利、谢家智:《农户对农业灾害赔偿满意度的测量与减灾行为研究——基于15 个省 524 户农户的入户调查》,《农业经济问题》2013 年第 3 期。

14．陈利、谢家智:《农业巨灾保险合作的联盟博弈与模式选择》,《保险研究》2013 年第 11 期。

15．陈年红:《我国农业自然灾害和农业保险问题研究》,《农业经济问题》1996 年第 8 期。

16．陈强:《气候冲击、政府能力与中国北方农民起义(公元 25—1911 年)》,《经济学(季刊)》2015 年第 4 期。

17．陈升、孟庆国:《人力资本、社会资本与受灾居民灾后恢复研究——以汶川地震灾后恢复为例》,《经济学家》2010 年第 5 期。

18．陈升、毛咪、刘泽:《灾后重建能力与绩效的实证研究——以汶川地震灾区县级政府为例》,《中国人口·资源与环境》2014 年第 8 期。

19．陈硕：《分税制改革、地方财政自主权与公共品供给》，《经济学（季刊）》2010 年第 4 期。

20．陈妍、凌远云、陈泽育、郑亚丽：《农业保险购买意愿影响因素的实证研究》，《农业技术经济》2007 年第 2 期。

21．陈彦斌、肖争艳、邹恒甫：《财富偏好、习惯形成和消费与财富的波动率》，《经济学（季刊）》2003 年第 4 期。

22．陈永伟、陈立中：《早年经历怎样影响投资行为：以"大饥荒"为例》，《经济学报》2016 年第 4 期。

23．陈迎欣、周蕾、郜旭彤、李烨：《公众参与自然灾害应急救助的效率评价——基于 2008—2017 年应急救助案例的实证研究》，《中国软科学》2020 年第 2 期。

24．陈哲、李晓静、刘斐、夏显力：《自然灾害冲击对农村家庭非农就业选择的影响》，《西北农林科技大学学报（社会科学版）》2020 年第 2 期。

25．程令国、张晔：《早年的饥荒经历影响了人们的储蓄行为吗？——对我国居民高储蓄率的一个新解释》，《经济研究》2011 年第 8 期。

26．池子华、李红英：《晚清直隶灾荒及减灾措施的探讨》，《清史研究》2001 年第 2 期。

27．道格拉斯·C. 诺思：《经济史中的结构与变迁》，陈郁等译，上海人民出版社 1991 年版。

28．邓道才、郑蓓：《我国"合作社式"农业保险模式探究——基于日本农业共济制度的经验》，《经济体制改革》2015 年第 4 期。

29．邓丽、邓玲：《推进汶川地震灾区可持续发展的对策研究》，《西南民族大学学报（人文社会科学版）》2011 年第 5 期。

30．丁一、俞雅乖：《气候变化下灾后重建的低碳农业发展研究——基于"低碳广元"的视角》，《农村经济》2012 年第 10 期。

31．丁宇刚、孙祁祥：《农业保险可以减轻自然灾害对农业经济的负面影响吗？》，《财经理论与实践》2021 年第 2 期。

32．董利民、万磊、王雅鹏：《我国城镇化进程中农业灾害与粮食安全问题》，《广东农业科学》2006 年第 8 期。

33．杜博士、徐济益：《官员知青经历影响乡村振兴了吗？》，《农林经济管理学报》2019 年第 2 期。

34．杜海韬、邓翔：《流动性约束和不确定性状态下的预防性储蓄研究——中国城乡居民的消费特征分析》，《经济学（季刊）》2005 年第 1 期。

35．方杰、张敏强：《中介效应的点估计和区间估计：乘积分布法、非参数 Bootstrap 和 MCMC 法》，《心理学报》2012 年第 10 期。

36．房利、苏阿兰：《近代淮河流域自然灾害与人口的变动》，《灾害学》2022 年第 1 期。

37．高乐才：《近代中国东北移民历史动因探源》，《东北师大学报（哲学社会科学版)》2005 年第 2 期。

38．高翔、龙小宁、杨广亮：《交通基础设施与服务业发展——来自县级高速公路和第二次经济普查企业数据的证据》，《管理世界》2015 年第 8 期。

39．葛鹏飞、王颂吉、黄秀路：《中国农业绿色全要素生产率测算》，《中国人口·资源与环境》2018 年第 5 期。

40．巩前文、李学敏：《农业绿色发展指数构建与测度：2005—2018 年》，《改革》2020 年第 1 期。

41．巩师恩、范从来：《收入不平等、信贷供给与消费波动》，《经济研究》2012 年第 S1 期。

42．郭凌冬、付广裕、佘雅文、王振宇、杨君妍，《雅鲁藏布江桑日—墨脱段岩石圈均衡研究以及虚拟水库诱发地震危险性分析》，《地球物理学报》2021 年第 9 期。

43．韩自强、巴战龙、辛瑞萍、钟平：《基于可持续生计的农村家庭灾后恢复研究》，《中国人口·资源与环境》2016 年第 4 期。

44．何爱平、赵仁杰、张志敏：《灾害的社会经济影响及其应对机制研究进展》，《经济学动态》2014 年第 11 期。

45．何爱平：《区域灾害经济研究》，中国社会科学出版社 2006 年版。

46．何爱平等：《中国灾害经济研究报告》，科学出版社 2017 年版。

47．何爱平：《灾害经济学》，西北大学出版社 2000 年版。

48．贺娜：《外部冲击影响下的农户家庭决策与制度调整》，《贵州财经大学学报》2018 年第 4 期。

49．何霄嘉：《黄河水资源适应气候变化的策略研究》，《人民黄河》2017 年第 8 期。

50．和欣、曾春影、陈传明：《CEO 过往经历与企业利他慈善捐赠——基于烙印的动态性视角的实证研究》，《山西财经大学学报》2021 年第 5 期。

51．侯玲玲、穆月英、曾玉珍：《农业保险补贴政策及其对农户购买保险影响的实证分析》，《农业经济问题》2010 年第 4 期。

52．胡鞍钢：《全球气候变化与中国绿色发展》，《科学中国人》2010 年第 3 期。

53．胡鞍钢：《自然灾害对中国经济增长的影响分析》，《中国减灾》1991 年第 3 期。

54．胡正明、郑予捷、沈鹏熠：《基于可持续发展的地震灾区生态重建路径与机制研究》，《农村经济》2009 年第 5 期。

55．黄峰、可素娟：《2014 年黄河流域旱情及抗旱工作启示》，《中国防汛抗旱》2014 年第 5 期。

56．黄寰：《汶川地震灾区生态经济系统耦合协调度评价研究——以十个极重灾区为例》，《西南民族大学学报（人文社会科学版）》2014 年第 12 期。

57．黄寰、罗子欣、冯茜颖：《灾区重建的技术创新模式研究——汶川地震工业企业实证分析》，《西南民族大学学报（人文社会科学版）》2013 年第 9 期。

58．黄委水资源管理与调度局：《把水资源作为最大的刚性约束推动黄河流域高质量发展》，《黄河报》2019 年 10 月 24 日。

59．黄颖、吕德宏、张珩：《政策性农业保险对农户贫困脆弱性的影响研究——以地方特色农产品保险为例》，《保险研究》2021 年第 5 期。

60．贾美芹：《略论我国自然灾害对宏观经济增长的影响——基于内生经济增长理论视角》，《经济问题》2013 年第 8 期。

61．贾男、张亮亮、甘犁：《不确定性下农村家庭食品消费的"习惯形成"检验》，《经济学（季刊）》2012 年第 1 期。

62．金烨、李宏彬、吴斌珍：《收入差距与社会地位寻求：一个高储蓄率的原因》，《经济学（季刊）》2011 年第 3 期。

63．寇宏伟：《汶川地震对四川省产业结构变动影响研究》，《劳动保障世界》2017 年第 3 期。

64．匡远配：《新时期特殊类型贫困地区扶贫开发问题研究》，《贵州社会科学》2011 年第 3 期。

65．李冰清、田存志：《CAPM 在巨灾保险产品定价中的应用》，《南开经济研究》2002 年第 4 期。

66．李波、张俊飚、李海鹏：《中国农业碳排放时空特征及影响因素分解》，《中国人口·资源与环境》2011 年第 8 期。

67．李后建：《自然灾害冲击对农民创业行为的影响》，《中国人口科学》2016 年第 2 期。

68．李军、曹仪、李敬：《自然灾害冲击、涉农补贴对农村家庭教育投入行为的影响》，《湖南社会科学》2020 年第 3 期。

69．李明：《突发事件与制度变迁动力机制研究》，国家行政学院出版社 2013 年版。

70．李向农、延军平：《汶川地震对区域旅游业的影响研究》，《资源科学》2014 年第 8 期。

71．李小云、张悦、李鹤：《地震灾害对农村贫困的影响——基于生计资产体系的评价》，《贵州社会科学》2011 年第 3 期。

72．李学林、唐彦东：《地震对经济增长的影响研究：以汶川地震为例》，《防灾科技学院学报》2020 年第 4 期。

73．李杨：《地方官员任期变化对经济社会发展的影响——基于 260 个省辖市的考察》，《郑州大学学报（哲学社会科学版）》2017 年第 3 期。

74．李永友、钟晓敏：《财政政策与城乡居民边际消费倾向》，《中国社会科学》2012 年第 12 期。

75．李运彩、张松林、赵国庆、陈粉丽、王红、刘在平、卢强、张豪、王旭：《地震成因环境污染及其防治对策探讨——以汶川 8.0 级特大地震为例》，《河北农业科学》2009 年第 3 期。

76．李兆亮、罗小锋、张俊飚、丘雯文：《基于能值的中国农业绿色经济增长与空间收敛》，《中国人口·资源与环境》2016 年第 11 期。

77．梁若冰：《气候冲击与晚清教案》，《经济学（季刊）》2014 年第 4 期。

78．刘彩霞:《小流域综合治理的模式与技术——以黄土高原为例》,《甘肃农业》2013 年第 17 期。

79．刘程、黄春桥:《流动:农村家庭消费观念现代化的动力　基于中西部五省的实证研究》,《社会》2008 年第 1 期。

80．刘杰:《灾后恢复重建的多元参与机制研究》,《中国公共安全(学术版)》2017 年第 4 期。

81．刘瑞明:《所有制结构、增长差异与地区差距:历史因素影响了增长轨迹吗?》,《经济研究》2011 年第 S2 期。

82．刘铁:《试论对口支援与分税制下财政均衡的关系——以〈汶川地震灾后恢复重建对口支援方案〉为例的实证分析》,《软科学》2010 年第 6 期。

83．刘晓燕、黄自强:《黄河流域水环境灾害分析》,《人民黄河》2002 年第 7 期。

84．卢晶亮、冯帅章、艾春荣:《自然灾害及政府救助对农户收入与消费的影响:来自汶川大地震的经验》,《经济学(季刊)》2014 年第 2 期。

85．卢庆芳、赵海程、曹瑛:《波动与收敛:"5·12"汶川地震后的四川经济发展——汶川地震十年经济指标观察与分析》,《财经科学》2018 年第 11 期。

86．卢新国、李书敏:《管理者童年"大饥荒"经历与企业社会责任》,《中国集体经济》2019 年第 11 期。

87．陆彩兰、洪银兴、赵华:《农民收入结构对消费支出的影响——基于江苏省1993—2009 年数据的分析》,《经济体制改革》2012 年第 2 期。

88．陆铭、张爽、佐宏藤:《市场化进程中社会资本还能够充当保险机制吗?——中国农村家庭灾后消费的经验研究》,《世界经济文汇》2010 年第 1 期。

89．路瑞、马乐宽、杨文杰、韦大明、王东:《黄河流域水污染防治"十四五"规划总体思考》,《环境保护科学》2020 年第 1 期。

90．马国群、谭砚文:《环境规制对农业绿色全要素生产率的影响研究——基于面板门槛模型的分析》,《农业技术经济》2021 年第 5 期。

91．马丽君、孙根年、王宏丹、麻学锋、王洁洁:《汶川地震对四川及周边省区旅游业的影响》,《中国人口·资源与环境》2010 年第 3 期。

92．马小勇、白永秀:《中国农户的收入风险应对机制与消费波动:来自陕西的经验证据》,《经济学(季刊)》2009 年第 4 期。

93．梅广清、沈荣芳、张显东:《自然灾害对区域产出的影响研究》,《管理科学学报》1999 年第 1 期。

94．孟昭华:《中国灾荒史记》,中国社会出版社 1999 年版。

95．民政部救灾救济司救灾处:《1998 年中国的灾情核定和救灾工作情况》,《中国减灾》1999 年第 1 期。

96．宁满秀、邢郦、钟甫宁:《影响农户购买农业保险决策因素的实证分析——以新疆玛纳斯河流域为例》,《农业经济问题》2005 年第 6 期。

97．裴卿:《自然灾害与移民:一个中国历史上农民的被动选择》,《中国科学:地球科学》2017 年第 12 期。

98．彭高辉、夏军、马秀峰、马建琴：《黄河流域干旱频率分布及轮次数字特征分析》，《人民黄河》2011 年第 6 期。

99．彭尼·凯恩：《中国的大饥荒（1959—1961）——对人口和社会的影响》中译本，中国社会科学出版社 1993 年版。

100．彭晓鹏、陈秉正、倪晓然：《CEO 早年经历与企业创新——从上市公司研究得到的启示》，《技术经济》2019 年第 4 期。

101．彭晓鹏、陈秉正：《CEO 早年经历与企业诉讼风险——基于上市公司的实证研究》，《运筹与管理》2020 年第 12 期。

102．漆雁斌、韩绍奕、邓鑫：《中国绿色农业发展：生产水平测度、空间差异及收敛性分析》，《农业技术经济》2020 年第 4 期。

103．祁毓：《不同来源收入对我国城乡居民消费的影响——以我国省级面板数据为例》，《农业技术经济》2010 年第 9 期。

104．邱建、唐由海：《汶川地震灾后重建跨区域协调规划实践分析——以威州、水磨、淮口三镇为例》，《城市规划》2020 年第 8 期。

105．任丙南、卢海强：《洪涝灾害后区域水环境中污染物迁移转化控制研究》，《灾害学》2021 年第 1 期。

106．任印军、马群、李青云、杨光、周宗民：《淮北地区小麦旱涝灾害发生特点及御防对策》，《中国农学通报》2004 年第 6 期。

107．山立威：《心理还是实质：汶川地震对中国资本市场的影响》，《经济研究》2011 年第 4 期。

108．佘敦先、先夏军、杜鸿、万龙：《黄河流域极端干旱的时空演变特征及多变量统计模型研究》，《应用基础与工程科学学报》2012 年第 S1 期。

109．申朴、刘康兵：《中国城镇居民消费行为过度敏感性的经验分析：兼论不确定性、流动性约束与利率》，《世界经济》2003 年第 1 期。

110．沈毅、穆怀中：《新型农村社会养老保险对农村居民消费的乘数效应研究》，《经济学家》2013 年第 4 期。

111．施建祥、邹云玲：《我国巨灾保险风险证券化研究——台风灾害债券的设计》，《金融研究》2006 年第 5 期。

112．石春先：《小浪底水库建成后黄河下游防洪形势及治理对策》，《中国水利》2002 年第 9 期。

113．石志恒、慕宏杰、孙艳：《农业补贴对农户参与农业绿色发展的影响研究》，《产经评论》2019 年第 3 期。

114．史丹：《绿色发展与全球工业化的新阶段：中国的进展与比较》，《中国工业经济》2018 年第 10 期。

115．史培军、应卓蓉：《中国气象灾害对宏观经济增长的影响分析》，《北京师范大学学报（自然科学版）》2016 年第 6 期。

116．史育凡、第宝锋、左齐、吴绍琳、段娅楠：《汶川地震灾区产业结构调整与土地利用格局的互动关系》，《山地学报》2020 年第 6 期。

117．宋妍、李振冉、张明：《自然灾害对经济增长的长期间接影响——基于汶川地震灾区县级数据的合成控制法分析》，《中国人口·资源与环境》2019 年第 9 期。

118．孙炜琳、王瑞波、姜茜、黄圣男：《农业绿色发展的内涵与评价研究》，《中国农业资源与区划》2019 年第 4 期。

119．孙滢悦、陈鹏：《地震灾害对旅游业影响评价研究——以四川省为例》，《震灾防御技术》2020 年第 2 期。

120．邰秀军、黎洁、李树苗：《贫困农户消费平滑研究评述》，《经济学动态》2008 年第 10 期。

121．邰秀军、李树苗、李聪、黎洁：《中国农户谨慎性消费策略的形成机制》，《管理世界》2009 年第 7 期。

122．唐彦东、于汐、刘春平：《汶川地震对阿坝州经济增长影响理论与实证研究》，《自然灾害学报》2014 年第 5 期。

123．庹国柱、朱俊生：《农业保险巨灾风险分散制度的比较与选择》，《保险研究》2010 年第 9 期。

124．万膑莲、翟国方：《基于韧性的灾后区域经济增长模式研究——以汶川地震为例》，《现代城市研究》2017 年第 9 期。

125．万广华、张茵、牛建高：《流动性约束、不确定性与中国居民消费》，《经济研究》2001 年第 11 期。

126．汪德华、邹杰、毛中根：《"扶教育之贫"的增智和增收效应——对 20 世纪 90 年代"国家贫困地区义务教育工程"的评估》，《经济研究》2019 年第 9 期。

127．汪三贵：《在发展中战胜贫困——对中国 30 年大规模减贫经验的总结与评价》，《管理世界》2008 年第 11 期。

128．汪伟、咸金坤：《人口老龄化、教育融资模式与中国经济增长》，《经济研究》2020 年第 12 期。

129．王道龙、钟秀丽、李茂松、杨修：《20 世纪 90 年代以来主要气象灾害对我国粮食生产的影响与减灾对策》，《灾害学》2006 年第 1 期。

130．王凤京、朱平安：《灾后重建多元化融资体系的可行性分析——以汶川灾后重建为例》，《经济研究参考》2012 年第 17 期。

131．王健宇、徐会奇：《收入不确定性对农民消费的影响研究》，《当代经济科学》2010 年第 2 期。

132．王倩：《生态文明建设的区域路径与模式研究——以汶川地震灾区为例》，《四川师范大学学报（社会科学版）》2012 年第 4 期。

133．王韧：《我国农业保险发展影响因素的实证分析》，《北京工商大学学报（社会科学版）》2012 年第 6 期。

134．王贤彬、徐现祥、李郇：《地方官员更替与经济增长》，《经济学（季刊）》2009 年第 4 期。

135．王向楠：《农业贷款、农业保险对农业产出的影响——来自 2004—2009 年中国地级单位的证据》，《中国农村经济》2011 年第 10 期。

136．王星光：《春秋战国时期国家间的灾害救助》，《史学月刊》2010 年第 12 期。

137．王艺明、陈美兰、王晓：《自然灾害对长期经济增长的影响》，《经济管理》2008 年第 Z1 期。

138．王营、曹廷求：《CEO 早年大饥荒经历影响企业慈善捐赠吗?》，《世界经济文汇》2017 年第 6 期。

139．王瑜、汪三贵：《特殊类型贫困地区农户的贫困决定与收入增长》，《贵州社会科学》2016 年第 5 期。

140．王煜：《黄河流域旱情监测与水资源调配研究综述》，《人民黄河》2017 年第 11 期。

141．尉建文、谢镇荣：《灾后重建中的政府满意度——基于汶川地震的经验发现》，《社会学研究》2015 年第 1 期。

142．魏本勇、苏桂武：《基于投入产出分析的汶川地震灾害间接经济损失评估》，《地震地质》2016 年第 4 期。

143．魏琦、张斌、金书秦：《中国农业绿色发展指数构建及区域比较研究》，《农业经济问题》2018 年第 11 期。

144．魏向阳、蔡彬、曹倍：《黄河流域防汛抗旱减灾体系建设与成就》，《中国防汛抗旱》2019 年第 10 期。

145．温涛、田纪华、王小华：《农民收入结构对消费结构的总体影响与区域差异研究》，《中国软科学》2013 年第 3 期。

146．温忠麟、刘红云、侯杰泰：《调节效应和中介效应分析》，教育科学出版社 2012 年版。

147．温忠麟、张雷、侯杰泰、刘红云：《中介效应检验程序及其应用》，《心理学报》2004 年第 5 期。

148．沃飞、刘卫东、刘凤枝：《汶川地震后主要农业环境污染事故分析与防治》，《环境科学与技术》2009 年第 9 期。

149．吴先华、顾炯、郭际：《自然灾害阻碍了经济增长吗——来自中国和 OECD 国家的实证研究》，《江海学刊》2014 年第 1 期。

150．伍云甫：《中国人民救济总会两年半来的工作概况》，《人民日报》1952 年 9 月 29 日。

151．谢永刚：《防灾减灾与灾后经济恢复的"中国模式"及其演进分析》，《求是学刊》2017 年第 5 期。

152．熊淑娥：《日本农业灾害的特征、对策及启示》，《日本研究》2020 年第 4 期。

153．徐玖平、何源：《四川地震灾后生态低碳均衡的统筹重建模式》，《中国人口·资源与环境》2010 年第 7 期。

154．徐玖平、杨春燕:《四川汶川特大地震灾后重建的产业集群调整分析》,《中国人口·资源与环境》2008 年第 6 期。

155．徐选华、洪享:《集体社会资本与农民灾后心理健康的关联机制——基于湖南农村洪涝灾区调查的多水平实证研究》,《灾害学》2015 年第 2 期。

156．许飞琼:《农业灾害经济:周期波动与综合治理》,《经济理论与经济管理》2010 年第 8 期。

157．许飞琼、华颖:《举国救灾体制下的社会参与机制重建》,《财政研究》2012 年第 6 期。

158．许年行、李哲:《高管贫困经历与企业慈善捐赠》,《经济研究》2016 年第 12 期。

159．许荣、赵昶、赵粲钰:《政府自然灾害救济与农业保险市场发展关系研究——基于中国省际面板数据的实证证据》,《保险研究》2016 年第 12 期。

160．薛蕾、徐承红、申云:《农业产业集聚与农业绿色发展:耦合度及协同效应》,《统计与决策》2019 年第 17 期。

161．闫绪娴:《灾害损失与经济增长:基于中国 2002—2011 年的省际面板数据分析》,《宏观经济研究》2014 年第 5 期。

162．杨浩、陈光燕、庄天慧、汪三贵:《气象灾害对中国特殊类型地区贫困的影响》,《资源科学》2016 年第 4 期。

163．杨浩、庄天慧、蓝红星:《气象灾害对贫困地区农户脆弱性影响研究——基于全国 592 个贫困县 53271 户的分析》,《农业技术经济》2016 年第 3 期。

164．杨经国、周灵灵、邹恒甫:《我国经济特区设立的经济增长效应评估——基于合成控制法的分析》,《经济学动态》2017 年第 1 期。

165．杨凌、寇宏伟:《自然灾害的经济影响研究——以汶川大地震为例》,《科研管理》2017 年第 6 期。

166．杨萍:《自然灾害对经济增长的影响——基于跨国数据的实证分析》,《财政研究》2012 年第 12 期。

167．杨汭华、郭楠、付磊:《我国种植业保险大灾赔付能力如何?——2007—2016 年的 10 年评估》,《贵州大学学报(社会科学版)》2021 年第 4 期。

168．杨芷晴:《教育如何影响农业绿色生产率——基于我国农村不同教育形式的实证分析》,《中国软科学》2019 年第 8 期。

169．杨志娟:《近代西北自然灾害与人口变迁——自然灾害与近代西北社会研究》,《西北人口》2008 年第 6 期。

170．姚东旻、许艺煊:《自然灾害与居民储蓄行为——基于汶川地震的微观计量检验》,《经济学动态》2018 年第 5 期。

171．于法稳:《新时代农业绿色发展动因、核心及对策研究》,《中国农村经济》2018 年第 5 期。

172．袁凯华、李后建:《官员特征、激励错配与政府规制行为扭曲——来自中国城市拉闸限电的实证分析》,《公共行政评论》2015 年第 6 期。

173．袁有赋、李珍:《CEO 早期大饥荒经历、管理决断权与企业捐赠——基于烙印理论的实证研究》,《商学研究》2019 年第 3 期。

174．张恒龙、康艺凡:《财政分权与地方政府行为异化》,《中南财经政法大学学报》2007 年第 6 期。

175．张杰、李勇、刘志彪:《制度对中国地区间出口差异的影响》,《世界经济》2010 年第 2 期。

176．张军、高远:《官员任期、异地交流与经济增长——来自省级经验的证据》,《经济研究》2007 年第 11 期。

177．张军慧、廖晓虹、曾好:《关于建立巨灾保险制度的构想》,《财经科学》1998 年第 S1 期。

178．张莉、王贤彬、徐现祥:《财政激励、晋升激励与地方官员的土地出让行为》,《中国工业经济》2011 年第 4 期。

179．张莉、许龄珏、郑新业:《财政分权如何影响政府防灾减灾? ——基于中国 31 省份面板数据的实证研究》,《中央财经大学学报》2017 年第 3 期。

180．张龙耀、徐曼曼、刘俊杰:《自然灾害冲击与农户信贷获得水平——基于 CFPS 数据的实证研究》,《中国农村经济》2019 年第 3 期。

181．张倩、刘义诚:《中国农业保险发展现状及对策研究》,《中国农学通报》2016 年第 26 期。

182．张勤、俞红霞、李翎枝:《重大风险救灾中的志愿服务心理救助能力研究》,《中国行政管理》2018 年第 7 期。

183．张文彬、李国平、彭思奇:《汶川震后重建政策与经济增长的实证研究》,《软科学》2015 年第 1 期。

184．张伟、黄颖、谭莹:《灾害冲击下贫困地区农村金融精准扶贫的政策选择——农业信贷还是农业保险》,《保险研究》2020 年第 1 期。

185．张衔、吴海贤、李少武:《汶川地震后四川产业重建与可持续发展的若干问题》,《财经科学》2009 年第 8 期。

186．张显东、沈荣芳:《灾害与经济增长关系的定量分析》,《自然灾害学报》1995 年第 4 期。

187．张向葵、刘秀丽:《发展心理学》,东北师范大学出版社 2002 年版。

188．张信东、郝盼盼:《企业创新投入的原动力:CEO 个人品质还是早年经历——基于 CEO 过度自信品质与早年饥荒经历的对比》,《上海财经大学学报》2017 年第 1 期。

189．张兴亮、刘芸:《高管饥荒经历、创伤心理与国有企业杠杆率》,《南京财经大学学报》2020 年第 6 期。

190．张跃华、史清华、顾海英:《农业保险需求问题的一个理论研究及实证分析》,《数量经济技术经济研究》2007 年第 4 期。

191．张忠、孔祥武、张文、李浩燃:《汶川彰显"中国精神"——写在汶川特大地震五周年之际》,《人民日报》2013 年 5 月 12 日。

192．赵朝峰:《新中国成立初期的灾害救助工作》,《当代中国史研究》2011 年第 5 期。

193．赵朝峰:《新中国成立以来中国共产党的减灾对策研究》,北京师范大学出版社 2013 年版。

194．赵亮、何凡能、杨帆:《灾区恢复重建后效评估研究进展》,《干旱区地理》2020 年第 5 期。

195．赵民伟、晏艳阳:《管理者早年大饥荒经历与公司财务政策》,《南方经济》2015 年第 10 期。

196．赵婷、张丽达:《CEO 早年"大饥荒"经历影响企业盈余管理吗?》,《西安财经大学学报》2020 年第 4 期。

197．赵延东:《社会网络在灾害治理中的作用——基于汶川地震灾区调查的研究》,《中国软科学》2011 年第 8 期。

198．赵延东:《社会资本与灾后恢复——一项自然灾害的社会学研究》,《社会学研究》2007 年第 5 期。

199．郑功成:《灾害经济学》,湖南人民出版社 1998 年版。

200．郑军、杨柳:《基于三阶段 DEA—Malmquist 模型的乡村振兴下的农业保险支农效率》,《湖北大学学报(自然科学版)》2021 年第 5 期。

201．郑显芳:《论灾后重建中城乡规划法的生态化》,《西南民族大学学报(人文社科版)》2009 年第 3 期。

202．周冬华、黄雨秀、梁晓琴:《董事长上山下乡经历与会计稳健性》,《山西财经大学学报》2019 年第 7 期。

203．周洪建、张弛:《特别重大自然灾害救助的灾种差异性研究——基于汶川地震和西南特大连旱的分析》,《自然灾害学报》2017 年第 2 期。

204．周京奎、王贵东、黄征学:《生产率进步影响农村人力资本积累吗? ——基于微观数据的研究》,《经济研究》2019 年第 1 期。

205．周侃、刘宝印、樊杰:《汶川 Ms 8.0 地震极重灾区的经济韧性测度及恢复效率》,《地理学报》2019 年第 10 期。

206．周黎安:《中国地方官员的晋升锦标赛模式研究》,《经济研究》2007 年第 7 期。

207．周振、沈田华:《农业巨灾保险的需求意愿及其影响因素》,《保险研究》2012 年第 4 期。

208．朱靖:《基于投入—产出模型的灾后经济非均衡与路径恢复研究》,《中国管理科学》2013 年第 4 期。

209．朱晓婷、彭毅:《汶川地震后四川省工业产业结构变化研究》,《资源与产业》2017 年第 6 期。

210．珠飒:《清代汉族移民进入内蒙古地区的原因》,《内蒙古大学学报(人文社会科学版)》2005 年第 3 期。

211．祝伟、陈秉正：《我国居民巨灾保险需求影响因素分析——以地震风险为例》，《保险研究》2015 年第 2 期。

212．卓志、段胜：《防减灾投资支出、灾害控制与经济增长——经济学解析与中国实证》，《管理世界》2012 年第 4 期。

213．宗刚、孙玮、任蓉：《基于网络分析的什邡市灾后产业结构调整研究》，《防灾科技学院学报》2009 年第 4 期。

214．赵纪东、杨景宁：《人为因素诱发地震的 6 个事实》，《国际地震动态》2015 年第 8 期。

215．Aghion P.，P. Howitt，C. G. Peñalosa，*Endogenous Growth Theory*，Cambridge：The MIT Press，1998.

216．Albala-Bertland.J. M.，"Natural Disaster Situations and Growth：A Macroeconomic Model for Sudden Disaster Impacts"，*Journal of World Development*，Vol.21，Issue.9，1993.

217．Alex，Y. L.，"The Likelihood of Having Flood Insurance Increases with Social Expectations"，*Area*，Vol.45，No.1，2013.

218．Andrabi T.，Das J.，"In Aid We Trust：Hearts and Minds and the Pakistan Earthquake of 2005"，*The Review of Economics and Statistics*，Vol.99，No.3，2017.

219．Ashraf Nava，Oriana Bandiera，B. Kelsey Jack，"No Margin，No Mission？A Field Experiment on Incentives for Public Service Delivery"，*Journal of Public Economics*，Vol.120，2014.

220．Baird Sarah，Jacobus de Hoop，Berkzler，"Income Shocks and Adolescent Mental Health."，*Journal of Human Resources*，Vol.48，No.2，2013.

221．Baron R.M.，Kenny D.A.，"The Moderator-mediator Variable Distinction in Social Psychological Research：Conceptual，Strategic，and Statistical Considerations"，*Journal of Personality and Social Psychology*，Vol.51，No.6，1986.

222．Beegle Kathleen，Rajeev H.Dehejia，Roberta Gatti，"Child Labor and Agricultural Shocks"，*Journal of Development Economics*，Vol.81，No.1，2006.

223．Beggs J.J.，V. A. Haines，J. S. Hurlbert，"Situational Contingencies Surrounding the Receipt of Informal Support"，*Social Forces*，Vol.75，No.1，1996.

224．Benson C.，E.Clay，"Understanding the Economic and Financial Impact of Natural Disasters"，World Bank Working Paper WD-WP-117，2004.

225．Besley T.，T. Persson，"The Logic of Political Violence"，*Quarterly Journal of Economics*，Vol.126，No.3，2011.

226．Bhavan，T.，Changsheng Xu，Chunping Zhong，"Growth Effect of Aid and its Volatility：An Individual Country Study in South Asian Economies"，*Business and Economic Horizon*，Vol.3，No.3，2010.

227．Bhavnani，R.，"Natural Disaster Conflicts"，Harvard University，Working

Paper,2006.

228 . Boone,Peter,"Politics and the Effectiveness of Foreign Aid",*European Economic Review*,Vol.40,No.2,1996.

229 . Brancati D.,"Political Aftershocks:The Impact of Earthquakes on Intrastate Conflict",*Journal of Conflict Resolution*,Vol.51,No.5,2007.

230 . Cai H.,Chen,Y.,Fang H.,Zhou,L.,"Microinsurance, Trust and Economic Development:Evidence from a Randomized Natural Field Experiment",NBER Working Paper,No.15396,2009.

231 . Carter M.R.,John A.Maluccio,"Social Capital and Coping with Economic Shocks:An Analysis of Stunting of South African Children",*World Development*,Vol.31,Issue 7,2003.

232 . Carter M.R.,Marco Castillo,"Trustworthiness and Social Capital in South Africa:Analysis of Actual Living Standards Data and Artifactual Field Experiments",*Economic Development and Cultural Change*,Vol.59,No.4,2011.

233 . Caselli F.,P.Malhotra,"Natural Disasters and Growth:From Thought Experiment to Natural Experiment",Washington,D.C.:IMF,2004.

234 . Cavallo Eduardo,Galiani Sebastian,Noy Ilan,Pantano Juan.,"Catastrophic Natural Disasters and Economic Growth",*The Review of Economics and Statistics*,Vol.95,No.5,2013.

235 . Cavallo E.,Ilan Noy,"The Economics of Natural Disasters:A Survey",Inter-American Development Bank,Washington D.C.,2010.

236 . Checchi D.,C.Garcia-Peñalosa,"Risk and the Distribution of Human Capital",*Economics Letters*,Vol.82,Issue 1,2004.

237 . Chen Ting,James Kai-sing Kung,"Do Land Revenue Windfalls Create a Political Resource Curse? Evidence from China",*Journal of Development Economics*,Vol.123,2016.

238 . Chetty R.,A.Looney,*Income Risk and the Benefits of Social Insurance:Evidence from Indonesia and the United States*,Chicago:University of Chicago Press,2006.

239 . Chivers J.,N. E. Flores,"Market Failure in Information:The National Flood Insurance Program",*Land Economics*,Vol.78,No.4,2002.

240 . Wang Chunhua,"Did Natural Disasters Affect Population Density Growth in US Counties?",*The Annals of Regional Science*,Vol.62,2019.

241 . Clemens M.A.,Radelet S.,Bhavnani R.R.,Bazzi S.,"Counting Chickens when they Hatch:Timing and the Effects of Aid on Growth",*The Economic Journal*,Vol. 122, Issue 561,2012.

242 . Clement Kong Wing Chow, Michael KaYiu Fung, Kevin C. K. Lam, Heibatollah Sami.,"Investment Opportunity Set, Political Connection and Business Policies of Private Enterprises in China",*Review of Quantitative Finance and Accounting*,Vol.38,2012.

243 . Cohen M.J.,"Technological Disasters and Natural Resource Damage Assessment:An Evaluation of the Exxon Valdez Oil Spill",*Land Economics*,Vol.71,No.1,1995.

244 . Crespo C. J. , "Natural Disasters and Human Capital Accumulation" , *World Bank Economic Review* , Vol.24 , No.2 , 2010.

245 . Crespo C. J, Hlouskova J, Obersteiner M. , " Natural Disasters as Creative Destruction: Evidence from Developing Countries" , *Economic Inquiry* , Vol.46 , No.2 , 2008.

246 . Cuny , F. , *Disasters and Development* , Oxford: Oxford University Press , 1983.

247 . Dacy , D. C. , H. Kunreuther , *The Economics of Natural Disasters: Implications for Federal Policy* , New York: the Free Press , 1969.

248 . De Vreyer P. , Guilbert N. , Mesple-Somps S. , "Impact of Natural Disasters on Education Outcomes: Evidence from the 1987_1989 Locust Plague in Mali" , *Journal of African Economies* , Vol.24 , Issue 1 , 2015.

249 . Donner W. , H.Rodríguez , "Population Composition, Migration and Inequality: The Influence of Demographic Changes on Disaster Risk and Vulnerability" , *Social Forces* , Vol.87 , No.2 , 2008.

250 . Drury A. C. , R. S. Olson , " Disasters and Political Unrest: An Empirical Investigation" , *Journal of Contingencies and Crisis Management* , Vol.6 , Issue 3 , 1998.

251 . Dynes R. R. , "Community Social Capital as the Primary Basis for Resilience" , University of Delaware , Disaster Research Center , Working Paper , 2005.

252 . Emla Fitzsimons , " The Effects of Risk on Education in Indonesia" , *Economic Development and Cultural Change* , Vol.56 , No.1 , 2007.

253 . Fatoke Dato , Mafaizath A. , "Impact of Income Shock on Children's Schooling and Labor in a West African Country" , Berg Working Paper , No.102 , 2015.

254 . Fernanda Brollo , Tommaso Nannicini , Roberto Perotti , Guido Tabellini , " The Political Resource Curse" , *American Economic Review* , Vol.103 , No.5 , 2013.

255 . Fischer C. , R. G. Newell , " Environmental and Technology Policies for Climate Mitigation" , *Journal of Environmental Economics and Management* , Vol.55 , Issue 2 , 2008.

256 . Foster A D , Gehrke E. , "Consumption Risk and Human Capital Accumulation in India" , Nber Working Papers , No.24041 , 2017.

257 . Frederike Albrecht , "Natural Hazard Events and Social Capital: the Social Impact of Natural Disasters" , *Disasters* , Vol.42 , No.2 , 2018.

258 . Gabriel Felbermayr , Jasmin Gröschl , " Naturally Negative: The Growth Effects of Natural Disasters" , *Journal of Development Economics* , Vol.111 , 2014.

259 . Ganapati N.E. , "In Good Campany: Why Social Capital Matters for Women during Disaster Recover" , *Public Administration Review* , Vol.72 , Issue 3 , 2012.

260 . Gottschang , T.R. , "Economic Change, Disasters, and Migration: The Historical Case of Manchuria" , *Economic Development and Cultural Change* , Vol.35 , No.3 , 1987.

261 . Graff , A. , " Die versicherung von elementar risiken im rahmen der verbundenen hausrat und der verbundenen wohngebaudeversicherung" , University of Regensburg , Working

Paper,1999.

262 . Griffin C.,"Gender and Social Capital:Social Networks Post-disaster",University of South Carolina,Working Paper,2009.

263 . Grimaud A., L. Rouge, "Environment, Directed Technical Change and Economic Policy",*Environmental and Resource Economics*,Vol.41,2008.

264 . Guglielmo Barone, Sauro Mocetti, "Natural Disasters, Growth and Institutions: A Tale of Two Earthquakes",*Journal of Urban Economics*,Vol.84,2014.

265 . Guo Shiqi,Gao Nan,Liang Pinghan,"Winter Is Coming:Early-life Experiences and Politicians' Decisions", https://www. researchgate. net/publication/332143373 _ Winter Is Coming Early-life Experiences and Politicians' Decisions,2018.

266 . Hallegatte S., P. Dumas, "Can Natural Disasters have Positive Consequences? Investigating the Role of Embodied Technical Change",*Ecological Economics*, Vol.68, Issue 3,2009.

267 . Hallegatte S., Michael G., "Endogenous Business Cycles and the Economic Response to Exogenous Shocks",Economic Theory and Applications Working Papers,2007.

268 . Harbaugh R.,"China's High Savings Rates",Prepared for Conference on "The Rise of China Revisited:Perception and Reality",National Chengchi University,Published in Chinese in Conference Volume,2004.

269 . Hatemi A,Irandoust.M.,"Foreign Aid and Economic Growth New Evidence from Panel Cointegration",*Journal of Economics Development*,Vol.30,No.1,2005.

270 . Heckman James J., H. Ichimura, P. Todd, "Matching As an Economic Evaluation Estimator",*Review of Economic Studies*,Vol.65,Issue 2,1998.

271 . Heylen F.,L.Pozzi,"Crises and Human Capital Accumulation",*Canadian Journal of Economics*,Vol.40,No.4,2007.

272 . Hodrick Robert J., "Dynamic Effects of Government Policies in an Open Economy",*Journal of Monetary Economics*,Vol.6,Issue 2,1980.

273 . Huang Cheng,Zhu Li,Meng Wang,Reynaldo Martorell,"Early Life Exposure to the 1959—1961 Chinese Famine Has Long-term Health Consequences",*Journal of Nutrition*, Vol.140,Issue 10,2010.

274 . Jalan J.,Ravallion M.,"Behavioral Responses to Risk in Rural China",*Journal of Development Economics*,Vol.66,No.1,2001.

275 . Jalan J.,M.Ravallion,"Are the Poor Less Well Insured? Evidence on Vulnerability to Income,Risk in Rural China",*Journal of Development Economics*,Vol.58,Issue 1,1999.

276 . Jayash P.,Hanbyul R.,"Natural Disastersand Human Capital:The Case of Nepal's Earthquake",*World Development*,Vol.111,2018.

277 . Jeroen Klomp, Kay Valckx, "Natural Disasters and Economic Growth: A Meta-analysis",*Global Environmental Change*,Vol.26,2014.

278 . Jeroen Klomp, "Economic Development and Natural Disasters: A Satellite Data Analysis", *Global Environmental Change*, Vol.36, 2016.

279 . Jonathan Gruber, JamesPoterba, "Tax Incentives and the Decision to Purchase Health Insurance: Evidence from the Self-Employed", *The Quarterly Journal of Economics*, Vol.109, Issue 3, 1994.

280 . Judd C. M., Kenny D. A., "Process Analysis: Estimating Mediation in Treatment Evaluations", *Evaluation Review*, 1981.

281 . Kameda Keigo, Miwa Hiroyoshi, Nagamine Jun-ichi, "Effects of Reconstruction Works on Private Employment after a Natural Disaster: A Case in the Stricken Area of the Great East Japan Earthquake", *International Journal of Disaster Risk Reduction*, Vol.52, 2020.

282 . Kellenberg D.K., A.M.Mobarak, "Does Rising Income Increase or Decrease Damage Risk from Natural Disasters?", *Journal of Unbar Economics*, Vol.63, Issue 3, 2008.

283 . Kim, N., "Impact of Extreme Climate Events on Educational Attainment: Evidence from Cross-Section Data and Welfare Projection", United Nations Development Programme, Working Paper, 2008.

284 . Kish-Gephart J.J, Campbell J.T., "You don't Forget Your Roots: The Influence of CEO Social Class Background on Strategic Risk Taking", *Academy of Management Journal*, Vol.58, No.6, 2015.

285 . Kochar A., "Smoothing Consumption by Smoohting Income: Hours-of-Work Response to Idiosyncratic Agricultural Shocks in Rural India", *Review of Economics and Ststistics*, Vol.81, No.1, 1999.

286 . Kotani H., Yokomatsu M., "Natural Disasters and Dynamics of 'a Paradise Built in Hell': a Social Network Approach", *Natural Hazards*, Vol.84, 2016.

287 . Krutilla, J. V., "An Economic Approach to Coping with Flood Damage", *Water Resources Research*, Vol.2, Issue 2, 1966.

288 . Kunreuther H., E. S. Fiore, "The Alaskan Earthquake: A Case Study in the Economics of Disaster", Institute for Defense Analyses, Working Paper, 1966.

289 . Leah Platt Boustan, Matthew E Kahn, Paul W Rhode, "Moving to Higher Ground: Migration Response to Natural Disasters in the Early Twentieth Century", *American Economic Review*, Vol.102, No.3, 2012.

290 . Leiter A.M., H.Oberhofer, P. A.Raschky, "Creative Disasters? Flooding Effects on Capital, Labor and Productivity within European Firms", *Environmental and Resource Economics*, Vol.43, 2009.

291 . Levhari D., Y.Weiss, "The Effect of Risk on the Investment of Human Capital", *American Economic Review*, Vol.64, Issue 6, 1974.

292 . Lewis T., D. Nickerson, "Self-Insurance Against Natural Disasters", *Journal of Environmental Economics and Management*, Vol.16, Issue 3, 1989.

293 . Lü Xiaobo, Pierre F. Landry, "Show me the Money: Interjurisdiction Political Competition and Fiscal Extraction in China", *American Political Science Review*, Vol.108, No.3,2014.

294 . Malmendier Ulrike, Nagel Stefan, "Depression Babies: Do Macroeconomic Experiences Affect Risk Taking?", *The Quarterly Journal of Economics*, Vol. 126, Issue 1,2011.

295 . Mark R.R., O.Stark, "Consumption Smoothing, Migration, and Marriage: Evidence from Rural India", *Journal of Political Economy*, Vol.97, No.4,1989.

296 . Marquis C., Tilcsik A., "Imprinting: Toward a Multilevel Theory", *The Academy of Management Annals*, Vol.7, No.1,2013.

297 . Meng X., Nancy Qian, "The Long Term Consequences of Famine on Survivors: Evidence from a Unique Natural Experiment Using China's Great Famine", NBER Working Paper No.14917,2009.

298 . Milton Friedman, *A Theory of the Consumption Function*, Princeton: Princeton University Press,1957.

299 . Mottaleb K. A., Mohanty S., Hoang Hoa T. K., Roderick M. R., "The Effects of Natural Disasters on Farm Household Income and Expenditures: A Study on Rice Farmers in Bangladesh", *Agricultural Systems*, Vol.121,2013.

300 . N. Emel Ganapati, "Downsides of Social Capital for Women During Disaster Recovery: Toward a More Critical Approach", *Administration & Society*, Vol.45, No.1,2013.

301 . Naoi M., M.Seko, T.Ishino, "Earthquake Risk in Japan: Consumers' risk Mitigation Responses after the Great East Japan Earthquake", *Journal of Economic Issues*, Vol. 46, No.2,2012.

302 . Nel P., M.Righarts, "Natural Disasters and the Risk of Violent Civil Conflict", *International Studies Quarterly*, Vol.52, No.1,2008.

303 . NikolaiRoussanov, Pavel Savor, "Marriage and Managers' Attitudes to Risk", *Management Science*, Vol.60, No.10,2014.

304 . Norman V.Loayza., Eduardo Olaberría, Jamele Rigolini, Luc Christiaensen, "Natural Disasters and Growth: Going Beyond the Averages", *World Development*, Vol.40, Issue 7,2012.

305 . ECLAC., *Handbook for Estimating the Socio-Economic And Environmental Effects of Disasters*, United Nations, Economic Commission for Latin Americda and the Caribbean (ECLAC), International Bank for Reconstruction and Development,2003.

306 . Okuyama Y., "Economics of Natural Disasters: A Critical Review", West Virginia University, Working Paper,2003.

307 . Paul A.Raschky, Manijeh Schwindt, "On the Channel and Type of Aid: The Case of International Disaster Assistance", *European Journal of Political Economy*, Vol.28, No.1,2012.

308 . Peltzman S., "The Effects of Automobile Safety Regulation", *Journal of Political*

Economy, Vol.83, No.4, 1975.

309 . Peng X., "Demographic Consequences of the Great Leap Forward in China's Provinces", *Population and Development Review*, Vol.13, 1987.

310 . Peter D. Little, M. Priscilla Stone, Tewodaj Mogues, A. Peter Castro, Workneh Negatu, "'Moving in Place': Drought and Poverty Dynamics in South Wollo, Ethiopia", *The Journal of Development Studies*, Vol.42, Issue 2, 2006.

311 . Philippe Auffert, "High Consumption Volatility: The impact of Natural Disaster?", Word Bank Policy Research Working Paper, 2003.

312 . Preacher K.J., Hayes A.F., "Asymptotic and Resampling Strategies for Assessing and Comparing Indirect Effects in Multiple Mediator models", *Behavior Research Methods*, Vol.40, 2008.

313 . Preacher K. J., Rucker D. D., Hayes A. F., "Addressing Moderated Mediation Hypotheses: Theory, Methods, and Prescriptions", *Multivariate Behavioral Research*, Vol.42, No.1, 2007.

314 . Qureshi Muhammad Imran, Yusoff Rosman Md, Hishan Sanil S, Alam Asa Ferdous, Zaman Khalid, Rasli Amran Md., "Natural Disasters and Malaysian Economic Growth: Policy Reforms for Disasters Management", *Environmental Science and Pollution Research*, Vol.26, 2019.

315 . Rasmussen T. N., "Macroeconomic Implications of Natural Disasters in the Caribbean", IMF Working Paper, No.4, 2004.

316 . Reinbard Mecbler, "Disasters and Economic Welfare: Can National Savings Help Explain Post-disaster Changes in Consumption", Policy Research Working Paper, No. WPS 4988, 2009.

317 . Rosenzweig M.R., Wolpin K.I., "Credit Market Constraints, Consumption Smoothing and the Accumulation of Durable Production Assets in Low-Income Countries: Investments in Bullocks in India", *Journal of Political Economy*, Vol.101, No.2, 1993.

318 . Rosenzweig M. R., "Risk, Implicit Contracts and the Family in Rural Areas of Low-income Countries", *Economic Journal*, Vol.98, No.393, 1988.

319 . Ross L., "Flood Control Policy in China: The Policy Consequences of Natural Disasters", *Journal of Public Policy*, Vol.3, No.2, 1983.

320 . Skidmore M., Toya H., "Do Natural Disasters Promote Log-run Growth", *Economics Inquiry*, Vol.40, Issue 4, 2002.

321 . Slettebak, Rune, "Don't Blame the Weather! Climate-related Natural Disasters and Civil Conflict", *Journal of Peace Research*, Vol.49, Issue 1, 2012.

322 . Sobel M. E., "Asymptotic Confidence Intervals for Indirect Effects in Structural Equation Models", *Sociological Methodology*, Vol.13, 1982.

323 . Sorokin, P.A., *Man and Society in Calamity*, New York: Dutton, 1942.

324 . Stewart F., V. Fitzgerald, *War and Underdevelopment*, Oxford: Oxford University Press, 2001.

325 . Strobl E., "The Economic Growth Impact of Hurricanes: Evidence from U.S Coastal Counties", *Review of Economics and Statistics*, Vol.93, No.2, 2011.

326 . Strömberg, D., "Natural Disasters, Economic Development, and Humanitarian Aid", *Journal of Economic Perspectives*, Vol.21, No.3, 2007.

327 . Taylor, J.W., "The Role of Risk in Consumer Behavior", *Journal of Marketing*, Vol.38, No.2, 1974.

328 . Thomas B., *Migration and Economic Growth: A Study of Great Britain and the Atlantic Economy*, Cambridge: Cambridge University Press, 1954.

329 . Thomas D., K.Beegleb, E.Frankenbergc B.Sikokid, J.Strausse, G.Teruel, "Education in a Crisis", *Journal of Development Economics*, Vol.74, Issue 1, 2004.

330 . Townsend, Robert M, "Risk and Insurance in Village India", *Econometrica*, Vol.62, No.3, 1994.

331 . Udry, C., "Risk and Saving in Northern Nigeria", *American Economic Review*, Vol.85, Issue 5, 1995.

332 . Vikrant Panwar, Subir Sen, "Economic Impact of Natural Disasters: An Empirical Re-examination", *The Journal of Applied Economic Research*, Vol.13, No.1, 2019.

333 . Whitt S., Rick K. Wilson, "Public Goods in the Field: Katrina Evacuees in Houston", *Southern Economic Journal*, Vol.74, No.2, 2007.

334 . Yasuhide Okuyama, "Long-run Effect of a Disaster: Case Study on the KOBE Earthquake", *The Singapore Economic Review*, Vol.61, No.1, 2016.

335 . Yasuyuki S., S. Shimizutani, "How Do People Cope with Natural Disasters? Evidence from the Great Hanshin-Awaji(Kobe)Earthquake in 1995", *Journal of Money, Credit and Banking*, Vol.40, Issue 2-3, 2008.

336 . Zhang Z.D., J.Q., "Do Long-Run Disasters Promote Human Capital in China? — The Impact of 500 Years of Natural Disasters on County-Level Human-Capital Accumulation", *International Journal of Environmental Research and Public Health*, Vol.17, No.20, 2020.